读懂国家文化公园

傅才武——主编

人民日报出版社
北京

图书在版编目（CIP）数据

读懂国家文化公园 / 傅才武主编 .— 北京：人民日报出版社，2022.10

ISBN 978-7-5115-7492-3

Ⅰ.①读… Ⅱ.①傅… Ⅲ.①文化—国家公园—介绍—中国 Ⅳ.①G122

中国版本图书馆CIP数据核字（2022）第178865号

书　　名：读懂国家文化公园
　　　　　DUDONG GUOJIA WENHUA GONGYUAN
主　　编：傅才武

出 版 人：刘华新
策 划 人：欧阳辉
责任编辑：曹　腾　高　亮
版式设计：九章文化

出版发行：人民日报出版社
社　　址：北京金台西路2号
邮政编码：100733
发行热线：(010) 65369509　65369527　65369846　65369512
邮购热线：(010) 65369530　65363527
编辑热线：(010) 65369523
网　　址：www.peopledailypress.com
经　　销：新华书店
印　　刷：北京博海升彩色印刷有限公司
法律顾问：北京科宇律师事务所　(010) 83622312

开　　本：710mm×1000mm　1/16
字　　数：225千字
印　　张：16
版次印次：2023年3月第1版　　2023年3月第1次印刷

书　　号：ISBN 978-7-5115-7492-3
定　　价：58.00元

本书编委会

前言

Preface

2017年1月，中共中央办公厅、国务院办公厅印发的《关于实施中华优秀传统文化传承发展工程的意见》提出，“规划建设一批国家文化公园，成为中华文化重要标识”。这拉开了我国国家文化公园规划建设的帷幕。2019年12月，中共中央办公厅、国务院办公厅印发《长城、大运河、长征国家文化公园建设方案》，对国家文化公园建设工作进行安排部署。此后，伴随一系列相关建设保护规划和建设实施方案的陆续出台，长城、大运河、长征、黄河和长江五大国家文化公园建设全面展开。从中央到地方，各项建设方案相继出台、建设保护规划逐步落地、重点项目建设高质量展开，并取得阶段性成果。

2022年10月，党的二十大报告提出“建好用好国家文化公园”的要求，进一步明确国家文化公园对于新时代传承优秀传统文化、弘扬革命文化、发展社会主义先进文化，全面推进社会主义文化强国建设的重大意义，我国国家文化公园建设的价值意义得到进一步彰显。武汉大学国家文化发展研究院以承担国家社科基金艺术学重大项目“文化和旅游融合视野下长江文化保护传承弘扬研究”（21ZD04）为契机，组织在国家文化公园研究上具有精深造诣的国内知名学者和研有所成、学有所长的青年新锐，围绕国家文化公园的目标和任务、理念与实践价值、规划和建设原则等问题展开讨论，对国家文化公园作为新时代国家重大战略的理论意蕴和创新价值进行深入浅出的阐述。

作为一部旨在研究阐述、宣传国家文化公园，让更多的人了解、认知国家文化公园特质，从而更好地支持、参与国家文化公园建设的理论类、科普类读物，本书第一章重点阐释国家文化公园的缘起与内涵、内外在表征及政策目标等内容，从“世界维度、历史尺度和国家高度”定义国家文化公园，为国家文化公园画像；第二章到第六章从国家文化公园建设的价值与目标、主要内容和任务、主要举措和方式等层面，分别论证长城、大运河、长征、黄河和长江国家文化公园建设工程，向读者展示各大国家文化公园所承载的厚重历史文化和独特内涵，引导读者体悟国家文化公园所展现的精神养分、领略国家文化公园所具有的独特魅力。全书内容丰富、涵盖面广，又不乏深度解析和阐释，既具大众可读性，又兼具专业参考性。

近两年来，在国家统筹推进下，各地从项目实施层面入手，加快国家文化公园的建设，正在形成以核心段、重点项目为主体，带动五大国家文化公园建设的总体性格局，国家文化公园建设进入快车道。因此，让广大人民群众尤其是党员干部深入了解国家文化公园、认识国家文化公园、参与国家文化公园建设尤显必要。《读懂国家文化公园》一书，为广大读者提供全面认识和了解国家文化公园的窗口。

国家文化公园是中国首创的概念，蕴含着中华五千年文明的底蕴，标示着中华文明起源、形成与发展的历史进程，是承载中华民族共同记忆的重要文化空间，是当代中国坚定文化自信自强的重要支撑。它既与世界上其他的国家公园相通，又是一种基于中国文化认同型国家的独特设计，是长期以来中国文化遗产保护和利用的创新实践经验在理论层面的反映。相信广大读者在阅读本书中能体悟到我国文化遗产的广博之美、文化风貌的绚烂之美、文化精神的独特之美，意识到国家文化公园建设对于系统阐发中华文化内涵、塑造中华文化认同、铸牢中华民族共同体意识的独特价值，并不断深化自身对国家文化公园的认识、对文化资源保护利用的认知、对中华文化的认同。

出版《读懂国家文化公园》一书，期望在凝炼中华文化精神内核、讲好中华文化故事，平衡自然和文化资源保护、推动文化和旅游深度融合，整合文物与文化资源内容、打造中华文化空间载体等方面给予读者启发，吸引更多的人参与国家文化公园建设，为我国优秀历史文化资源的保护、传承和与弘扬贡献自己应有的力量！

本书编委会

2022年12月3日

目录

Contents

第一章
国家文化公园：概念、表征与自我理解

国家文化公园建设，是当前我国规划实施的一项重大文化工程。2019年7月，中央全面深化改革委员会第九次会议审议通过了《长城、大运河、长征国家文化公园建设方案》；2020年9月，全国政协以“推进长城、大运河、长征国家文化公园建设情况”为题，召开了百余位政协委员和相关部委同志参加的第十七次重点关切问题情况通报会。2021年8月，国家文化公园建设工作领导小组印发《长城国家文化公园建设保护规划》《大运河国家文化公园建设保护规划》《长征国家文化公园建设保护规划》，2022年1月，国家文化公园建设工作领导小组宣布，启动长江国家文化公园建设，到此，中国正式形成以长城、大运河、长征、黄河、长江五大国家文化公园为主体的国家文化公园体系。

一、国家文化公园的外延与内涵

国家文化公园源于世界上通行的“国家公园”概念，但又是一种基于中国文化认同型国家的独特设计，是长期以来中国关于文化遗产保护和创新的实践经验的总结，体现出国家公园体制的中国化内涵。

（一）国家文化公园超越了国家公园概念与管理模式

国家文化公园也是全球公园体系中的一员。世界范围内，“公园”是一个庞大的家庭，包含了多种类型，如果按照自然与人文的标准分类，前者包含了地质公园、森林公园、湿地公园、海洋公园诸类型，后者则可以细分为主题公园、城市公园、专属花园、遗址公园等。而文化公园，是指以人类理性和智慧的创造物为依托，向人们展示某一族群或社会共同体的历史传统、行为规则、社会机制和价值观念等的特定文化空间及其对应的公益性机构。

国家文化公园的确立与建设，与当代中国的现代化进程这一宏观背景紧密相关。“国家文化公园是在民族复兴、文化强国和旅游发展的复调背景下，由我国提出的新概念，是大型文化遗产保护的新模式和优秀文化展示的新方式。”国家文化公园的概念源出于但又区别于欧洲文化线路、美国遗产廊道和中国线性文化遗产。但作为中国式创新概念，国家文化公园的设立，体现了中华民族“共同体思想”的价值意蕴、“正义—平等—秩序”的伦理意蕴和“天下观”的空间意蕴。[①]

国家文化公园固然是国家公园之一种，是在国家主导下以文化保存展示和创新发展为宗旨的国家公园。有学者就提出，中国国家公园可基于联合国教科文组织发布的世界遗产类型进行归类，归纳为自然型、文化型和文化景观型国家公园。[②]国家森林公园、国家地质公园、国家湿地公园、国家级自然保护区和自然遗产地可归入自然型国家公园；各类遗址地、纪念园、文物保护单位和文化遗产地可归入文化型国家公园；人文与自然共同

① 李飞、邹统钎：《论国家文化公园：逻辑、源流、意蕴》，载《旅游学刊》2021年第1期。

② 孙华对此提出异议，认为文化景观型也是文化型中的一种，并认为严国泰、沈豪的这种分类标准，受到了传统遗产观念的影响。参见孙华：《国家文化公园初论——概念、类型、特征与建设》，载《中国文化遗产》2021年第5期。

构成的风景名胜区、水利名胜区和旅游景区、世界文化与自然双遗产、文化景观世界遗产可归入文化景观型国家公园。[①] 显然，国家文化公园对应文化型和文化景观型国家公园。

根据文化遗产的价值形态，可以将国家文化公园划分为国家历史公园和国家纪念公园两大类。其中，历史类国家文化公园，又进一步划分为国家古代遗址公园、国家古代艺术公园（建筑/雕刻）、国家古代工程公园；纪念类国家文化公园，则进一步划分为国家近代史迹公园、国家纪念性建筑公园、国家名胜古迹公园等。[②]

国家文化公园源出于国家公园的基本理念。最早的国家公园作为自然环境保护的国家行为模式，源于1872年美国建立的黄石国家公园。随后，国家公园作为一种国家制度和实践模式，被作为现代文明国家的一种标志，为世界各地普遍采用。迄今，全球200多个国家和地区业已建立近10000个国家公园。1969年在印度新德里召开的IUCN（世界自然保护同盟）第十届大会规定，“国家公园”必须具有如下的基本特征：“区域内生态系统尚未由于人类的开垦、开采和拓居而遭到根本性的改变，区域内的动植物种群、景观和环境具有特殊的科学、教育和娱乐的意义，或区域内含有一片广阔而优美的自然景观；政府权力机构已采取措施以阻止或尽可能消除在该区域内的开垦、开采和拓居，并使其生态、自然景观和美学的特征得到充分展示；在一定条件下，允许以精神、教育、文化和娱乐为目的的参观旅游。”绝大多数国家根据这一标准建立起本国国家公园体系，也有少数国家根据本国国情对世界自然保护联盟确立的国家公园标准进行了部分调整，形成了具有本国自身特点的国家公园管理模式。

国家公园强调了公园的“国家属性”——国家所有、国家建设、国家管

---

① 严国泰、沈豪：《中国国家公园系列规划体系研究》，载《中国园林》2015年第2期。

② 孙华：《国家文化公园初论——概念、类型、特征与建设》，载《中国文化遗产》2021年第5期。

理和全体国民共享，将其与地区、集体和个人所有（也可能提供非营利的公共服务）的区域性公园、行业性公园和私人性公园区别开来。“国家公园”旨在保护具有国家和民族重要意义的自然和文化资源，保证具有代表性的典型地理区域的生态稳定性和多样性，并使其中的生物种群、物种和基因资源得到持续发展，为当代和后代保护一个或多个生态系统的完整性，在尽可能维持自然状态条件下，为民众提供精神、科学、教育、娱乐和游览的机会。《长城、大运河、长征国家文化公园建设方案》指出，将国家文化公园建设成为“中华文化重要标志，以进一步坚定文化自信，充分彰显中华优秀传统文化持久影响力、社会主义先进文化强大生命力”。

（二）国家文化公园的特色内涵

1.“国家文化公园”既是具有新时代内涵的新概念，又是极具实践性的国家文化建设的“操演系统”。

“国家文化公园”是一个全新的概念，与传统的公园相比，不再局限于单一的文化遗产保护或旅游景区开发，而是突出了各类文化资源与自然资源的综合保护。

与国家公园相比，国家文化公园的文化属性在公园的规划和管理系统被提到了主导性的位置。作为政府主导下特定开放空间的公共文化载体，它不论是在地理空间规划还是在功能定位上，不再局限于单一的遗产保护区或旅游景区，而是整合各类文化资源与自然资源、集传承保护与创新发展于一体的功能区，包括地理几何空间、精神文化空间（象征系统）和体制机制空间（外部条件与制度及其相互作用）的空间生产系统。

2013年，党的十八届三中全会首次提出建立“国家公园”，以保护国家最重要、最具代表性的自然保护地环境与生态空间。2017年国家提出要在“十三五”期间规划建设“国家文化公园”。“国家公园”与“国家文化公园”二者之间有何区别？与国家公园重在代表性的地理空间（如美国的“荒野”）不同，国家文化公园的理念重在“国家（民族）文化”，即重在建设具有国家（民族）历史与国家象征意义的特定文化空间，体现为“国家（族群）文化”的“空间载体”和“物化形式”。文化空间既是一种具有文化意义和特定价值的物理空间、场所、地点，又是一种富含象征、意义、符号、价值、情感和记忆的场所或地点，文化空间是边界相对明确的几何空间和以符号为载体的象征意义系统的有机融合体。“国家文化”必须借助于具体的文化空间，通过国家行为实现对民族历史文化遗产的保护、活化和利用，以更好地发挥其“延伸‘历史轴线’、增强‘历史信度’、丰富‘历史内涵’、活化‘历史场景’”①的独特作用，最终达到增强中国在国际上的影响力、话语权的目标。

国家文化公园“在中华文化和中华民族发展演变的宏大时空背景中，通过大范围、大跨度的时空纵横，集中体现了中华民族文化共同体的空间载体、价值载体和符号载体，是彰显共同体价值的国家文化空间体系”。②《长城、大运河、长征国家文化公园建设方案》提出：“整合具有突出意义、重要影响、重大主题的文物和文化资源，实施公园化管理运营，实现保护传承利用、文化教育、公共服务、旅游观光、休闲娱乐、科学研究功能，形成具有特定开放空间的公共文化载体。”这既规定了国家文化公园建设的目标，又规定了国家文化公园建设的基本路径。文化认同和国家认同作为宏大叙事，不仅需要体现在地理空间和场所的载体之上，在非感知性的空间中占据一个位置；也需要在话语层面存在，需要在语言和言说中具有可说性，只有让其变成可以通过话语表达出来的可叙述之物，宏大叙事才能转化为个体的可体验之物。国家文化公园兼有这两种属性。

国家文化公园将民族文化资源和公园机制有机结合起来，在实践层面

① 刘庆柱、李飞、张朝枝等：《笔谈：国家文化公园的概念定位、价值挖掘、传承展示及实现途经》，载《中国文化遗产》2021年第5期。

② 钟晟：《文化共同体、文化认同与国家文化公园》，载《江汉论坛》2022年第3期。

上体现为大型文化遗产保护的新模式和中华优秀文化展示的新方式，在理论层面则体现为文化遗产东方话语体系建构的一次重要创新实践。国家文化公园“不但是国家的顶层设计和高层战略，而且涉及中华民族的文化根本，是实现民族复兴大业过程中唤醒民族之魂、深挖文化之根的实施方式”[①]。

2.“国家文化公园”以“国家”为支撑，以“国家文化”为对象，以“公园”为实施路径。

有些学者认为，国家、文化和公园3个词语分别代表了宏观格局、本质属性和空间权属。国家代表着顶层设计，展示宏观格局（政治根源）；文化体现了本质属性，强化情感关联（文化根源）；公园则是权属表达和空间限定，拥有复合功能（组织管理根源）。尽管这些学者对国家文化公园的性质分析具有一定的深刻性，但将“国家”“文化”“公园”组合相加得出国家文化公园总体性特征，则存在逻辑欠缺。

首先，“国家”是国家文化公园的基调。国家文化公园始终立足国家高度，是由国家推动实施的公益性文化工程。国家文化公园必须借助于“国家”的政治、经济、文化和社会管理职能和资源协调功能，整合具有民族特色、国家价值的文化资源、地理资源和生态资源，汇聚于特定文化空间，赋予它代表国家形象、彰显中华文化标识的功能。

其次，“国家文化”是国家文化公园的管理对象。国家文化公园是对“国家文化”进行管理，而主要不是对“文化”或“国民文化”或“大众文化”进行管理。所谓国家文化，就是由国民共同体所具有的内在认同系统与外在支撑系统的有机统一体。内在认同系统体现为国民共同体的宗教认同、文化认同和民族认同的组合结构，外在支撑系统体现为由国家领土主权、人口结构、生态环境系统和经济政治共同体的组合结构。内在认同系统与外在支撑结构的组成方式，就构成全球范围内国家文化认同型、民族认

① 刘庆柱、李飞、张朝枝等：《笔谈：国家文化公园的概念定位、价值挖掘、传承展示及实现途经》，载《中国文化遗产》2021年第5期。

同型和宗教认同型三种主要国家文化形态。国家文化不同于国民文化，国民文化是体现在日常生活方式之上的族群共同价值趋向，国家文化则蕴含着国民共同体的典型的文化基因和精神密码。长城、大运河、长征、黄河和长江，作为遗产线路在中国和世界历史发展的时空中交错和共生，深刻影响了东亚农业国的运输生命线、边疆防御与文化交往秩序的建立。所以，无论是长城、长征、大运河，抑或黄河、长江，都是中华民族独一无二的、承载着深厚族群文化记忆的符号系统，能够为跨区域性的文化认同和民族共同体意识提供一个统一而宏大的文化价值整合机制，能够形成代表中国独特的国家标识。

再次，“公园”是连接国家文化与国民文化的实现路径。国家文化公园作为实施公园化管理经营的特定文化空间，体现为国家性、公益性权属表达和空间设定，既是国家文化交流与展示的平台，提供人们赏析、休闲、体验、健身、旅游和社会交往等功能；又是文化与旅游深度融合发展的舞台，能够利用文物文化资源和生态环境资源的外溢辐射效应，合理布局文化产业和旅游业，促进区域经济、社会和生态建设协调发展。国家文化公园既是国家形象特征和中华文化传统的标志，又是一种跨区域文化景观保护利用的方法，通过国家文化公园的平台，有利于展示民族国家的整体性文化意义。作为一种管理体制和运营体系，具有以下基本内涵和特征：

（1）国家文化公园是国家借以保护本国、本民族或本地区重要的历史人文资源、文化地理景观和自然生态资源的策略和制度政策系统。（2）在限定的区域范围内为大众提供科研、教育和游憩等服务的综合性执行系统。（3）拥有得到中央政府明确授权的管理机构，无论是中央垂直管理还是以地方为主的条块管理，国家文化公园都有规范的管理机构进行综合管理。（4）拥有规范的经营机制，设有社会参与国家文化公园管理的制度通道，营利性商业服务通过特许经营的方式由市场供给。（5）得到与其公益属性和职能相配套的公共资金支持。

（三）国家文化公园是不同于美国国家公园和西欧文化线路的中国式概念

尽管国家文化公园受到西方社会国家公园与文化线路的影响，李飞等学者发现国家文化公园不同于美国国家公园之处："国家文化公园较之以荒野保护为原始动力、保护自然与历史遗存的美国国家公园体系更具文化内涵和宏伟愿景。"①

美国是世界上最早建立国家公园的国家，截至2018年年底，美国共有418座国家公园，2017年共接待3.3亿游客。目前，美国国家公园系统里共包含20余种类型、419个成员。其中，国家历史公园、国家战场、国家战场公园、国家战场遗址、国家军事公园、国家历史遗址、国家纪念地、国家纪念碑以及4个直接以国家公园命名者，共计286个成员是依托文化遗产而设立，属于文化遗产类国家公园。②

文化线路的理念，对国家文化公园的设计具有影响。《2008文化线路宪章》定义文化线路为："文化线路是陆路、水路或其他类型的交流线路，有明确地理界限，为实现既定目标而拥有动态的特定历史功能，其形成源于人类的迁徙和与之相伴的民族、国家、地区或洲际间商品、思想、知识和价值观等多维度的持续交流，在特定的时空范围内促进了相关文化的相互滋养并通过物质和非物质文化遗产得以体现，文化线路把相关的历史联系和文化遗产整合为统一的动态系统。""交通线路、线路发展的特定动力与历史功能、线路上不同文化群体的交流现象，是理解和保护文化线路的三个主要内容。"③

---

① 刘庆柱、李飞、张朝枝等：《笔谈：国家文化公园的概念定位、价值挖掘、传承展示及实现途经》，载《中国文化遗产》2021年第5期。

② 龚道德：《国家文化公园概念的缘起与特质解读》，载《中国园林》2021年第6期。

③ 王建波、阮仪三：《作为遗产的文化线路——〈文化线路章程〉解读》，载《城市规划学刊》2009年第4期。

欧洲文化线路理论拓展和创新了传统遗产保护理念和思想，为遗产保护，特别是大尺度、跨时空、综合性、动态性的线形遗产保护利用提供了跨区域合作的新思路。至今，全世界已有8条文化线路被列入世界遗产目录。欧洲的文化线路，跳出了传统故事表述中的时间和空间框架，以历史故事线为基础，以故事本身的展开发展为线索，串联起相应节点，形成实体性的"编年体城市史"。例如，德国莱比锡在2012年创建完"音符之路"以后，又在2016年建设完成"音符骑行之路"，以及在建设进行时的"音符弧线之路"。还有德国"汉诺威红线"——汉诺威市设计的一条连接36个重要文化景点和城市节点的红色油漆步行线。

1966年设立的美国波士顿的"自由之路"，是一条全长四千米（2.5英里）、串联波士顿城市全部16处历史文化遗迹的旅游步道。它以美国独立战争的发源地为核心品牌，通过文化游线连接起城区内体现美国独立战争历史记忆的建筑与空间，记录了美国独立战争的重要时刻——茶党的成立、波士顿倾茶事件、邦克山战役、宣读独立宣言等。现在每年约有400万游客会到访这条文化游线，来了解这座充满传奇的城市。[①]

比较著名的西班牙的圣地亚哥德孔波斯拉朝圣之路（Route of Santiago de Compostela），1993年被列入世界遗产名录，成为世界遗产中第一条"文化线路"。该路线位于西班牙境内，文化线路长约850千米，连接了莱昂、布尔戈斯、圣地亚哥德孔波斯拉等著名历史城市约1800座宗教和世俗建筑，生动地展现了中世纪伊比利亚半岛和欧洲其他地区的文化交流成果、基督教精神的强烈感召力。文化路径通过对统一性的欧洲具有象征意义的主题、历史和文化的挖掘，借助主题化的旅游线路和文化项目设计，成为具有文化、旅游和教育特征的遗产与旅游联合框架。这一旅游线路吸引了大量游客，获得了文化和经济上的多重效益，为之后欧洲文化线路的理论和实践

① 张钶昀、张天天：《红线模式——老城故事的"场景缝合术"》，载于华高莱斯国际地产顾问（北京）有限公司著《城市更新方法》，北京理工大学出版社2022年版。

奠定了基础。

正在规划建设中的中国国家文化公园的设计，作为中华民族最重要的文化空间，蕴含了5000多年文明的底蕴，标示着中华文明起源、形成与发展的历史进程，是当代中国坚定文化自信的基础性历史和民族依据，它与世界其他国家公园既相通又有所不同，需要从“世界维度、历史尺度和国家高度”来阐释中国文化认同型国家的独特性，借助于国家文化公园的制度创新，使中华文化的保护传承和开发利用达到动态平衡，发挥中华文化在未来世界文明大舞台上竞争和融合过程中的独特作用。

二、国家文化公园的表征

国家文化公园所包含的文化遗产、文化地理景观和符号系统，不断塑造着中华民族共同的历史认知与文化认同。这些特定文化空间所蕴含的精神文化资源，不仅曾是历史上中国王朝国家形成和演进的重要环境条件之一，而且建构了建设现代民族国家的历史文化基础。

（一）国家文化公园：作为领土认同的外在表征

在现代民族国家的建构过程中，对领土的认同成为推动传统国家向现代国家转变的关键因素：“领土对现代国家的建构意义表明，领土是国家的整体性特征，领土认同是国家认同不可或缺的内容和必要的测量维度。领土认同是国家认同的基础，领土认同是民族认同和制度认同能够在国家认同层面发挥作用的必要前提。”[1]国家文化公园是推进国民领土认同的桥梁。

① 周光辉、李虎：《领土认同：国家认同的基础——构建一种更完备的国家认同理论》，载《中国社会科学》2016年第7期。

1.国家文化公园承载了族群公共空间，建立了国民关于国家认同的具象化路径。

国家文化公园的建设，超越了单纯的地理空间，推动了地理空间向政治空间的转移，形成了国民从族群认同到国家认同的空间通道。例如，大运河国家文化公园作为一个多维空间系统，就包含由大运河河道、与运河相连通的河流支流和干流、运河沿线的桥梁和水利设施等形成的水网系统，以及运河管理治理机构、运河景观、聚落、运河漕运相关遗存、运河沿线民间信仰等非物质文化遗产，构成从自然地理空间向社会空间、精神文化空间和政治空间延伸的渠道，让国民关于历史文化和国家的认知和联想体验得以实现。

其中缘由，就在于国家文化公园独特的“场景建构”功能，即通过推动地理空间到政治空间的转型，让这一弥漫充溢着国民情绪的地理空间，成为塑造族群重大叙事的文化场景；通过建构更容易为普通观众接触和理解的叙事方式，持续激发观众的兴趣，提升观众的代入感与参与感，从而将远离百姓日常生活的国家符号融入个人的生活体验之中，拓展了民族和国家叙事的空间维度。

对于任何民族和国家而言，公共空间的形成对族群共同体和国家共同体的形成至关紧要。公共空间具有柏拉图所说的“第三类存在物”（柏拉图《蒂迈欧篇》）的基本特征——一种永恒不会湮灭的空间。柏拉图认为，任何存在的事物的存在都离不开空间位置，空间和位置是事物发生的条件。空间和位置为一切人类创造提供了存在的条件。族群共同体对公共空间（如河流、安全防御线、交通线路和公共祭祀场所等）的管理和运营，对民族共同体和国家共同体的建构意义重大。公共空间赋予族群共同体的情境性特征——即对族群的日常生活地域赋予情感，使之成为地域认同（“乡愁”）的载体，将族群“想象的共同体”落实于公共空间的操作模式（文化仪式和文化生活）之上，成为族群成员可体验和可感知的存在。

例如，长江国家文化公园所包含的众多文化遗址，构成独特的农耕文化空间。通过不同的空间组合方式即可构成一幅关于中华民族农耕文明发展史的连续性画卷，为国民的国家认同体验提供一个客观实在的完整连续“索引”：从距今约7000年至6000年浙江余姚河姆渡遗址出土的骨耜，到距今约5800年至5300年巢湖流域凌家滩遗址出土的八角星纹长方玉板和玉龟，再到距今约5300年至4300年环太湖流域良渚文化遗址出土的神人兽面纹玉琮，共同构成长江下游地区史前农业发展与精神信仰之缩影。①

2.河流、交通线等地理空间通过宗教仪式，转换为建构国家共同体的“乡愁”。

在文明早期，族群对河流、交通线和防御工程等公共工程的治理成为部落（国家）共同体的核心要务，地理空间逐渐具有社会空间属性，形成从自然空间向政治空间演变的通道。早期华夏族群的社会组织化（国家化）过程，大多与治水、交通和防御等国家公共需求联系在一起。

考古发现，早在史前时代，长江流域的良渚古城遗址、石家河遗址、城头山古城、城河遗址中所包含的水利理念、水利工程体系、原始灌溉系统、城市排水设施等，一定程度上反映了族群组织化程度。位于湖北省沙洋县后港镇双村村距今4300多年的城河城址，拥有较完备的人工水系。考古发现，流经城内的城河并非自然河流，而是经改造后的人工水系，目的是为了解决当时城内大量人口的用水、排水问题。当时人们对水系的利用、管理，业已赋予河流（人工水系）人类生产关系和社会关系的社会属性。

2019年“良渚古城遗址”被列入世界遗产名录，其中一个重要的理论，就是发现了距今4300~5300年的庞大的水利系统，包括上坝、下坝和山前长堤，大小共11处人工坝体遗址，集防洪、拒咸蓄淡、运输、调水、灌溉等功能于一体，是世界上迄今发现最早的复杂大型水利设施系统之一，其影响范围超过100平方千米。

① 马林：《当代中国文物展览的文化使命与中国叙事——以“何以中国”展为例》，载《艺术评论杂志》2022年第4期。

有关专家据初步估算，良渚遗址工程量总计达到1200万立方米。以当时的生产力，“这样的工程量即使动用1万个劳动力也需要10年甚至更长时间。能组织这么大规模的人力来进行如此浩大的工程，需要有一个凌驾于社会之上的部落（国家）政权才能完成，它不仅反映了强大的社会组织力，还有统治权威的体现，可以说，治水造就了集权的国家形态的形成”。英国牛津大学教授Jessica Rawson评论：“良渚古城外围存在着由许多条坝体构成的庞大水利系统，说明当时的统治者十分清晰如何规划水利工程建设和管理劳动力，这为人类了解早期国家的组织方式提供了很大帮助。”①

河流（运河）、交通线路等地理空间通过宗教方式，成为族群共同体和国家共同体的表征。杨华教授揭示出长江等河流如何通过宗教仪式和国家祀典，转换为建构国家共同体的精神文化资源的过程：历代朝廷把江渎等水神列入“祀典”，表明该朝廷与前代各个政权存在直接关联，是对自古以来水神祭祀权的继承，因此具有经史道统的延续性。因为历代朝廷大多定都在中国的北方，所以，祭祀江神表明其朝廷得到了南方水神的认同和庇佑，可以国祚永续。为南方长江流域的各类水神封爵号、赐庙额，表明该朝廷对这些神祇具有相当的管理能力。对这些水神的祭祀，是历代朝廷统治合法性的表现。②历史朝廷通过祭祀水神，宣扬国家（朝廷）对江河和土地进行管辖的政治合法性，“率土之滨，莫非王土”，通过对领土领水的祭祀仪式，江河和土地转化为国家的政治合法性资源。

美国学者杜赞奇在《文化、权力与国家：1900—1942年的华北农村》一书中，分析了百泉河流域农民水利自助组织“闸会”及龙王的祭祀仪式对于农村社会的影响机制，通过将治水机构的神圣化和权威化，农村社会得

---

① 牛志奇：《远古时期水利在长江文明中的地位与作用》，“长江”强国号，发布时间：2022年5月9日。

② Hua Yang. *Water Spirits of the Yangzi River and Imperial Power in Traditional China*.Religions，2022，13（5），387.

以建立起规范的管理秩序。[1]5000多年来，中华民族围绕“治水”的功能性目标，建立起公共空间的符号载体，连通了世俗社会与信仰领域，突破了国家形象建构与个体认同体验之间的壁垒，建构了东亚社会独特的文明形态，孕育了从黄土高原到江南水乡的五千年文脉。

（二）国家文化公园：作为强化民族国家认同的“情感叙事结构”

国家文化公园的建立，建构了一种独特的情感叙事结构。叙事——“对于一个时间序列中的真实或虚构的事件与状态的讲述”，是国家文化公园不同于其他公园的独特功能。国家文化公园利用“事件、功能、插曲、主题、状态、核心、行动和空间”等来描述事件境况和历史场景，借以联通表层故事背后的深层结构——族群和国家的精神文化状貌与核心价值观，一定程度上让这些沉淀在族群共同体中无时间性的深层结构，在国家文化公园叙事（如文化旅游线、城市景观轴线等）中得以展现。

一般而言，国家文化公园的深层结构，包含了历史叙述、精神内核的提炼和独特的社会化建构三个层面的内容。以长城为例，长城国家文化公园的结构，包含了从先秦以来各个历史时期的长城建造历史。长城作为中华民族“天才杰作”的象征，其文化遗产参与到长城文化的社会化建设，建立了在长城防御功能外的依城而居、围城而寨/堡、依长城而组织经济活动等百姓日常生活相关的功能，既具有对中华民族历史进程的塑造能力，又展现出对当代社会的经济社会和文化结构的渗透影响功能——长城作为民族文化遗产所蕴含的团结统一、众志成城的爱国主义精神，坚韧不屈、自强不息的民族精神，守望和平、开放创新的时代精神，已深深融入中华民族的血脉之中，成为中华民族的族群性格；对于全世界来说，长城虽丧失了其原本的军事防御工程价值，但它仍然是一座荟萃了中国古代劳动人民

① 参见（美）杜赞奇著：《文化、权力与国家：1900—1942年的华北农村》，王福明译，江苏人民出版社2020年版。

智慧和汗水的宏伟建筑遗产，是世界人民了解古老中华民族的政治、经济、建筑等多方面的发展历程和成就的历史叙事体裁。历史叙述、精神内核提炼和独特的社会化建构，统一于长城国家文化公园的空间之上。

关于国家文化公园社会化建构的内涵，王国平以策划良渚遗址国家文化公园为例，进行了较为清晰的阐述。他将良渚遗址的保护与开发分为三个圈层——以管控保护区的保护为核心的第一圈层，以主题展示区的开发为重点的第二圈层和以文旅融合区的融合为要点的第三圈层，"第三圈层"体现的是国家文化公园的"社会化建构"："良渚遗址的开发要重点利用文物和文化资源的外溢与辐射效应，对良渚遗址的利用要发挥100千米范围缓冲区和建设控制区的作用，可适度利用，以此作为第三圈层，可选择与旅游、文创等相关绿色产业相结合的发展模式。以良渚国家文化公园为中心，依托良渚的自然和文化景观，整合良渚的文化遗址，形成良渚文化遗址群，打造良渚文化品牌统领下的集文旅、娱乐、养老居住、休闲度假等功能于一体的文旅综合体。"①

对于任何国家来说，建设民族和国家精神高地，都需要借助自然和人文地理符号作为载体，同时，自然和人文地理的升华也需要民族和国家精神作为内涵依托。

例如，长征国家文化公园的建设，则溢出了长征线路的地理空间范围，将长征文化遗产保护、爱国主义教育、长征文化和长征精神研究、长征文化旅游与长征沿线区域社会经济发展等功能融合，是长征精神文化的空间生产转化。长征精神的社会化建构，是将长征精神进行符号化转化，在展现场面宏大且细节丰富的长征历史场景的同时，形成了一个具有"二万五千里长征"整体辨识度的符号系统，使之成为中国重要的国家记忆，成为国家形象、民族精神的象征。

① 王国平：《从"国家遗址公园"到"国家文化公园"——关于良渚国家文化公园申报导则的思考》，载《城乡规划》2020年第4期。

国家文化公园通过引导国民的文化活动，将自身与民族和国家密切联系起来，进而形成一种在场的情境依恋和归属感。例如，电影《上甘岭》的主题曲《我的祖国》，通过长江的情景预设，引发国民个体“故土”或“故乡”的观念，并逐步演变为集体归属感——我热爱这片土地，我属于这个民族和这个国家。长江、黄河、长城、长征和大运河等国家文化公园，就不再仅仅是国民活动的地理空间和物理舞台，而成为国民进行自我身份建构的途经——具有同样归属感的不同个体对于国家文化公园的自我投射，自然而然会形成一种情感纽带联结，就会形成族群共同的精神家园。

对于中国这样一个文化认同型国家来说，精神家园式的情感归属感，是至关重要的。它是一种由文化认同型国家属性生发出来的社会情感动员和国家组织方式。“情感叙事”作为一种社会组织方式，主要不是基于国民的“理性计算”，而是“情感动员”。在中华民族和现代化国家议程下，基于文化同一性的“共情模式”引导建立了独特的社会动员机制。从情感动员的发生机制来说，情感唤起、情感渲染和情感传播是塑造社会公共议题的三种发生机制。一般来说，悲哀、愤怒等消极情感容易引发感性动员，而积极情感会引发理性动员。情感动员具有舆论引导、认同塑造的独特功能，借助于情感激发、意见协商和认同塑造，就构成了社会动员机制。在国家文化公园的语境下，情感叙事具有社会建构和国家建构的意义。

三、国家文化公园的自我理解

国家文化公园既不同于西方世界的国家公园和文化线路，又不同于传统的重点文物保护单位、大遗址和文化生态实验区等，因此需要对自身的特征进行阐述和定位。作为应对全球化环境和数字信息技术环境压力的总体性反映，国家文化公园既承载文化认同型国家属性的政策转化，承载建设国民精神文化家园的职责，又体现出营造文化生产和文化消费空间的功能，展现出自身的总体性和集成性特征。

（一）基于中国文化认同型国家属性的总体性政策表达

建设国家文化公园战略的确立，本质上是文化认同型国家在全球化背景下的战略因应和政策表达："国家文化公园建设，就是要整合具有突出意义、重要影响、重大主题的文物和文化资源，实施公园化管理运营，实现保护传承利用、文化教育、公共服务、旅游观光、休闲娱乐、科学研究功能，形成具有特定开放空间的公共文化载体，集中打造中华文化重要标志。"①

规划建设国家文化公园，也是中国政府对文化遗产保护环境持续变化的战略和政策回应。随着人口的快速增长和世界范围内人类活动对环境的影响日益加深，包括世界文化遗产、重点文物、大遗址及非遗文化生态保护区等保护任务日益复杂，单体保护方法、封闭式保护模式日益落后于经济社会发展要求，远远超越了遗产本体的小范围保护而涉及与本体相关的广阔生态区域，其缓冲区、遗产生态区可能比本体面积大数倍或数十倍。像丝绸之路、大运河、长城、长江、黄河等大型的超长距离的文化线路，其保护范围空间宽阔，跨地区甚至跨国境，保护的难度加大，特别是治理难度加大。世界范围内文化遗产由单纯的消极的保护方式向传承创新与合理利用模式转变，迫使国家要从一个更宏观的层面来讨论大规模文化遗产的保护利用模式问题，因此必须对传统的管理体制进行较大幅度的改革创新，国家文化公园战略即是在这一大背景下出台。

国家文化公园战略的确立，本质上源于全球化背景下强化现代国家认同的战略需求。

在全球化和多元化的世界中，一国的国民要形成对国家的认同，首要条件是必须能够确定"共同且独特的认同对象"，而不能被淹没在同质化和共享性的一般性特征之中。但这在全球化的世界中，寻找并定位一种"具

① 人民网：《探索新时代文物和文化资源保护传承利用新路——中央有关部门负责人就〈长城、大运河、长征国家文化公园建设方案〉答记者问》，http://politics.people.com.cn/n1/2019/1206/c1001-31492633.html，发布时间：2019年12月6日。

有独特性的共同性”是异常困难的，一个国家的某些特征可能为其他国家（族群）所共享，而非其所特有。因此，各个国家的应对之策，就是甄别和定位民族国家的整体性特征，并围绕这一特征建构国民的文化认同和国家认同。国家文化公园的建设，即是甄别和定位中国文化认同型国家的整体性特征，形成国民通往国家认同的基础渠道。

1.国家文化公园的建设，旨在超越族群内部的多样性差异，为全体国民建立起一种客观的、可感知、可体验和可表达的统一性，进而为具有不同地域认同背景的国民提供既具象又抽象的民族和国家认同对象；2.国家文化公园的建设，能够标明中国所独有的国家标识，能够使中国与其他国家明确区分开来，有利于国民形成有别于其他国家的民族和国家认同；3.国家文化公园的建设，能够提供一种稳定的民族和国家整体性特征，能够为保持民族和国家认同的稳定性和连续性提供一种情境化的空间叙事，建立起一种强化国民关于国家认同的稳定性通路。民族和国家要远大于国民日常生活的范围，国民难以自然而然地形成对民族和国家的感性认知，国家文化公园的设立，就是国家为国民个体创造的民族和国家认知和体验的现实通道，有利于国民个体将国家的整体性特征内化为个人心中的认同信念，形成强化民族和国家认同的有效途经。因此，《长城、大运河、长征国家文化公园建设方案》指出：“建设长城、大运河、长征国家文化公园，对坚定文化自信，彰显中华优秀传统文化的持久影响力、革命文化的强大感召力具有重要意义。”国家文化公园成为连接个体身份（价值）认同与国家认同的渠道。

身份认同问题，并不只是现代国家建设的需要，也是国民个体的基本需要。英国社会心理学家亨利·塔菲尔将社会身份认同定义为个体的基本需要：“个体的一些知识，这些知识是关于他（她）从属于某一社会群体，以及对作为社会成员的他（她）而言是具有显著感情和价值的东西。”正是通过这一过程，个体附属并投身于他们所属的特定社会群体之中，人们努力追求或保持一种积极的社会认同，以此来增强他们的自尊。美国学者威廉·布鲁姆认为，“认同是一种具有动力的人类需要”，“认同是所有人固有的、无意识的行为驱动力。为了获得心理安全感，人们主动寻求认同；为了增进心理安全感（人格稳定和幸福感的必要条件），人们主动保持、维护和提高认同”[①]。

法国社会学家涂尔干通过对“自杀”行为与宗教、社会和家庭等因素之间关系的观察，发现个体的身份认同具有重要意义，正是在集体主义的目标和环境下，个体的力量（特别是个体克服困难的韧性）会发挥到极致：“如果他们与一个他们所喜爱的群体利害一致，那么，为了不违背他们自己的利益所服从的某些利益，他们会更加顽强地活下去。把他们共同的事业联系在一起的纽带也把他们和生命联系在一起，而且他们所关心的崇高目标也不允许他们如此强烈地感受到自己个人的挫折。最后在一个有凝聚力和生气勃勃的社会里，彼此不断交流思想和感情，如同一种相互的精神支持。这种精神支持使得个人不是处于独立无援的境地，而是分享集体的力量并在他自己的力量到了极限时从中受到鼓舞。”[②]

相比于西方民族认同型国家和宗教认同型国家，中国以汉字、典籍和历史传统为基础的社会认同具有独特性，它支撑起极具包容性的文化认同型国家，中华文化为族群成员提供了先验的、固有的、无意识的行为驱动力。在一个以历史文化为基础的社会认同环境中，个体的价值认同需要得到集体主义的支持。

对于具有深厚历史共识的华夏族群，历史遗产和历史叙事提供了成本更低、效率更高的社会动员资源。中国文化认同型国家属性，使国家文化公园成为现代国家建设的有效载体。

国家文化公园作为国家提供的公共产品，既是国家能力的体现，又是

① （美）威廉·布鲁姆著，王兵译：《认同理论：其结构、动力及应用》，载《社会心理研究》2006年第2期。

② （法）埃米尔·迪尔凯姆著：《自杀论》，冯韵文译，商务印书馆1996年版。

国家合法性资源的重要来源。现代民族国家的建构都必须要依赖于国家“提供公共物品的能力”和“全体居民的语言同质性”。现代民族国家的建构，既要在中国自身的文明引力中心、拥有巨大的讲多种语言的“华夏民族的总体身份”中加以铸造，又要在一个包含了国家文化公园在内的公共文化产品的“叙事结构”中予以实施。国家通过国家文化公园等公共文化产品建造一个想象的华夏族群共同体①，这个共同体则由国家文化公园所提供的族群成员共享的“叙事结构”所维系。借助于公共文化产品的叙事结构，族群成员很容易将自己想象成为一个拥有共同历史、共同起源和未来政治命运的共同体。因此，建设国家文化公园就成为国家政策的总体性表达。

（二）作为空间生产和文化消费的载体

国家文化公园本质上是一种超级文化空间。美国人类学家K.科拉克洪将文化空间定义为：“源自人类历史文化系统中的，包含历史传统、语言、风俗、制度、思想、信仰和价值观的综合体。”乌丙安认为，“文化空间是民族活动和民族文化的集中体现，它将上述两个特征要素汇集在一个特定区域内，并在一个特定时间或时间段进行有规律的展示和表达。”②国家文化公园通过对空间的整合，使文化空间成为文化资源的汇集地和展示地，因此既促进了空间的文化生产功能，也促进了空间的文化消费功能。

通过优化文化空间以推进文化生产和文化（旅游）消费，国内外都不乏成功的案例。例如，2013年开放的美国印第安纳波利斯的“文化游径”（Indianapolis Cultural Trail），通过建设文化线路项目吸引大量游客，促进了时尚购物小店、画廊、咖啡馆等商业的聚集，为城市吸引至少1亿美元的商业和住宅投资，使得原来空空荡荡的沿街大楼，成为酒店、公寓或购物消

① 布尼迪克特·安德森（Benedict Anderson）认为民族是一个“想象的共同体”。

② 乌丙安：《〈孟姜女传说〉口头遗产及其文化空间——国家级非物质文化遗产〈孟姜女传说〉评述》，载《民俗研究》2009年第9期。

费场所。印第安纳社区基金会主席布莱恩·佩恩（Brian Payne）透露：“根据开发商的说法，他们投资是因为有这条印第安纳波利斯文化游径。”它为印第安纳波利斯这个城市创造了超过11000个工作岗位以及超过8.6亿美元的经济收益。[①]

国家文化公园不仅有利于促进文化产品的生产与消费，更为重要的是，它有利于促进国家形象的营造与传播。政府、社会和企业借助国家文化公园的共享平台，可以提高国家形象传达、对外文化交流和对外文化贸易的效率（表1.1）。

表1.1　国家文化公园在国家文化传播中的功能集成

<table>
<tr><th>传播</th><th>运作层面</th><th colspan="2">主要内涵</th></tr>
<tr><td>国家形象传达</td><td>以政府为主体，社会和产业协同</td><td colspan="2">以国家文化公园的国家品牌为基础，通过在国际上传播五大国家文化公园的形象，构建古老中国文化国家的国际形象，增加国际传播的美誉度和可识别度。</td></tr>
<tr><td>对外文化交流</td><td>以社会为主体，政府与产业协同</td><td colspan="2">整合社会组织、机构和个人为主体的力量，发挥国家文化公园的传播平台功能，开展双边和多边的文化和艺术交往。</td></tr>
<tr><td rowspan="2">对外文化贸易</td><td rowspan="2">以产业为主体，社会协同</td><td rowspan="2">以企业为主体，开展国际间文化产品和文化（旅游）服务的输入和输出贸易。</td><td>促进文化产品贸易：借助国家文化公园的品牌，赋能文化产品，促进进出口贸易活动。</td></tr>
<tr><td>促进文化（旅游）服务贸易：借助国家文化公园的平台传播功能（如中国长江文化和旅游博览会），推进跨境服务交易和自然人跨境移动等。</td></tr>
</table>

（三）国家文化公园：作为中华民族共同精神家园的载体

国家文化公园之所以能够成为中华民族共同的精神家园，就在于“代表中华文明源远流长的文化符号、炎黄子孙团结凝聚的精神纽带、中华民

---

① 张钶昀、张天天：《红线模式——老城故事的“场景缝合术”》，载于华高莱斯国际地产顾问（北京）有限公司著《城市更新方法》，北京理工大学出版社2022年版。

族生生不息的民族象征”[1]。国家文化公园通过固有的文化记忆装置，架通了连接“过去—现在—未来”的桥梁。

有学者通过对大运河国家文化公园的研究发现，“文化记忆重构与文化空间生产的多维度交互，最终形成推动大运河国家文化公园建设的内生动力。依托文化表征性空间进行集体记忆建构，建设记忆之场推进空间生产实践，推动大运河文化记忆升华为国家记忆，通过‘热’回忆实践促空间表征传达，构成了大运河国家文化公园建设的逻辑遵循”[2]。其他如黄河国家文化公园，在中国5000多年文明史上，黄河流域孕育了河湟、河洛、关中、齐鲁等农耕文化区，标示了全世界农耕文明的高度。黄河上游的“丝绸之路”遗存，黄河中游的历代都城、帝王陵墓遗存，以及黄河下游的稷下学宫、诸子百家遗存、“三孔”（孔府、孔庙、孔林）等遗存，构成展示中华文明形成、发展的历史脉络，展示中华民族赖以生存发展的民族价值观和蕴藏于日常生活中文化基因，即华夏民族的精神高地。

同样，长江国家文化公园所蕴含的中华文化基因，构成中华民族的精神高地。在长江文化精神特质中，海纳百川、兼收并蓄的开放包容精神，筚路蓝缕、自强进取的开拓创新精神，舍生取义、敢为人先的爱国奉献精神，庇民、安民、为民谋福祉的民本务实精神，道法自然、天人合一的深度和谐理念等，凝聚了中华民族的成长记忆、价值元素和文化符号，积淀着中华民族最深沉的精神追求，体现出世界大河文明特有的“交汇—融合”精神要义，成为21世纪中华民族建构精神家园的物质和价值基础。

国家文化公园所固有的文明脉络和文化传统，满足了人们对于文化优越感的诉求，成为族群身份自豪感的来源。不同民族对于自身的文化，都有特别的自豪感。中国人对于中华文化的精神依恋，就如西哲对于希腊文

① 吴必虎、余青：《中国民族文化旅游开发研究综述》，载《民族研究》2000年第4期。

② 王秀伟、白栎影：《大运河国家文化公园建设的逻辑遵循与路径探索——文化记忆与空间生产的双重理论视角》，载《浙江社会科学》2021年第10期。

化的感受。德国哲学家黑格尔说："一提到希腊这个名字，在有教养的欧洲人心中，尤其是我们德国人心中，自然会引起一种家园感。"英国诗人雪莱则称："我们都是希腊人。我们的法律、文学、宗教和艺术都源于希腊，如果没有希腊，我们现在还可能蒙昧无知，与野人无异。"当代美国历史学家威尔·杜兰说："希腊文明仍然活着；它走进我们心智方面的每一次呼吸中，希腊的遗产太多，我们之中没有任何人能终其一生去完全吸收。"[①]

国家文化公园是时间向度上族群文化记忆的物质结果，国家文化公园的形态源于族群文化记忆在当下环境中的重构及文化记忆的再现与实践，族群文化记忆的积累和重构使国家文化公园的物理空间拥有了社会意义和象征价值。正是在这一个空间平台上，族群文化的历史性变迁和文化空间结构实现了有机联结，形成中华民族的精神家园。其间的原因，就在于国家文化公园本质上既是一种"地理媒介"又是一种"象征媒介"：国家文化公园借助于地理空间符号和文化记忆对"集体"进行界定，"集体"被定义为"由超越时空的象征媒介来自我界定的抽象的共同体"[②]。由此构成了集体记忆和个体身份认同的关系。国家文化公园所固有的族群集体记忆，满足了人们对于集体身份的诉求，成为个体身份归属感的来源。

国家文化公园的确立和实施，为中华民族提供了历史传统延续和活化、文化空间化建构的超级媒介，也在一定程度上改变了中华传统文化在时间纵向度和空间横向度上的变迁轨迹，并建立起新时代中华文化发展的时空观。国家文化公园所固有的集体记忆和文化记忆，满足了人们对于民族和国家发展愿景的诉求，成为个体价值感的重要来源。按照海德格尔的说法："历史不仅是人类的现在在过去的投影，它还是人类的现在中最具有想象力的那部分在过去中的投影，是自己选择的未来在过去中的投影，它是

① （美）威尔·杜兰特：《世界文明史·希腊的生活》（下卷），东方出版社1999年版。

② 孙江：《皮埃尔·诺拉及其"记忆之场"》，载《学海》2015年第3期。

一种历史——科幻，反之也可以说是一种历史——愿望。”[1]国家文化公园通过提供一种宏大的文化场景，引导人们进入无限的时间和空间，对整个人生、历史、世界获得一种体验性的感受。国家文化公园既是中华民族的精神象征，是中华文化和世界文化交流互鉴的有效载体，也是世界认识中国的“金名片”。

① （法）雅克·勒高夫著：《历史与记忆》，方仁杰、倪复生译，中国人民大学出版社2010年版。

第二章
长城国家文化公园建设

长城不仅是中国的象征，而且是中华文明的象征。在具有世界影响力的主要国家中（以20国集团——G20为例），唯有中国国歌《义勇军进行曲》将人造建筑物写入歌词：“把我们的血肉，筑成我们新的长城！”长城升华为一个国家、一个文明、一个民族的精神力量象征，可以说，长城已经成为中华民族的一个精神图腾。长城内外广大地区更是中国古代各民族交流与融合的舞台，它伴随着中华民族的形成和发展，见证了民族千年兴衰。从这个意义上说，长城地区是中华民族发展的历史线索，塑造了国家性格DNA，对于中国、亚洲大陆乃至世界都具有重大的文化价值，享有世界声誉。长城就是中国，中国就是长城的家。长城文化与长城精神已经成为中华文明最重要的文化符号之一。

2019年中共中央办公厅、国务院办公厅印发的《长城、大运河、长征国家文化公园建设方案》（以下简称《方案》），是指导长城国家文化公园建设的顶层制度设计与制度性保证。《方案》明确界定，长城国家文化公园，包括战国、秦、汉长城，北魏、北齐、隋、唐、五代、宋、西夏、辽具备长城特征的防御体系，金界壕，明长城。涉及北京、天津、河北、山西、内蒙古、辽宁、吉林、黑龙江、山东、河南、陕西、甘肃、青海、宁夏、新疆15个省区市。

建设长城国家文化公园是国家顶层战略、国家行为，具有深刻而长远的国家文化意义。基于此，各级行政单位应遵循《方案》要求严格将建设责任落实到位，确保在规定时限内如期、保质、保量地完成建设任务，本着对历史负责的高度责任感，给国家和人民交上一份满意的答卷。

一、长城国家文化公园建设的价值与目标

长城国家文化公园建设的价值与目标（基本定位），统摄于国家文化公园的全局定位体系之下。

作为国家顶级文化战略之一，国家文化公园建设首先要展现新时代的国家文化话语体系与文化诉求。国家文化话语体系涵盖中华优秀传统文化保护、传承、现代性创新性转化的各种成果，深厚悠扬的家国人文情怀及新时代中国特色社会主义先进文化的最新理论与实践成果；国家文化诉求则体现为国家与国民文化内容、形象、体系及制度机制的文化输出与文化交流立场。其次要体现国家发展理念，突出体现“创新、绿色、协调、开放、共享”的理念，以文化工程的形式来体现新时代的大国担当，擘画“碳达峰”与“碳中和”的文化路径，在全球公共卫生风险面前塑造“健康中国”的良好形象。第三要整合可共享的文化内容，理顺国家文化与国民文化内涵与外延[①]的边界，建构国家文化与国民文化转换的路径，提升文化的可共享水平。第四要通过国家文化公园建设来打造国家文化发展的依托平台，突出“6个平台”建设：即中华文化基因库的仓储区（平台）、中华文化保护传承弘扬的核心区（平台）、中华文化高质量发展的承载区（平台）、中国文化形象展示的样板区（平台）、中国公共文化休闲的示范区（平台）、中国文旅深度融合发展的先行区（平台）。[②]最后，要通过国家文化公园建设

① 傅才武、余冬林：《国家文化与国民文化的构造及其转换》，武汉大学出版社2021年版。

② 程遂营、张野：《国家文化公园高质量发展的关键》，载《旅游学刊》2022年第2期。

来体现国家文化治理水平，体现我国在解决文物保护、传承、利用中的创新举措，体现我国文旅融合的发展实践，体现文化工程在脱贫攻坚过程中的砥柱作用等。

长城国家文化公园的文化诉求具有内生性，内生于物质的长城本体与非物质的长城精神。长城价值之所以具有内生性，一方面是因为千百年来，长城的修建、地区开发、利用已经超越王朝更替与时代轮回，成为多数追求统一的中央王朝的国家大计，是历代王朝上自帝王将相，中到府道州县，下至黎民百姓共同的事业。在此过程中逐渐形成一系列国家的政治论述、工程技术规范、军事体系，氤氲边塞文化与多民族交融环境，促进农耕与游牧地区的贸易联系与经济交往，自发地生成了从国家到国民的价值体系。这种价值不是外界灌输的，也不是朝廷强加的，完全是国家的知识精英、劳动人民与少数民族同胞在理论上与实践中锤炼生成的，是一种共同经历、共同记忆并最终汇流为一种内在的、具有凝聚性的共同追求。另一方面，长城具有超越时空的价值转化能力，这是任何外生性价值自身所不具有的。特别是近现代，每当在国家与民族危亡的紧要关头，长城的物理性防御功能依然能体现出一定的军事价值，更重要的是长城能够唤醒亿万民众的抵抗精神，团结并凝聚人心，共赴国难一致对外。此时的长城是一种精神寄托、文化符号，成为刻写入民族精神的代表性文化标识与符号。

建设长城国家文化公园就是要展现以长城为代表的中华优秀传统文化与当代文化的“物质—精神”二重性。“物质的长城”与“精神的长城”，是建设长城国家文化公园的价值本底。所谓“物质的长城”，是指历代长城保留至今的各种遗存、文化与古迹，建设长城国家文化公园，首要的是立足“保护”，实现科学、有序的长城实体的保存，包括长城附属地区的文化生境，保持长城物质生态的完整性，这是一种隐含的长城沿线各省市联动“共抓大保护”的意思。所谓“精神的长城”，是指发生在不同时空中的事件所折射出的中华民族的人文精神与气韵，通过新的理念、技术手段将其展现、传承并弘扬出去，这是一种隐含的地方政府通过具体文化传承项目

“不搞大开发”的科学利用各种非物质遗产的意思。

长城国家文化公园的目标具有外生性，体现“中央统筹、省负总责、分级管理、分段负责”的总方针。国家制定总建设任务，统筹并调动国家级资源，长城沿线各省市落实本省市内的保护、利用、传承的法律法规与系统性保护规划，统筹省级层面与地市层面的建设安排，分级管理、分级落实，下面各市县具体实施建设项目，确保按期保质保量完成建设任务。目标的外生性克服了地方各自为政缺乏统一领导的弊端，同时以更高层级的行政权威与法律威信保证了长城国家文化公园在法律上的刚性地位，是一种国家意志的体现。

（一）长城的多维度价值与意义

对于今日之中国，无论在物质上还是精神上，长城都具备历史超越性、地域超越性与民族超越性，已经成为体现“中华民族共同体”意识的最具代表性的精神标识之一。长城是一种历史记忆的客观存在，是当代中国及海内外华人的精神图腾，是中华民族立足于世界民族之林获得全世界最广泛认同的文化标识与符号，也是中国实现现代化转型，建构新时代国家文化与国民文化的重要承载体。长城的历史意义、现当代价值与未来启示，建立在长城的准确定义与公众对长城的基本共识之上。

对长城的定义，许多研究者提出过自己的理解和认识。学术界的一致理解与认识是，长城是中国古代军事防御工程。长城与其他军事防御工程有着两个本质区别：第一是长城建筑体量的长；第二是长城防御体系与其他军事防御工程相比具有非常大的纵深。①

近现代学者中，侯仁之对长城的定义最接近长城的这两大本质。他定义为：“长城是针对相对固定的作战对象，按照统一的战略，以人工筑城方式加强与改造既定战场，而形成的一种绵亘万里、点阵结合、纵深梯次的

① 董耀会：《长城文化经济带建设研究》，燕山大学出版社2021年版。

巨型坚固设防体系。”①

侯仁之对长城的定义具体而详细，体现了长城的政治性与军事性。固定作战对象，指中原农耕王朝的北部势力范围（战国长城限于对诸侯国互相防御的需要，在西、东、南等方向均划定势力范围，秦以降，势力范围防御的重点主要在北部）的北缘要面对的威胁。自秦至清，中原王朝北向防御与作战的主要对象先后有义渠、匈奴、鲜卑、柔然、突厥、契丹、蒙元、女真与喀尔喀蒙古等。通过都护、羁縻与联姻联亲等方式，先后与乌孙、西凉、哈密、土默特、察哈尔与科尔沁蒙古等部落建立过紧密程度不同的政治与军事同盟关系，由此，长城也进一步发挥了对盟友的控制与间接监视作用。所谓绵亘万里、点阵结合、纵深梯次的巨型坚固设防体系，是指长城是包含墙体、墩台、敌楼、卫所、兵营、屯田基地、边镇等组成的立体式大纵深区域体系，而不单单是单薄的一堵墙。这种设防体系以军事力量的整体性存在为威慑力，进可攻，退可守，是具有强大进攻性的防御体系，而不是被动防御体系。

戚继光驻守蓟城的时候，曾经在汤泉搞过一次10余万士兵参加的大规模军事演习。他把当时蒙古部族的一些首领请到汤泉来观摩演习。通过演习，明朝军队完全显示了自己的武力，向蒙古部族首领展现了自己的武装实力，暗示对方自己已经做好使用武力抵御侵扰的准备，让对方在自己强大的武力威慑下，不敢轻易地采取敌对行动。通过这次军事演习，蒙古族的首领们看到了这支守卫长城部队的勇猛，真正地达到了战略威慑的目的。

历代中央王朝不断修筑长城，不单单是巩固被动防御的军事工事，而是扩大军事体系规模，承载更大规模的军事力量，确保压倒性的军事存在。作为一种政治智慧，汉、明两代都在北边布防史无前例的巨大军事力量，但与处处设防屯兵相比，一劳永逸地修筑牢固的长城，沿线驻扎机动兵力，是更加节省经费成本且效率更高的国防策略。

① 董耀会：《长城文化经济带建设研究》，燕山大学出版社2021年版。

总结前人的成果，董耀会把长城界定为：长城是中国古代由连续性墙体及配套的关隘、城堡、烽燧等构成体系的军事防御工程。此定义，依然是对作为军事防御工程，长城防御体系的主体是连绵的墙体，由关隘、城堡、烽燧等与墙体按特定结构方式组合而成一个有机防御体系而言。长城本身具有整体性、结构性和层次性的特点，其系统内部各子系统之间具有相互维系而构成有机整体的特性。长城整体的防御功能，并不简单地等于各子系统在孤立状态下功能的总和。①

长城虽然是用一条有形的防御线，将农耕与草原社会分割开来，但千百座连通长城内外的关隘，又将农耕和游牧地区紧密地联系起来。长城自身是一个开放的系统，作为防御体系首先要和被防御的一方构成联系，其次要与周围环境如地形、耕地、水源及前方、后方构成联系。

与长城定义凸显古代王朝对长城的政治性与军事性诉求不同，民众对长城的共识凸显了长城的文化与经济属性，体现了百姓安居乐业的理想。作为器物层面的长城，发端于大陆农耕文明。据国家文物局2012年所发布的数据，长城经过的15个省、97个地级市，基本处于黄河以北，横跨了从东北、华北、西北直到新疆的天山。在中国古代冷兵器时代，战争需要依赖大量的人力和财富来支撑。一旦发生战争，劳动者大量被征用至战场之上，经济上的衰败很容易显现出来。②为了避免战争、降低战争发生的频率，王朝统治者大都选择较为经济的方式——修筑长城。“长城的存在调整了农耕和游牧两个民族之间的冲突，减少了双方发生战争的次数，在那个时代部分地解决了不同文明的冲突问题。”③

两千多年来，为了安居乐业而修筑长城，似乎已经变成中华民族的一个

① 董耀会：《长城文化经济带建设研究》，燕山大学出版社2021年版。

② 李戈瑞：《长城是中华民族复兴的文化符号》，载《中国长城文化学术研讨会论文集》，中国书籍出版社2020年版。

③ 董耀会：《长城：追问与共鸣》，燕山大学出版社2019年版。

习惯。长城的内涵在不断地延伸，逐渐成为一种文化使命。正如2014年习近平主席在联合国教科文组织总部的演讲所说："中华民族的先人们早就向往人们的物质生活充实无忧、道德境界充分升华的大同世界。中华文明历来把人的精神生活纳入人生和社会理想之中。"

长城具有贯通中国与中华民族历史、当下与未来的历时的共域性与异域的共时性的"二重时空连续性"，是各族人民共享的标志性文化空间。它既是明确传达国家意志的国家文化的一部分，又是内容丰富的国民文化的一部分。从国家文化层面看，它具有鲜明的政治与军事意义；从国民文化层面看，它具有深刻的文化与经济内涵。国家文化与国民文化的互动与转化，形成中华民族特有的长城价值体系。

长城承托鲜明的政治意义，是中华文明建构"天下"秩序的重要工具，是国家统一与政权存在性的重要实体化符号。长城是有形的，但它蕴藏的却是中华文化中对制度与秩序的追求。在现实层面，则表现为行之有效的政治制度。长城形式上是墙是阻碍，实则为规矩，是为了让长城地区的各个族群，更有秩序地交流与融合！郡县制形式上是官僚政治取代血缘政治，实质上则是有利于中央集权的加强和国家统一。历史证明只有文明的才是可持续的。只有找到适合自己文明、文化的制度形式，才可以建设一套行之有效和可持续的制度体系。农耕文明的郡县制与游牧文明的居无定所针锋相对，有形的长城就是"天下"秩序的生化之"型"。长城不动如山，自守而自崇高，所折射的"天下"秩序不是杀伐消灭的武力征服，而是"礼不往教"的文化同化，因此长城内外的巨大纵深就构筑一个农耕与游牧混杂的和平共处与战争缓冲地带，通过汉族与其他民族百姓耳濡目染如身体力行的同化—异化—再同化的升华过程，长城逐渐将边缘的"化外之地"同化为"化内之地"，进而逐渐构筑"天下"秩序的外围，宣示王朝对于边界地区的文化统治权力，天朝大国的政治存在周布四方，无形中使得王朝统一的形象越过长城，抵达草原边疆，使得中华文化远播。从政治意义上说，长城既是促进国家统一的工具，又是国家统一的结果。在促统过程中，长城构筑了中央王朝军事、政治、文化、人口、技术的前进基地；在维护国家统一的过程中，长城设定农耕与游牧的交往以及权利与义务的边界，提供了和平共处的平台与渠道。由此长城的器物文化逐渐塑造了边域的政治治理文化，并深刻影响了百姓的行为文化与心理结构。

长城具有实实在在的军事功能，在不同的历史时期，所展现的工程技艺、兵工技术、国防战略与军事战术思想都居于世界最先进水平。从工程技艺上讲，长城从修建伊始就注重“因地形，用险制塞”，形成易守难攻的天然优势，降低建筑和守卫成本。同时，在长城修筑沿线建设不可计数的烧制长城砖的窑口。据1990年央视纪录片《望长城》报道，在河北唐秦一线董家口长城附近发掘的一处长城砖窑口出土的明代长城砖，经压力测定，其抗压性相当于现代红砖的90%，其技术之先进可见一斑。

长城防御体系奉行“主动出击、以逸待劳”的军事方针。这种军事方针，基于长城攻防双方一般的客观性而言，并不排除特殊性因素下的复杂变化。长城防御的攻防双方战争形态多种多样，特别是游牧军队攻打长城时所实施的进攻作战方式也变化多端。进攻有的时候表现为单线重点突破型。游牧民族骑兵军队对长城的某个关隘或某个城堡发起集中优势兵力的进攻，以强大的攻势突破某一个地方，然后按既定的战略目标向纵深发展，到达预定目的地实施抢掠后快速返回。有的时候，游牧军队会采取多方向进攻的战略。从两三个甚至更多的方向，同时对长城地区实施进攻。相对于进攻方来说，防御方则主要是利用长城的纵深防御体系，首先尽量避免进攻方的攻城方略得逞。为此，在长城地区进攻方和防御方都会倾其全力，通过周密的排兵布阵，以取得这场战争的最初主动权。对于长城防御部队来说，还有一种作战方式，就是对攻入长城后撤退的敌人予以追击。这种追击战的目的，一是让来犯的敌人在撤退过程中遭到沉重的打击——通过尾随追击或是包抄迂回追击，或是平行追击，在追击中歼灭来犯的敌人；二是避免己方资产的损失——多数情况下，游牧骑兵进入中原地区的目的是抢掠，他们既要作战又要保护抢掠到的粮食和其他物资，战斗力往往遭到较大的削弱。长城防御部队对游牧军队实施追击和堵截作战，是最有利的作战时机，也很容易取得较好的作战结果。进攻战和防御战、追击战等作战式样在长城沿线时有发生，多数时候是各种作战样式，在一次战役中会根据作战的需要随机运用。[①]除了通过长城沿线部队的操练和演习“示形于敌”显示威力之外，还需要有一些军事打击来增强这种威慑作用。如果仅是摆在那的、给人看的一种展示，还不足以使对方心理上真正产生畏惧并因此屈服。所以，己方要采取一些军事行动，使对方在进攻长城时遭受一定的军事打击。只有这种军事打击的威慑作用与长城墙体的雄伟、长城驻军的精良形成一种相互呼应的态势，才能真正地起到较好的战略威慑作用。[②]

长城是中华民族熔铸过程的文化见证，是当代民族大团结的标志与象征。长城的军事与战争意义已经走入历史。在和平年代，长城是不同民族、不同农耕文明与游牧文明交往互市的重要窗口。在战国时期，赵武灵王胡服骑射，学习草原民族灵活机动的战法战术；汉武帝利用长城在和平时期与匈奴互市，采购大量战马，利用河西各地的汉塞与墩台，保护与河西各地区的贸易与政治联系；北魏立国，经过不懈地汉化，拓跋珪迁都全方位地融入华夏文化体系，极大地促成了民族大融合；宋辽与蒙元时期，北方少数民族大举南下入主中原，汉人南退进一步加速少数民族进入关内定居，加速北方偏远地区的开发；明清以降，大规模长城的修建结束之后，汉民族与蒙古、女真人的通婚混居文化共荣从根本上奠定了北方各民族杂居混居的格局，纷乱的历史局面彻底结束。可以认为，战争与和平是一体两面，长城具有化干戈为玉帛的功能，不同的民族从不通、不认到互通互鉴，逐渐形成共同的历史记忆，形成深厚的文化共识，慢慢凝聚起中华民族共同

① 董耀会:《长城文化经济带建设研究》，燕山大学出版社2021年版。

② 董耀会:《长城文化经济带建设研究》，燕山大学出版社2021年版。

体意识；特别是新中国成立以后，56个民族相亲相爱，已经形成不可分割的民族与国家双重共同体。

长城是促进北方边境经济平衡与地区繁荣的重要窗口，是维护国家稳定的经济压舱石。历史上发生在长城沿线的两次人口大迁徙——“闯关东”和“走西口”，大大缓解了关内土地贫瘠与自然灾害严重区域人口的生存问题。

长城区域属于干旱和半干旱地域，环境非常脆弱。长城主要修建在东经70°~135°、北纬41°~42°之间。这一地区处于农牧交界地带，生态环境比较脆弱，对气候灾害的反应比较强烈。此区域向北逐渐过渡到荒漠地区，生态环境更为脆弱。中国干旱和半干旱地区，大体是以200~400毫米年等降水量线来划分。干旱地区的降水量在200毫米以下，半干旱地区降水量在200毫米以上400毫米以下。秦、汉长城以及明长城的榆林镇、宁夏镇、固原镇、甘肃镇等多在这个地带。修建长城的东北平原、华北平原属于第三阶梯，明长城辽东镇、蓟镇、宣府镇、大同镇、山西镇等都修建在这个地带。长城地区的自然地带，属于半湿润向半干旱过渡的临界带。秦汉长城以北多是干旱、半干旱区，所以长城沿线不仅是农、牧两种经济类型交错分布的地区，也是地理学中常常被关注的生态敏感带。长城沿线干旱和半干旱区有温带大陆性干旱、半干旱气候，主要包括内蒙古、甘肃、宁夏等省区；也有温带半干旱季风气候，包括阴山以南、贺兰山以东的部分地区。干旱和半干旱地区的主要气候特征，是光照充足、降水稀少、气象灾害较多。干旱、大风、沙暴、干热风等气象灾害，不适于农耕经济发展。这些气象阻碍农业的发展，主要原因是水的缺失和风蚀，沙漠化使土壤低薄。由于这一带风大沙多，农作物生长没有很好的土壤环境。

全球气候的大变化导致山西、河北一带农业供养能力不稳定，极易受气象灾害的打击，同时黄河的不定期泛滥导致河南、山东一带农作物绝收。为此，山西、河北、河南、山东一带流民到关外讨生计。同时，为蒙古及东北等地开发做出历史性贡献。

以张库大道（张家口—库伦）为代表的茶马运输线，建立内地与关外相对稳定的贸易联系，内地的果蔬与农产品、农具与生活用品运输到关外，而关外的皮毛、马匹、玉石等珍奇珠宝贸易到关内，丰富了内地人民生活。这种长期的贸易形式，稳定气候剧烈变化时期长城内外农牧交界区百姓的生活，减少口外游牧民族利用非法手段侵入长城劫掠的机会，以贸易的形式建立了农牧双方和平相处的方式。应该说，长城发挥了开放、包容的正向功能。

通观历史，长城是当代中国与中华民族走向伟大复兴的重要价值载体，是民族精神的象征与力量源泉之一。长城精神是勤劳勇毅、顽强不屈、保家卫国、团结一致、守护和平、命运与共的中国与中华民族当代精神的浓缩和生动写照。

勤劳勇毅是千百年来劳动人民用汗水和鲜血浇筑的长城的写照，是智慧的结晶，长城是勤劳的中国人民的世界性符号。

顽强不屈、保家卫国是近现代以来，国家面对外寇侵略，涌现的“长城抗战”精神、革命精神的生动写照。无数爱国仁人志士抛头颅洒热血，宁死不当亡国奴，用血肉铸就中华民族不可战胜的精神长城。

团结一致、守护和平是和平年代人民军队的生动写照。军民一心，团结一致，人民军队不辱使命，捍卫人民安全与国家发展利益，是反击敌对势力的利剑，是守卫安宁的坚强后盾。人民军队与国防力量在任何时候都是国家与人民最可信赖的力量，是当代坚不可摧的钢铁长城。

命运与共是长城作为一种器物文化、一种文化符号、一种精神象征的升华。长城是人类文明的标志，被称为人类的八大奇迹之一。15世纪末从《马可波罗游记》开始，欧洲掀起一股“东方热”，德国歌德用“视线所窥，永是东方”的诗句来赞叹东方中国的繁荣景象，在西方的叙事话语中，长城作为东方文化的具象代表秩序、文明和富庶。从16世纪中期始，西方传教士进入中国，成为中西方文化的传播者，西方学者关注和研究长城，并不断强化对长城文化意涵的认识。作为中华文明的文化符号，长城在西方文化的最初认知中代表了中华帝国的权力和威严。①

进入21世纪，面对百年未有之大变局，中国以走近世界舞台的中央，中国始终是守护世界和平的重要力量。中国不侵略、不称霸的良好形象，长城是体现人类命运共同体的最佳象征之一，消弭冲突，守护和平，促进族群交往与融合，必将为建设“一带一路”和建构人类命运共同体发挥新的作用，做出更大的贡献。

（二）长城国家文化公园的价值

《方案》开宗明义指出，国家文化公园是国家推进实施的重大文化工程，通过整合具有突出意义、重要影响、重大主题的文物和文化资源，实施公园化管理运营，实现保护传承利用、文化教育、公共服务、旅游观光、休闲娱乐、科学研究功能，形成具有特定开放空间的公共文化载体，集中打造中华文化重要标志，以进一步坚定文化自信，充分彰显中华优秀传统文化持久影响力、社会主义先进文化强大生命力。②

长城国家文化公园是中华文化重要标志的承载体。站在国家高度审视，长城国家文化公园应该是中华优秀传统文化、古代先进工程技术文化、革命文化、社会主义先进文化的综合展现。公园建设要体现中华优秀传统文化中的“非攻”“和合”“和平”“和而不同”“求同存异”与“命运共同体”的价值观念，公园通过对长城人文与自然环境的整体性保护，也突出体现了民族融合和人与自然和谐相处的中华传统观念，通过器物文化为再现中华民族的元典精神贡献当代智慧与力量。公园再现长城的军事价值在于守卫和平与安宁，而不是攻击性与侵略性的武器，要展现历代长城维护河西

① 娄晓琪、季燕京、张文涛、杨瑞明、张丹：《长城文化与中华文明的价值》，载于《中国长城文化学术研讨会论文集》，中国书籍出版社2020年版。

② 中国政府网：中共中央办公厅、国务院办公厅印发《长城、大运河、长征国家文化公园建设方案》，http://www.gov.cn/xinwen/2019-12/05/content_5458839.htm，发布时间：2019年12月5日。

走廊稳定、丝绸之路贸易商路的安全与北方农耕与游牧地区稳定边界方面发挥了历史性作用。同时，公园要通过各种展示区和长城文化博物馆凝练建造长城的先进工程技艺、长城抗战精神、长城在抗战烽火中起到激励亿万国人的精神作用。长城国家文化公园还要全景式展示新中国成立以来，在中国共产党领导下，长城内外各民族在社会、经济、文化发展、长城遗产保护、脱贫攻坚和生态文明建设等方面取得的翻天覆地变化与伟大成就，体现社会主义制度的优越性。因此，长城国家文化公园也是践行新时代中国特色社会主义文化体制机制优越性的一次伟大创新性文化实践，是新时代的文化标杆工程，是坚定文化自信的具体举措与重要抓手，具有政治性与文化性的双重性质。

长城国家文化公园是国家推进实施的重大文化工程，体现在“意义重大”“影响重大”“主题重大”——“一突两重”上。从国家层面来讲，历朝历代形成的线性长城并不必然成为长城国家文化公园的特定范畴，不符合“一突两重”要旨的长城段落不能成为代表国家文化与形象的长城国家文化公园的一部分。由此，长城沿线各级地方政府应对“自家一亩三分地”的长城资源有清醒认识，在建设工程中服从安排，有的放矢，因地制宜。所谓“意义重大”，指长城国家文化公园是国家主导的具有空间生产功能的公共文化产品，该公共文化产品在规模、尺度、自然与文化资源富集度等方面都具有全国尺度，是我国最大型的公共文化产品之一。空间生产功能，指公园要进一步承托起长城文化空间、艺术空间、公共服务功能与教育休闲功能与文旅消费功能，通过空间的形式将长城的历史价值转化为现实的文化、经济、生态与社会价值。所谓“影响重大”，是指长城是世界级的文化遗产，是全人类的共同财富。通过建设国家文化公园的形式，第一次以全域性系统工程的形式对长城加以保护传承与利用，全国瞩目、世界关注，在长城发展历史上是一次具有长期的世界性影响力的重大事件。可以形象地说，长城国家文化公园建设，将长城的历史分为截然不同的“前建设”时代和“后建设”时代。“前建设”时代的长城是历史的长城，是过去的长城；

“后建设”时代的长城是当下的长城，是面向未来的长城，长城由此“活”起来。所谓“主题重大”，指长城国家文化公园是历时性与共域性长城文化的再现与再生产，要体现我国北方地区农耕与游牧交融互鉴的“长城文化共同体”的空间特征，对于进一步厘清我国文化“边疆”与“内亚文化圈”的发展过程具有重大作用。

长城国家文化公园涉及15个省、区、市，要实现多功能与综合目标的多行政主体协同合作工程。公园建设即是一个省一个市甚至一个县的具体负责工程，又不是一个个孤立的工程项目个体，而是围绕统一的宗旨、统一的形象、统一的进度、统一的调度来完成的系统性工程。从纵向上讲，国家文化公园建设领导小组抓总统筹、文化和旅游部、国家发改委牵头，联合相关各部委来对省市县的公园具体建设提供专业督导与协调。这就要求各地方要有大局意识、整体意识与团队精神，建设任务需要层层分解落实到位，不可推诿拖延。从横向上讲，各省及涉及工程建设重点市县要设立各自的长城国家文化公园建设协调机构，不可闭门造车，和兄弟省市联动，互相借鉴，消除保护的盲区，打通建设的断点，建立可利用的共享平台。在人员、经费、地方性规范、体制机制上，探索建立协调联动体系。

长城国家文化公园在本质上是开放的文化空间。公园要实现长城文化符号静态呈现（文化表征）与符号系统动态运行的价值生产功能，生发出具有世界影响力的中华民族的典型标识。建设的价值体现在项目的落地，工程的形式不是建筑材料的堆砌与钢筋混凝土的“丛林”，而是文化与符号的“活化”，是景观与空间的再造。长城国家文化公园实体工程的着力点在于，营造多元的文化景观与现代化的文化空间。文化景观的营造要注重原真性、生活化的文化场景再现，防止对文化的臆想与捏造，更要杜绝文化造假；文化空间的营造立足“文化活化”，深入推进文旅融合，利用高新技术，通过大数据的技术手段打造沉浸式体验场景，营造人与时空的“移情共感”，实现长城文物价值向场景产值的转化。

（三）建设长城国家文化公园的指导思想与基本原则

《方案》明确指出，建设长城国家文化公园以习近平新时代中国特色社会主义思想为指导，全面贯彻党的十九大精神，以长城沿线一系列主题明确、内涵清晰、影响突出的文物和文化资源为主干，生动呈现中华文化的独特创造、价值理念和鲜明特色，促进科学保护、世代传承、合理利用，积极拓展思路、创新方法、完善机制，做大做强中华文化重要标志，探索新时代文物和文化资源保护传承利用新路[①]。

长城国家文化公园不是一年、三年、五年或十年的短期权宜之计，而是立足长远，将长城文化与长城精神作为中华文明的重要组成部分，作为一种文化符号来加以提炼、巩固与传扬。长城国家文化公园是一项追述国家历史记忆、服务国家文化现代化建设、塑造国家未来文化形态的国家级重大文化工程，功在当代利在千秋，是实现中华民族伟大复兴的重要文化举措。各级政府不应将公园建设简单理解为“公园”“旅游景区”或发改委国家项目库中的一项具体建设项目，而应提高站位，站在国家文化安全与民族文化精神塑造的高度，将长城国家文化公园建设理解为国家文脉保护工程，是需要地方出力、省地配合、梯度推进、久久为功、长期维护的国家大事。

中央为了加强国家文化公园建设的领导，专门成立“国家文化公园建设工作领导小组”，由中宣部直接领导。领导小组办公室设在中宣部宣教局，负责日常具体工作，联动国家发改委、文化和旅游部、国家文物局等部委局。长城国家文化公园由文旅部和发改委两个部委联合牵头，以文化和旅游部为主负责。在此基础上，分设长城国家文化公园建设的领导小组，专

① 中国政府网：中共中央办公厅、国务院办公厅印发《长城、大运河、长征国家文化公园建设方案》，http://www.gov.cn/xinwen/2019-12/05/content_5458839.htm，发布时间：2019年12月5日。

门负责长城项目工作。领导小组办公室设在文化和旅游部资源开发司，负责长城国家文化公园建设的具体统筹与协调工作。该领导小组邀请长城领域知名专家学者与业界领袖组成建设专家咨询委员会，为各项建设项目提供专业咨询。在地方层面上，一些地级市积极对接，设立地市层面的长城国家文化公园建设工作领导小组，市委书记、市长亲自挂帅任主任，市委常委、宣传部长与主管文旅工作的常务副市长任副主任。这有助于长城沿线重点省、区、市顺利开展公园建设，增强政府领导力。

长城国家文化公园建设的核心与首要原则是“保护”。人力、物力与财力的投入重心在“保护”，短、中、长期目标实现的基础在于“保护”，公园的存在合法性逻辑在于“以国家文化空间的生产与再生产来促进保护，秉持保护理念来实现国家文化空间的生产与再生产”。“保护”具有抢救、纾困、救急的隐含意义，应该看到历朝历代长城“原真性”遗存的现状并不乐观，甚至在濒临消失的边缘，国家下大决心，开展长城国家文化公园建设，就是要解决长城的“生存”问题。只有“保护”与“抢救”的任务得到落实，缓解长城的存在危机，才能进一步传承长城文化。《方案》明确长城要“合理利用”，“利用”的目的是回归并巩固“保护”的成果，探索创造社会效益与生态效益的有效途经，而经济效益必须让位于上述两效益。

《方案》指出，建设长城国家文化公园的“五大”基本原则是：保护优先，强化传承；文化引领，彰显特色；总体设计，统筹规划；积极稳妥，改革创新；因地制宜，分类指导。

保护优先，强化传承。即严格落实保护为主、抢救第一、合理利用、加强管理的方针，真实完整保护传承文物和非物质文化遗产。突出活化传承和合理利用，与人民群众精神文化生活深度融合、开放共享。保护与传承要突出“真实性”与“完整性”，这要求地方在公园建设中摈弃“拆旧建新”“拆真建假”的传统仿古建筑与仿古街区的开发方式，保留长城的历史痕迹与历史原貌，修旧如旧；对长城地区农牧交流与转换地带独特的非物质文化遗产给予重视，注重长城文化生态保护。无论对长城的物质遗产还是非物质文化遗产，“保护优先，强化传承”原则的实践转化不是要使长城“返老还童”，而是使其“老当益壮”“延年益寿”。[①]

文化引领，彰显特色。坚持社会主义先进文化发展方向，深入挖掘文物和文化资源精神内涵，充分体现中华民族伟大创造精神、伟大奋斗精神、伟大团结精神、伟大梦想精神，焕发新时代风采。要突出长城抗战、国防意识和革命精神等长城所承载的独特近现代国家文化与革命文化。

总体设计，统筹规划。坚持规划先行，突出顶层设计，统筹考虑资源禀赋、人文历史、区位特点、公众需求，注重跨地区跨部门协调，与法律法规、制度规范有效衔接，发挥文物和文化资源综合效应。

积极稳妥，改革创新。突出问题意识，强化全球视野、中国高度、时代眼光，破除制约性瓶颈和深层次矛盾。既着眼长远又立足当前，既尽力而为又量力而行，务求符合基层实际、得到群众认可、经得起时间检验，打造民族性世界性兼容的文化名片。现有的长城管理体制与机制确实存在制约性瓶颈，主要体现在从国家到地方的纵向管理渠道不通畅，各层级的横向职能部门业务不联通、信息不共享，与长城国家文化公园建设与管理的新要求不相适应，亟待解决；长城的现有深层次矛盾主要体现在保护、开发与利用之间的矛盾，保护效率不高、开发冲动过猛，利用主体的权责利边界不清等，这都需要地方政府深入研究，提出切实可行的整改举措与建设联动机制。

因地制宜，分类指导。充分考虑地域广泛性和文化多样性、资源差异性，实行差别化政策措施。有统有分、有主有次，分级管理、地方为主，最大限度调动各方积极性，实现共建共赢。除了春秋战国一些诸侯国相互防御的长城之外，中国历代长城都是修建在北方农牧交错地带，从东北、华北到西北，长城沿线各省份的自然和人文差异较大，强调因地制宜、分类

① 邹统钎：《国家文化公园整体性保护与融合性发展》，于《国家文化公园建设热中的冷思考：现状、问题及对策圆桌论坛》的主旨演讲，发布时间：2022年2月20日。

指导就要采取差别化对待，不能一刀切，更不能一哄而上。[①]

（四）长城国家文化公园要实现的主要目标

《方案》对长城国家文化公园建设要实现的目标，表述简洁而明确，其用意深远，层次递进展开，需要进一步解读。《方案》指出：

用4年左右时间，到2023年年底基本完成建设任务。其中，长城河北段作为重点建设区，2021年年底前完成建设任务。使长城沿线文物和文化资源保护传承利用协调推进局面初步形成，权责明确、运营高效、监督规范的管理模式粗具雏形，形成一批可复制推广的成果经验，为全面推进国家文化公园建设创造良好条件。

《方案》中提出的目标，用语限定于"建设目标"。"建设"从三个层次展开，一是要落实建筑实体工程建设任务，主要是指长城的重要墙体、城楼、敌楼、墩台、附属设施的抢救性保护及原真性保护建设任务，重点展示项目（博物馆与博物馆群）、重点项目点、景观廊道项目等；二是要在管理体制上形成一整套完善、法制、科学、可推广复制的创新性措施，形成具有中国特色的新时代国家文化公园管理体系；三是一切建设目标归根结底要聚焦"文化"——熔铸长城精神，传扬长城文化是核心，长城的文化空间生产与再生产是手段、实现社会文化效益是根本落脚点，偏离"文化"意味着长城国家文化公园建设走样，再多的资金投入也会与国家的初衷背道而驰。由此，"建设目标"不是单纯的物理施工，而是实体工程建设、制度建设与文化建设的"三位一体"，哪一个层面都不可轻视，不可偏废。工程建设与制度建设是《方案》中显见明示的，而文化建设是隐含的，不能因为其中没有明文提出而将文化建设忽视，恰恰文化建设是重中之重。

建设目标具有时间线性。由于受2020年新冠疫情影响，长城国家文化公园建设周期顺延，但4年建设周期时限没有变化。比较特殊的是，对于

① 董耀会：《长城文化经济带建设研究》，燕山大学出版社2021年版。

长城河北段，顺延后的完成时间仅会到2022年。2021年4月，国家发改委联合中宣部等6个部委颁布了《文化保护传承利用工程实施方案》，进一步明确到2025年，长城国家文化公园建设基本完成，打造形成一批中华文化重要标志，相关重要文化遗产得到有效保护利用，一批重大标志性项目综合效益有效发挥，承载的中华优秀传统文化传承发展水平显著提高。在时间维度上，长城国家文化公园建设进度与国家“十四五”规划实施进度基本同步，可以提前，但在没有重大不可抗力的情况下，“交卷时间”不能拖后，可谓时间紧任务重。这意味着资源普查、病害段落确定、制定抢救性保护实施方案、推进重点建设项目、扩区域协调联动、落实预算资金、建立管理体系等工作，必须按时间表与“路线图”递次推进，倒排工期，严格按照各时段的计划完成建设任务。

工程建设目标明确。实体工程是制度建设与文化建设的前瞻性依托，是制度与文化的重要载体。长城国家文化公园要完成的宏观工程建设目标，主要是完成管控保护区、主题展示区、文旅融合区，以及传统利用区建设。长城沿线分布着数量众多的文物和文化遗产、相关历史文化资源、红色旅游资源和非物质文化遗产资源。截至2020年9月，长城沿线404个县有世界文化遗产7项，国家非物质文化遗产306项，国家历史文化名城14座，国家历史文化名镇27座，全国重点文物保护单位910处。长城沿线还保存着大量长城村落，保留许多与长城有关的名人轶事、农耕生活和民俗节庆等文化遗产。另外，长城沿线是生态功能区的集中分布带，有阴山北麓草原生态功能区、黄土高原丘陵沟壑水土保持生态功能区、祁连山冰川与水源涵养生态功能区4处国家重点生态功能区。长城沿线分布有数量众多的各种自然生态资源，有国家级风景名胜区33个，国家湿地公园46个[①]。为此，建设管控保护区要注重对濒危文化与自然资源的封闭保护；建设主题展示区要突出特定的文化与自然主题，应用适当的技术手段创造体验价值；建设文

① 董耀会：《长城文化经济带建设研究》，燕山大学出版社2021年版。

旅融合区要突出文化与旅游的深度融合，创新文旅新业态；建设传统利用区，要注重建设、利用与疏导的有机结合，方便游客，方便地方百姓生活。

对于文化建设，需要充分估计困难、分歧与认识视角差异问题，充分沟通，提前酝酿。由于历史上长城建设的周期太长，涉及的朝代很多，不同王朝对于长城的定位也不尽相同，对于全历史周期中长城精神的提炼，尚无明确标准，不同部门单位与长城资源禀赋不同的省份区域对文化建设如何量化、具体化，如何具体落地尚有分歧，从国家层面到地方、从专家学者到社会百姓，对于长城文化与长城精神的“边界”，尚没有统一的共识。在这样的情况下，需要打开思路建公园，动员全社会参与，集思广益，共同探讨，形成标准、消除分歧、凝聚共识。

二、长城国家文化公园建设的主要内容

国家对长城国家文化公园建设内容的表述比较新颖，总的来看，在建设内容、建设任务与具体重点建设项目三个方面做了相对清晰的区分，因此不能将三者相混同。首先，建设内容不直接指涉建设的具体工程（由此与重点建设项目相区分），而是将重点放在超越横向行政边界与纵向管理边界的新理念、新方向、新手段的阐述上，具有一定的宏观性和指导性，进而提出“四大建设布局”的综合建设框架——管控保护区、主题展示区、文旅融合区、传统利用区。四大建设布局联系各行政单位，也贯穿管理链条，同时对接建设任务与重点建设项目。其次，建设内容与建设任务有明显概念与实践上的边界。建设内容侧重长城保护传承与利用的手段，具有纠正既往地方在长城保护与开发过程中的错误功能，为公园提供类型平台；而建设任务承载长城国家文化公园建设的考核指标、体系与达标点，是公园建设的操作性指南，为公园提供技术平台。因此，各建设部门应明晰建设内容所指涉的确切含义。

（一）管控保护区建设

《方案》指出，管控保护区由文物保护单位保护范围、世界文化遗产区及新发现发掘文物遗存临时保护区组成，对文物本体及环境实施严格保护和管控，对濒危文物实施封闭管理，建设保护第一、传承优先的样板区。

管控保护区聚焦“文化”，通过文物、遗产及遗存等对长城文化予以锚定，是对长城及相关文物本体保护而设置的，应该和长城保护规划确定的文物保护单位的保护范围相一致，或是说只能比文物保护单位的保护范围更大而不能小。管控保护区不仅对长城文物的本体进行保护，还要对长城所在地的周边环境实施严格保护和管控。[①]特别需要指出的是，对于内蒙古、山西、陕西、宁夏、甘肃与新疆等的汉、金、辽与明长城濒危段落相对集中的省及自治区，应因地制宜抓紧项目目录中的管控保护区建设，加强抢救性保护，切实落实地方主体责任。

（二）主题展示区建设

《方案》指出，主题展示区包括核心展示园、集中展示带、特色展示点三种形态。核心展示园由开放参观游览、地理位置和交通条件相对便利的国家级文物和文化资源及周边区域组成，是参观游览和文化体验的主体区。集中展示带以核心展示园为基点，以相应的省、市、县级文物资源为分支，汇集形成文化载体密集地带，整体保护利用和系统开发提升。特色展示点布局分散具有特殊文化意义和体验价值，可满足分众化参观游览体验。

主题展示区本质上是对长城文化保护的进一步延伸，具有文化锚定作用。核心展示要求地理位置和交通条件都要相对便利，各地在安排核心展示园的时候，首先要选择开放的游览景区。这些景区的地理位置都很好，交

① 董耀会：《长城文化经济带建设研究》，燕山大学出版社2021年版。

通相对便利。核心展示园要是国家级的文物和文化资源的重点地段，在这个基础上再考虑游览的便利、地理位置的便利、交通的便利等条件。不能把核心展示园建设简单地理解成盖博物馆。博物馆是“表”，展示的文化内容是“里”，建筑与文化应该“互为表里”，建筑本身就是对所展示文化的“描神塑形”，是凝固的音乐，静态的诗篇，建筑与所展示文化互不搭界，则建筑是失败的；文化是建筑的灵魂，核心展示园一切的建筑、景观、小品都是为展示文化服务的，如果长城文化的内容不够丰满，不够有代表性，不能引发观者共鸣，则该文化的提炼与符号运行是失败的，也意味着展示园“实”“名”不符，这是必须要避免的。

长城作为线性文化遗产，集中展示带非常重要。要把长城文化带上相应的省市、县级文物资源，汇集成文化载体密集的文化展示带，将这条线上与长城相关的文物资源串联起来，形成一条长城历史文化的集中展示带。

主题展示区再下面一个层级是特色展示点，其着力点要放在“特”字上。点的作用就是要尽可能以个体文物、文物群组或文物景观为依托，突出它的特殊文化意义，在体量上与园区或文化带相区隔。

（三）文旅融合区建设

《方案》指出，文旅融合区由主题展示区及其周边就近就便和可看可览的历史文化、自然生态、现代文旅优质资源组成，重点利用文物和文化资源外溢辐射效应，建设文化旅游深度融合发展示范区。

文旅融合区是对长城文化功能的具化，是长城国家文化公园建设文旅深度融合发展的主体功能区。文旅深度融合的实质是打造新型文旅业态，“不是重新粉刷一下农村的墙壁、建一个或改造一下厕所，设一个游客服务中心或修建游客停车场”①。文旅融合不是仅仅做表面文章，是文化元素与旅游产业要素的融合，是全方位、多层次、甚至是跨界融合，文化融合

① 董耀会：《长城文化经济带建设研究》，燕山大学出版社2021年版。

带动产业融合。文旅融合是乘法，其乘数效应必将带动文旅产业爆发式发展。文旅融合为长城旅游发展指明方向，旅游者的文化需求是长城文化旅游的具体导向。长城国家文化公园的独特文化属性要求长城旅游必须紧密围绕文化这个主题，打造长城文化旅游名片。[①]在此建设内容统摄下，河北省、北京市、天津市和山西省明长城资源富集度较高、保存条件较好且旅游发展较为成熟的省市及下属市县，应充分利用好国家政策，将文化公园建设与文旅部各项文旅融合试点的政策有效衔接，发挥1+1>2效应，在文旅融合的模式、业态、市场主体创新等领域大胆探索，形成可复制的成功经验。

（四）传统利用区建设

《方案》指出，传统利用区是城乡居民和企事业单位、社团组织的传统生活生产区域，合理保存传统文化生态，适度发展文化旅游、特色生态产业，适当控制生产经营活动，逐步疏导不符合建设规划要求的设施、项目等。

传统利用区是对长城文化功能的进一步具化。国家要求合理保存传统文化生态，即应比照文化生态保护区的模式对长城沿线国家文化公园建设区的传统文化环境，非物质文化遗产生态环境予以整体性保护，针对长城的特殊性，地方应该对于农牧融合产生的文化遗产、互市与贸易文化、边塞军事文化、少数民族文化等予以重点保护。适度发展文化旅游，主要是在保护做到位的前提下，在总量可控，影响可控与规划留白的原则下，有限度地发展文旅产业，以生态产业为主，不搞大规模的工业及其他相关的生产经营活动，通过多种途经助力地方增收。

---

① 郭永：《文旅融合——开启中国长城文化全新局面》，载《中国长城文化学术研讨会论文集》，中国书籍出版社2020年版。

三、长城国家文化公园建设的主要任务

长城国家文化公园建设的主要任务，着眼点在于长城资源保护与利用的“软环境”建设，落脚点在于法律法规体系及建设与管理的体制机制，而重要抓手在于国家层面上最终完成长城资源保护传承利用的“五大”基础性工程、在国家及地方层面上形成一揽子互相协调且具有衔接性的建设保护规划，为基础性工程的落实提供权、责、利的制度红线。综合而言，长城国家文化公园建设任务的着眼点、落脚点和重要抓手是一个整体，都是为塑造国家文化符号服务，为国家文化空间的生产服务。“软环境”建设统摄法律法规体系及建设与管理的体制机制，法律法规体系及建设与管理的体制机制为“软环境”建设提供理论指导；“五大”基础性工程及建设保护规划为“软环境”建设提供了实践路径。

《方案》中明确指出长城国家文化公园建设的主要任务：一是修订制定法律法规，二是编制建设保护规划，三是实施文物和文化资源保护传承利用协调推进基础工程，四是完善国家文化公园建设管理体制机制。[①]

（一）建构并优化长城保护与利用的法律法规体系

国家高度重视长城保护与利用的法律法规体系建设。《方案》中建设任务所列第一项，即修订制定相应法律法规。深化对长城沿线文物和文化遗产保护法律问题研究和立法建议论证，推动保护传承利用协调推进理念入法入规。修订完善《长城保护条例》。相关省份结合实际修订制定配套法规规章。

---

① 中国政府网：中共中央办公厅、国务院办公厅印发《长城、大运河、长征国家文化公园建设方案》，http://www.gov.cn/xinwen/2019-12/05/content_5458839.htm，发布时间：2019年12月5日。

作为针对长城国家文化公园法律法规体系的总要求，该任务具有三层含义：一是围绕文物和文化遗产的保护来开展相应的法律工作；二是制定一批新法律法规，完善修订一批法律法规；三是要最终形成国家的法律法规“定调子、定盘子”，地方法规“摆盘子”的一揽子系统性长城国家文化公园法律法规体系。

第一步要开展的工作是保护。《方案》中在这一部分专论保护法律问题，两提“保护”二字，可见立意非常明确。而对于“保护传承利用”的联动系统工作，则在建设任务的后续第二小部分专论。由此可以认为，国家对于长城国家文化公园的“保护”与“传承利用”所考虑的既是浑然协调的整体，又是性质不同、各有侧重的独立工作模块，在此，各级地方政府及有关部门要加深认识和理解。《长城保护条例》2006年正式颁布，是我国第一部长城保护专门性国家法规，对于我国各类长城资源的保护发挥了历史性作用，为长城的保护工作提供了系统性及规范性法律指引。目前来看，进入新时代，长城文化价值进一步凸显，周边的生态人文环境发生新的变化，文旅融合的政策导向变化，提出建设国家文化公园重大文化战略，这些都要求国家站在新的更高的时代高度，重新审视长城保护原则、方针与具体实践，与长城国家文化公园建设的新实践相适应，进一步修订完善《长城保护条例》。目前，条例修订工作已经提上国家修法议程，稳步推进。

2019年，国家文旅部和国家文物局联合印发《长城保护总体规划》，将长城保护目标分为三个阶段，近期目标任务（2019年至2020年）是实施国家级长城重要点段长城保护维修项目，消除重大安全隐患，重点推进一批长城保护展示示范项目，即尽速开展长城抢救工作；中期目标任务（2021年至2030年）是加强长城保护宏观管理，壮大各级长城保护力量，这需要在资金及人员配备上加强协调与调度，形成科学的保护体系；远期目标任务（2031年至2035年）是建成一批长城国家遗产线路，并完善社会参与长城保护相关政策与措施，形成全社会长城保护自觉。该《总体规划》强调协调处理好四种关系：一是全面保存与重点保护的关系——对于绝大多数长城点段，重点做好日常养护、局部抢险和标识说明，对于价值突出的点段，在开展考古研究的基础上，按照最低程度干预和真实性原则，实施局部修缮加固，设置展示服务设施，展示长城文化景观；二是分级管理与分类保护的关系——规定国家文物局负责抓好顶层设计，制定相关标准规范，加强“事中、事后”监管，为各地提供业务指导，地方各级政府切实履行属地管理责任，提供长城保护制度和经费保障，加强日常管理、保护维修；三是政府主导与社会参与的关系——强调在落实政府主导的基础上，完善社会力量参与相关政策和措施，鼓励各地探索设立长城保护员公益岗位，鼓励志愿者、社会团体参与长城公益服务；四是遗产保护与传承弘扬的关系[①]——要求各地深入挖掘历史文化内涵，提炼长城作为世界文化遗产的突出普遍价值，加强重要点段展示阐释，充分利用现代科技手段宣传长城文化、长城精神，使长城成为坚定文化自信的重要载体。

在地方层面上，针对长城保护的法规体系尚不健全。长城沿线15个省级行政单位中，河北、甘肃、宁夏3省、区制定了专项的省级长城保护条例，河北与宁夏是在长城国家文化公园建设启动后出台的地方法规，具有一定的前瞻性；陕西省编制了省级的长城保护总体规划，是全国第一个省级长城保护总体规划；其他省市，有的在长城资源富集的旅游景区推出了保护条例，有的出台了行政性保护管理办法，有的给出了行政管理意见。与上述4省、区以刚性法规的形式对保护工作的地位与权限予以确认相比，行政措施的刚性略显不足，长城保护的地方性立法工作有待加强，可以考虑在后续的《长城国家文化公园建设保护规划》中，重点突出保护工作。

第二步要制定并修订一批相应的法律法规。从国家上位法层面看，2021年国家公布《“十四五”文化和旅游发展规划》，进一步明确国家文

① 中国政府网：《新闻办就〈长城保护总体规划〉有关情况举行发布会》，http://www.gov.cn/xinwen/2019-01/24/content_5360848.htm?_zbs_baidu_bk，发布时间：2019年1月24日。

化公园建设的内容、任务和机制建设总则。2022年1月，国家进一步公布《“十四五”旅游业发展规划》，在国家文化公园建设方面，专门提到“以国家文化公园为载体，创新资源保护利用模式”：推进国家文化公园建设，生动呈现中华文化的独特创造、价值理念和鲜明特色，树立和突出各民族共享的中华文化符号与中华民族形象，探索新时代文物和文化资源保护传承利用新路径，把国家文化公园建设成为传承中华文明的历史文化走廊、中华民族共同精神家园、提升人民生活品质的文化和旅游体验空间。推进以国家公园为主体的自然保护地体系建设，形成自然生态系统保护的新体制新模式。充分发挥国家公园教育、游憩等综合功能，在保护的前提下，对一些生态稳定性好、环境承载能力强的森林、草原、湖泊、湿地、沙漠等自然空间依法依规进行科学规划，开展森林康养、自然教育、生态体验、户外运动，构建高品质、多样化的生态产品体系[①]。并强调，近期长城国家文化公园建设重点区域是河北段与青海段等。

从国家部委发布的长城国家文化公园建设的专项法规看，目前已经制定《长城国家文化公园建设实施方案》，建立《长城国家文化公园建设保护规划》《长城文化和旅游融合发展专项规划》《长城沿线交通与文旅融合发展规划》等规划。同时，长城沿线15个省级行政单位规划的“1+2+15”规划体系，也要逐步落实。

国家法律法规“定调子、定盘子”、地方性法规“摆盘子”的法律法规体系格局。这种体系格局与以往其他法律法规领域的国家——地方格局略有不同。原因在于国家文化公园体系涉及的建设周期是动态调整的，管理、运营及维护周期是长期性的，且牵涉部门之广、涉及行政单位之多前所未有。同时，地方上对于国家文化公园建设存在认识两极想象：有的省份对于公园建设的“投资漫灌”“项目立竿见影”与“经济效益”的期待热情过

① 中国政府网：《国务院印发〈“十四五”旅游业发展规划〉》，http://www.gov.cn/xinwen/2022-01/20/content_5669507.htm，发布时间：2022年1月20日。

高，大干快上的冲动与国家意图严重背离，而有的省份预期国家文化公园经济效益有限，对于公园建设热情不高，不同程度地存在“应付了事”思想，地方调动与实施进度落后。鉴于此，国家层面的法律法规必须具有宏观政策指导（定调子）与中观布局可操作（定盘子）的“双重性”，突破以往政策性法律法规大而化之的局限，在国家层面就将国家文化公园“怎么建、如何建、建什么”一次性说清楚，兼具指导与实施细则的作用。至于地方层面，国家文化公园建设并未要求地方在本地实施细则上面做过多展开，法规配套的重点在于同国家法律政策相衔接，践行“多规合一”提高法律法规服务工程建设的效率，落实“保护第一”“低影响开发”原则，推动国家确定的重点建设项目分步、稳妥、有序落地，与国家法律法规形成紧密联系的“上下游”型法律体系，特别强调将保护与建设有机统一，编制好地方性建设保护规划。

（二）编制长城国家文化公园建设保护规划

通过对《方案》中相关内容解读可以认为，国家及省级辖区内的长城国家文化公园建设保护规划，是上承国家顶层设计下接国家及地方基础性工程及重点建设项目的枢纽，是指导长城国家公园落地实施的重要文件，是确保长城“保护传承利用”原则贯彻执行的刚性法律措施。

按照《方案》的公园建设总体要求，相关省份对辖区内文物和文化资源进行系统摸底，编制分省份规划建议。中央有关部门对分省份规划建议进行严格审核和有机整合，按照多规合一要求，结合国土空间规划，按照国家文化公园与国土空间规划无缝衔接的要求，分别编制长城国家文化公园建设保护规划。相关省份对前期规划建议进行修订完善，形成区域规划①。

① 中国政府网：中共中央办公厅、国务院办公厅印发《长城、大运河、长征国家文化公园建设方案》，http://www.gov.cn/xinwen/2019-12/05/content_5458839.htm，发布时间：2019年12月5日。

2021年8月，国家文化公园建设工作领导小组正式出台《长城国家文化公园建设保护规划》，标志着长城国家文化公园建设保护的国家意志与策略正式确立。截至2022年1月，长城国家文化公园建设涉及的15个省（自治区、直辖市）中，北京市、天津市、河北省、辽宁省和甘肃省已分别出台本省配套的建设保护规划，青海省大通县制定出台了县域范围的建设保护规划。

从国家层面看，《长城国家文化公园建设保护规划》，整合长城沿线15个省、区、市文物和文化资源，按照“核心点段支撑、线性廊道牵引、区域连片整合、形象整体展示”的原则，构建总体空间格局，重点建设管控保护、主题展示、文旅融合、传统利用四类主体功能区，实施长城文物和文化资源保护传承、长城精神文化研究发掘、环境配套完善提升、文化和旅游深度融合、数字再现工程，突出标志性项目建设，建立符合新时代要求的长城保护传承利用体系，着力将长城国家文化公园打造为弘扬民族精神、传承中华文明的重要标志[①]。

所谓“核心点段支撑”具有两重意涵：一方面，从历代长城资源的富集度、保存度、长度及代表性等指标综合考虑，长城河北段、北京段、内蒙古段、山西段与甘肃段是15个省、区、市中综合指标最靠前的；另一方面，从国家文化公园建设先行区、重点建设项目安排、代表性段落展示等指标考察，河北段与北京段无疑是重中之重。同时，甘肃、山西、内蒙古及辽宁等省域内的长城精华“点”也是“核心支撑”的重要体现。核心点段的意义在于为国家文化符号提供标识引领，为后续国家文化公园建设提供可复制的成功经验。

所谓“线性廊道牵引”具有两个方面的意涵：一是以长城文化博物馆、重点展示项目为依托，建设具有线性连续性的长城文化遗产廊道；二是以国家登山健身步道、国家步道、长城公路为依托，建设长城国家文化公园

① 新华社：《长城、大运河、长征国家文化公园建设保护规划出台》，http://www.gov.cn/xinwen/2021-08/08/content_5630201.htm，发布时间：2021年8月8日。

游览道。2009年我国第一条登山健身步道在浙江宁海落成，截至2016年9月已建成的国家登山健身步道示范工程共有14条。目前，国家体育总局登山运动管理中心已经与地方政府合作，建设完成了浙江宁海国家登山健身步道、浙江温州大罗山国家登山健身步道、湖北崇阳国家登山健身步道、山西代县雁门关国家登山健身步道、河北下花园国家登山健身步道、四川攀枝花国家登山健身步道等。在已经建成的国家步道之中，只有北京市门头沟区的称“门头沟国家步道”。这条步道以京西古道群为主体，由几条互相连通的步道构成，包括太行山国家健身步道、长城国家步道、永定河国家步道、妙峰山香道以及百花山—灵山步道等。[①]秦皇岛北部山区环长城旅游公路、山海旅游铁路建设完成。长城公路和城市铁路，串联起海港区山与海全域旅游的大格局，以山海旅游铁路、环长城公路为链条，实现山海联通、全域旅游的大格局。由此，建设长城国家文化公园的线性廊道将是促进长城区域文旅深入融合的有效抓手和重要创新手段。

所谓“区域连片整合”，是指以长城实体线性与文化延绵性为牵引，打破行政边界限制，实现跨区域长城保护传承利用的协调联动。其中，京津冀是跨区域实现长城连片整合的重点区域：一方面，三地境内的长城以明长城为主体，兼有一定完整性的北齐长城与战国燕长城部分段落，长城体系的整体性较强；另一方面，三地的长城遗存条件较好，具有实施保护性利用的先天条件。依托京津冀协同发展机制，三地在长城保护与利用等方面已经开展了卓有成效的合作，为后续深度整合建立了良好基础。

所谓“形象整体展示”，长城国家文化公园建设要严格按照“中央统筹、省负总责、分级管理、分段负责”的责任分工机制，保证长城段落建设与管理的整体性，突出长城文化生产与再生产的功能，形成对传统旅游景区、全域旅游理念的超越，建立长城国家文化公园大系统，核心是长城文化符号的凝练、再造与传播，在国家与地方政府的指导下，形成长城的

① 董耀会:《长城文化经济带建设研究》，燕山大学出版社2021年版。

国家文化系统与国民文化系统，使长城的文化形象“顶天”——真正体现出中华文明的广度与厚度，使长城的文化精神“立地”——真正深入广大百姓的人心，深入海内外全体华人之心，促进民族自豪感与国家认同。

从地方层面看，到目前为止，《长城国家文化公园（河北段）建设保护规划》《长城国家文化公园（北京段）建设保护规划》，是地方编制的建设保护规划中措施较为完善的代表性规划之一。

河北段长城建设保护规划有3个方面的特色：一是以山海关中国长城文化博物馆为引领，形成山海关、大境门与崇礼太子城遗址等博物馆群，进一步凝聚明长城的形象符号，延拓河北段长城文化深度；二是以秦皇岛长城公路与金山岭长城风景道为串联线索，建设山海相连的“燕赵长城”国家风景道体系；三是长城与冬奥交汇，建设张家口崇礼段冬奥长城景观带。

北京段长城建设保护规划的特点，是高站位、高起点、新理念、新举措，代表长城国家文化公园的国家形象。该规划着重突出科学保护、价值延续，文化引领、创新驱动，环境友好、整体发展，分级分类、统筹协调四方面原则，确定“中国长城国家文化公园建设保护的先行区”和“服务首都及国家对外开放的文化金名片”的北京长城国家文化公园形象定位。北京借助于率先启动的长城文化带保护发展工作契机，凸显北京长城代表性的价值地位和保护利用工作的领先性，其中八达岭长城先后接待520多位世界各国政要。[①]规划强调北京段长城今后要成为国家阐释长城文化、促进文化交流的外交窗口，打造中国长城走向世界的金字招牌。

（三）整体推进长城资源保护传承利用的五大基础性工程

根据《方案》要求，围绕文物和文化资源保护传承利用协调推进目标，

① 付卫东：《建设八达岭长城国家文化公园的意义》，载《中国长城文化学术研讨会论文集》，中国书籍出版社2020年版。

系统推进“保护传承”“研究发掘”“环境配套”“文旅融合”“数字再现”五大基础工程。这对长城国家文化公园建设具有的针对性，建立在自2006年国家开展长城资源调查以来，国家各部委，长城沿线各省文化、文物和旅游等相关职能单位，长城专家和各民间保护机构等对长城及长城文化的保护、传承与利用的理论研究与调研分析基础上，五大基础工程切中长城自身发展的弱项、短板与痛点，体现建设长城国家文化公园是凝聚历史、塑造当下、展望未来的高站位、前瞻性、富有行动力的国家文化战略的重要支撑点。

实施保护传承工程。首要的是开展重大修缮保护项目，对濒危损毁文物进行抢救性保护，对重点文物进行预防性、主动性保护。长城自身要解决的最迫切问题是“生存”问题——实物性存在与相对完整的整体性。如果实物无存，先进的数字保存与数字再现都无法呈现长城作为一种古代“器物文化”所承托的中华文明“制度文化”与中华民族“行为文化”和“心态文化”的无价价值，这将是历史性的遗憾；如果长城相对完整的整体性无存，作为人类历史上建筑持续时间最久、建筑规模最大的单一功能建筑体的人类文明的独一无二价值将不复存在，这将是世界性的损失。因此，长城保护传承工程要秉持“原真性”原则，坚持最小干预，对有损毁可能的长城文物遗址遗存进行抢救性保护。同时，完善集中连片保护措施，加大管控力度，严防不恰当开发和过度商业化。长城保护要做预防性的、主动性的保护，通过保护措施排除文物本体的病害，延长长城实体寿命。另外，要通过文物活化的形式来贯彻文化传承，分级分类建设完善长城抗战爱国主义教育基地、长城文化博物馆和长城研学旅行基地等，推动地方长城文物与地方社会经济发展相融合，防止长城文化脱嵌于现实，融合地方百姓生活。推动乡土特色长城文化资源开发，既要避免同质化重复建设，又要避免各地过度异质化造成长城意象与形象的多歧。

实施研究发掘工程。加强长城文化系统研究，突出“万里长城”整体辨识度，构建与长城国家文化公园建设相适应的理论体系和话语体系。长城文化的四大战略支点，体现为“农耕文明与游牧文明的激励与共济”“纵深立体式军事防御体系”“长城两边是故乡”与“保家卫国钢铁长城精神”。这四大支点既是长城文化的魂，也是中华民族文化与精神的核心代表。要梳理清楚历史上的农耕文明与游牧文明互相激励与和谐共生，对塑造中华民族文化共同体的重要意义；深入发掘长城在400公里面宽区域（主要是明长城），积极防御的军事战略思想与军事行动方式；整理“凿空西域”“闯关东”“走西口”等文化民俗志，建构“家国一体”的中华民族大家庭史实基础；发掘长城抗战史料重大事件、重要人物、重头故事，熔铸新时代保家卫国红色革命精神等。

实施环境配套工程。一方面要修复物理空间环境，改善华北地区整体空气质量，治理水土污染和水土流失，采取应急措施整治长城山体滑坡，预防长城墙体崩解；综合城乡治理，打通断头路，推进步道、自行车道和长城旅游公路建设，打造融交通、文化、体验、游憩为一体的复合廊道等，宾馆、酒店和文化消费等必要商业设施，推进绿色能源使用，健全标准化服务体系。另一方面要保护长城文化生态空间，基于“原生态”原则，传承弘扬长城两边传统农牧区（包括少数民族地区）的各种非物质文化遗产，保护非物质文化遗存的整体环境，维护好地方性人文风貌，防止文化的过度商业化。

实施文旅融合工程。长城国家文化公园实施该工程，具有不同于其他四大国家文化公园的特殊地域背景。一方面，长城沿线涉及省份的经济发展水平参差不齐，落差较大，且受限于传统农牧交错的自然地理与人文地理，长城沿线多远离发达大城市，贫困县乡村的数量远大于其他国家文化公园区域，这些地区亟待发展社会经济的有效抓手；另一方面，长城沿线所涉东北、华北与西北地区肩负有东北振兴、京津冀协同发展与西部大开发三大国家级战略，需要打造跨行政地域边界的促进社会和经济协同发展的新理念与新手段。由此，通过文旅融合，树立“共抓长城大利用，不搞长城大开发”的新理念，对长城及相关的优质文化旅游资源进行一体化的综合利用，打造一批国内长城文旅融合发展示范区，打造边塞、皇家、大漠三大主题文旅示范的旗舰项目，培育一批有竞争力的长城文旅企业，既为落后县乡村发展提供了未来方向与现实路径，巩固脱贫攻坚成果，助力乡村振兴，又兼顾了东北、华北与西北的国家发展战略实施，为建设国家的区域增长做出特殊贡献。

实施数字再现工程。加强数字基础设施建设，逐步实现主题展示区无线网络和第五代移动通信网络全覆盖。利用现有设施和数字资源，建设国家文化公园官方网站和数字云平台，对文物和文化资源进行数字化展示。值得注意的是，数字化工程要避免项目工程的建设逻辑，防止“只管建，不管维护，不理后期”的消极数字化“建管维”机制。要以数字手段为依托，助力长城文化保护利用传承的体制机制与管理手段科学化、制度化与现代化，切实按照中央要求，打造永不落幕的网上空间，依托国家数据共享交换平台体系，建设完善长城文物和文化资源数字化管理平台。

（四）完善长城国家文化公园建设与管理的体制机制

根据《方案》要求，在公园建设与管理的体制机制方面，重点是构建中央统筹、省负总责、分级管理、分段负责的工作格局。发挥部门职能优势，整合资源形成合力。围绕世界文化遗产、全国爱国主义教育示范基地、全国重点文物保护单位、国家级烈士纪念设施保护单位，全国红色旅游精品线路经典景区、国家历史文化名城和中国历史文化名镇名村、国家级风景名胜区等建设管理，健全工作协同与信息共享机制。

“管理体制”在广义上等同于“体制”，指的是“国家机关、企业事业单位在机构设置、领导隶属关系和管理权限划分等方面的体系、制度、方法、形式等的总称”①。长城国家文化公园的“管理体制”概念应做狭义理解，仅指权力在纵向和横向上的配置方式。学术界普遍认为，国家公园管

① 辞海编辑委员会：《辞海》，上海辞书出版社1989年版。

理体制是有效调动相关利益主体积极性与主动性的决定性要素。[①]世界自然保护联盟将国家公园管理体制分为政府治理、联合治理、私人治理、社区治理四种类型。

我国国家文化公园管理体制，应属中央与地方政府共同管理的综合管理模式。近年来，中央针对国家文化公园管理体制所存在的重叠设置、多头管理、边界不清、权责不明、保护与发展矛盾突出等问题，积极开展体制改革试点，出台一系列试点方案[②]。从试点的情况看，长城国家文化公园管理体制机制建设应达成三个建设共识。

事权统一。建设的核心任务是将多头管理改由一个部门统一行使长城国家文化公园管理职责，主要包括：长城国家文化公园内的文物与生态保护、自然或文化资源资产管理、特许经营管理、公共接待、宣传推介、特定的综合执法等，并负责协调与当地政府及周边社区关系。应该看到，实现“政出一头”，前提是要划定长城国家文化公园的空间边界、法律边界与权责边界，这有赖于从国家层面推动立法，尽早研议制订“国家文化公园法”。事权的统一包含着决策权与执法权的“归总”和执行权与管理权的“分设”，既要充分期展现政令只出自“一门”的权威性，又要展现长城具体单位工作中的灵活性和权力余地。

分级协同。长城国家公园管理权由中央和省两级政府行使。国家公园的资源资产所有权或由中央政府直接行使，或由中央政府委托省级政府代理行使，关键是在合理划分中央和地方事权的前提下，建立有效的央地协同管理机制。中央政府侧重政策支持、业务指导、规划设计等职责，地方政府侧重协调配合、公共服务、社会管理、市场监管等方面。在此原则下，

① Papagcorgiou K，Kassiomis K. *The National Park Policy Context in Greece*：*Park Users' Perspectives of Issues in Park Administration*. Journal for Nature Conservation，2005，13（4）：231–246.

② 刘晓峰、邓宇琪、孙静：《大运河国家文化公园省域管理体制探略》，载《南京艺术学院学报（美术与设计）》2021年03期。

有两个问题要分别考虑：一是人的问题，对于地方新设的长城国家文化公园管理部门要严格定岗定编，严格因事设岗，按岗进人，在保证公园有效运转的情况下，地方应单设公园管理机构，独享完整事权；二是财的问题，国家建设资金、省级专项资金与地方配套资金的管理与使用，应保持足够的预算刚性、必要使用的自主性和灵活的审计韧性，创新三级资金管理模式，从财政上支持先行先试项目，鼓励创新，建立公园建成后常态化运维资金使用的良性循环机制。

文化共管。文化共管体现了生态系统理念。长城国家文化公园可以被视为一种复杂的生态系统，管理的着力点应体现文化本位，即以同类的文化事项而非工程项目确立权责利边界，以文化利益共同体确定管理的共同对象，以文化风俗分类社区与地方居民管理。更加重视周边社区文化需求，要与长城国家文化公园整体文化目标相协调，以文化符号为引领，合理规划好样板社区和文化小镇。

四、长城国家文化公园建设的主要举措

（一）长城文化博物馆群落工程

长城文化博物馆建设，是长城国家文化公园中主题展示区建设的重点项目，也是文旅融合区建设的有机组成部分。应树立一种观念，即长城文化博物馆不仅是一座静态展示长城历史文化的场馆，更是展现新时代国家文化战略，全景展示长城国家文化公园建设成就，梳理长城文脉，传播长城价值，承载教育、研学、交流等功能的国家文化公园的集大成者与“点睛之笔”，是长城国家文化公园的精华浓缩之所。

长城文化博物馆群落应有所分级，体现在国家级“长城馆”与地方性“长城馆”两个层面。目前，北京市和河北省提出依托现有八达岭段落与山海关段落的长城博物馆建设“国字号”长城文化博物馆。国家馆是一块金字招牌，目前国家文物局对冠以“中国”及“国家”名号的博物馆已经从严

控制。因此，国家级长城文化博物馆定位即代表国家来展示长城文化，是面向世界的代表性窗口，因此应是世界级大手笔、具有世界级视角、体现世界性立意，具有世界级水平。体现世界级水平不能局限在建筑上的高投入，控制投资成本，应将重点放在馆藏与馆展的文化内容上。

地方性的“长城馆”应注重对现有陈展布局、建筑设施、观展服务、数字安防等方面的全方位升级，展示的重点在于地方性长城段落的独特性、地方风俗与地域意义，促进文旅融合，推动传统旅游景点深入发掘文化内涵，加快观光型长城景点的优化与转型，以“长城馆”为依托，打造新的文化景观，加快文旅消费试点、激活夜间文旅消费，增加夜间展览服务等。

长城文化博物馆要形成“文化+学术+智慧科技”的办馆思路。博物馆既要“博”还要“专”，博于丰富的史料、文献与文物，专于长城的历时性、当代价值与未来启示的研究，体现长城文化的权威性。目前来看，在“博”的方面，现有博物馆的长城文化宽度不够，资源不够丰厚；从“专”的方面看，长城文化的厚度与深度尚存在短板，专项展示不够深入，特别是对长城的当代性与未来价值挖掘不够，有待加强。长城文化博物馆还应加强学术研究，建设“长城文化研究中心”，目前长城文化研究的重量级学术成果尚显不足，应依托各级长城博物馆，继续在长城考古、民族史研究、边疆制度、境外长城遗存等方面开展更加广泛的合作，形成系列成果。博物馆还要强化数字化和智慧型建设，建筑设计时要有充分的考虑和安排，注意户外天然展区与室内展示区的融合融通。国家文物局关于智慧博物馆建设有明确要求：运用物联网、大数据、云计算、移动互联等现代信息技术，研发智慧博物馆技术支撑体系、知识组织和“五觉”虚拟体验技术，建设智慧博物馆云数据中心、公共服务支撑平台和业务管理支撑平台，形成智慧博物馆标准、安全和技术支撑体系。①

① 董耀会：《长城文化经济带建设研究》，燕山大学出版社2021年版。

（二）长城国家风景道体系工程

美国哈佛大学景观研究学者查尔斯（Charles）教授很早就对“遗产廊道”（Heritage Corridor）给出定义——“拥有特殊文化资源集合的线性景观，通常带有明显的经济中心、蓬勃发展的旅游、老建筑的适应性再利用、娱乐及环境改善”[①]。

在外国学者提出“遗产廊道”的基础上，长城国家文化公园进一步升华了长城“线性景观”的内涵，提出要打造长城国家风景道体系。

长城国家文化公园中的“线性景观”是带有国家文明标志符号与象征意义的超大尺度国家级景观，规模远远超过西方学者指称的微观及中观尺度的景区、景点、景观带等地域性景观区域，带有全局性。国家风景道体系融交通、文化、体验、游憩等职能为一体，是国家文化基础设施的一部分，而不仅仅行使单一的文化或旅游功能。从立项、建设、使用、后期利用与维护等多层面考察，长城国家风景道体系是一项国家工程，由具体涉及的省市地方负责实施。

长城国家风景道体系建设是一项文化工程、科技工程与生态工程，而绝不是简单的“凿山、填沟、修路”。国家在《方案》和《建设保护规划》中都明确提出要开展风景道建设，目的就是要分担长城实体过于沉重的文化展示、旅游游览等功能，将长城的保护放在第一位，通过风景道及其他基础设施来承担其他的非保护性（传承、展示与利用）职能。作为一项文化工程，风景道体系要串联长城区域代表性的文化景观，发挥文化导引与串联作用；作为一项科技工程，风景道建设要贯彻“低影响开发”原则，因地制宜，顺山就势，利用天然条件和现有物理条件，最大限度降低对自然与人文基底的破坏，将人工改造的建设强度影响控制在低水平，利用科技

① 吴诗中、徐飞、乔中林：《长城文化遗产廊道建设》，载《中国长城文化学术研讨会论文集》，中国书籍出版社2020年版。

手段缩短工期，减少污染排放，提升风景道质量，降低成本；作为一项生态工程，国家风景道基址一般位于林木茂盛的山区，因此工程本身应该是进一步促进生态修复，改善生态环境的工程，应该做到与周边环境的和谐。

长城国家文化公园建设立足于“保护传承利用”，各地方积极行动。目前，《长城国家文化公园（河北段）建设保护规划》《长城国家文化公园（北京段）建设保护规划》率先出台，明确在相关区域实施国家风景道体系建设。两地工程完工后，将实现燕山明长城段落风景道的有效衔接，成为公园标志性工程之一。

结合自然环境条件分析，当地自然环境条件不利于长城保护时，则以生态调整为主、以工程技术措施为辅对长城进行保护；当地自然环境条件利于长城保护时，环境策略则以当地自然环境条件的保护为主。当结合某一段长城区域周边城市发展潜力分析时，考虑遗产地的交通便捷程度和保存状态，应及时根据周边线路条件调整相应的发展策略。①

长城国家风景道体系建设点选择应超越传统历史视野，从历时性与空间性的文化价值、生态价值、经济价值三个不同维度加以考虑。所谓“文化价值”，即长城国家风景道体系应串联起代表性的农耕游牧边缘地带、宗教遗存富集地带、军事屯垦富集地带，体现丰富的文化性；多维生态价值，即风景道不应着眼于“怡人的风景”，而应对真实的自然环境衰退，人对自然破坏的结果（相应区域）有个客观反映，而不应美化或掩盖历史事实，这是对历史、对后人、对长城的一个基本负责的态度，发挥生态警示与反面案例的教育价值。所谓“经济价值”，即风景道体系应重点对“走西口”与“闯关东”相关的线路有所反映，形成分层次、逐级细化、切实可行的长城国家风景道体系可持续性发展策略。

① 吴诗中、徐飞、乔中林：《长城文化遗产廊道建设》，载《中国长城文化学术研讨会论文集》，中国书籍出版社2020年版。

（三）长城文化经济带乡村振兴工程

长城国家文化公园建设的主要举措之一，就是要带动长城沿线地方社会与经济发展，现实中的长城沿线与长城文化经济带高度重合，为理论上长城文化经济带的复兴提供了契机。应该看到，长城沿线的自然与人文地理现实是绝大多数的长城段落在远离城市（更不用说是大城市）的偏远山区、荒漠、沙漠及无人区，自然条件恶劣，能够依托的人居点绝大多数是发展落后地区的乡村。可以说，落后的乡村不足以支撑起长城国家文化公园建设的历史重任。这里对于落后乡村应该做一下区分，排除无价值乡村。

长期的自然与人居环境失衡，是长城沿线村镇衰落的客观自然过程，复兴已然消失或几近消失的古老村镇既不现实也不科学。例如，汉长城沿线知名的居延汉塞与楼兰古城的衰亡，就是自然环境恶劣到极点所致。后人要做的不是复兴消失的遗址，而恰恰是要汲取古人过度开发导致人地环境失衡的历史教训，注重环境保护，对于自然环境已经不能承载基本人类生存活动的长城沿线村镇应采取搬迁的方式，而不是就地复兴，这是一个基本常识与基本共识。

城镇化加速使得衰败的乡村完全不具备“逆城镇化”复兴的条件。“逆城镇化”是近一段时期以来，临近主要大中城市、生态环境优美、基础设施相对完善的乡村地区，出现的一种城市人口在周末及节假日期间向乡村周期性移动的现象，目的是放松身心享受高质量的乡村生活。因此，过于偏远、社会经济发展已失去自我更新能力、不能维持乡村基本人口的长城沿线地区，不是乡村振兴的重点。

乡村机理野蛮扩张，对长城本体已形成严重侵蚀的落后乡村，因维持并改善该类乡村的社会经济条件会进一步加剧对长城的破坏，也不符合长城国家文化公园建设的基本方针与方向，也不是振兴的重点，应有序实施人口搬迁，直至完全消除对长城肌体的侵蚀，恢复长城原貌。

总之，通过长城国家公园建设实施乡村振兴战略，具有实施价值的地区应是地理位置相对偏僻但具备基本的进入性条件，生态环境具有维持乡村发展的基本承载力，人口维持自然增长，具有进一步发展当地社会与经济的价值，乡村发展不会对长城肌体构成威胁或破坏的暂时贫困落后地区。

要贯彻落实“创新、协调、绿色、开放、共享”的发展理念，充分发挥政府的引导作用，以长城国家文化公园建设为契机，以发展内生经济动力为核心，以保障和改善民生为重点，帮助相对落后乡村群众学有所教、劳有所得、病有所医、老有所养、住有所居。

打造兼顾各方利益诉求、寻求合作最大公约数的长城国家文化公园建设新模式，以实现更加平衡更加惠民的可持续发展战略目标。通过以城带乡新思路，解决城乡共同面临的问题。组织长城沿线的城市优势资源下沉帮扶县域乡镇，帮助基层百姓缓解医疗、教育、就业三大难题。通过城乡互通新方式寻求共同发展。[①]

乡村以土地经营权、劳动力和健康物质为主，城市以消费市场、资金投资和技术能力为主，共同投资，共同建设，共同经营，共同分享，按价值贡献各取所需。

在长城国家文化公园建设与乡村振兴融合发展的进程中，应实行分类实施、分步推进的基本方针，以文化资源、文旅产业基础，考虑周边社会经济条件等多方面因素，选择基础条件较好的地方先行先试。科学做好统筹规划，在实践中总结经验，将试点工作做得踏踏实实、卓有成效。通过对成功试点的探索，形成可以推广的成功经验。[②]

我国学者梁漱溟提出，中国文化以乡村为本，以乡村为重，中国文化

① 董耀会:《长城文化经济带建设研究》，燕山大学出版社2021年版。

② 李宏宇:《河北长城国家文化公园建设与乡村振兴融合路径研究》，载《农村经济与科技》2021年第20期。

的根就是乡村。乡土文化是中华民族得以繁衍发展的精神寄托和智慧结晶，今天乡土文化传承要与背靠的长城产生“化学反应”，实现真正的有机关联，既保护好原生态乡土文化又创造新长城乡土文化。实现精英返乡，共建社区。与现时中国经济社会发展阶段相对应建设长城经济带及新社区建设，为发动民众再造新故乡提供了历史性的机遇。①

实现长城沿线乡村振兴大战略，需要国家有关部门和地方政府以及相关企业和个人各行其责，各取所需，才能最终实现跨区域、跨职能、跨机构、跨领域的协同合作。想做好这件事，高层认同和政策指导以及基层相关政府和企业的共识是项目运行成功的关建。只有达成最广泛共识，才能规划并实施长城区域生态环境共同保护、基础设施互联互通、产业创新协同发展、市场体系一体化建设、公共服务共建共享的新格局。

（四）反思：正确把握长城国家文化公园建设的主要矛盾

祁述裕提出，在国家文化公园如火如荼建设的大背景下，各级地方政府与市场投资者反而应该冷静思考，国家文化公园建设还应正确处理以下五大主要矛盾②。

一是国家建设国家文化公园的顶层诉求与地方冲动上马建设项目之间的矛盾；二是国家文化公园的一般性特征与不同地域文化个性特征之间的矛盾；三是国家文化公园的形象与风格统一与地方各自为政缺乏统一协调之间的矛盾；四是国家文化公园建设与地方文化建设同质化之间的矛盾；五是国家文化公园建设的时间刚性要求与建设项目落地难之间的矛盾。

长城国家文化公园建设也面临上述五大主要矛盾，因此各级地方政府应加强长城文化的理论研究，善于利用政策杠杆、财政杠杆与各种金融工

① 董耀会：《长城文化经济带建设研究》，燕山大学出版社2021年版。

② 祁述裕：《国家文化公园建设需解决五个突出矛盾》，载《国家文化公园建设热中的冷思考：现状、问题及对策圆桌论坛》的主旨演讲，发布时间：2022年2月20日。

具来指导公益性项目建设，引导市场化项目有序推进，积极建构跨省、跨部门的项目建设联席会议制度，消除制约项目落地的各种障碍，确保长城国家文化公园建设项目如期验收。

五、参考：《长城国家文化公园（河北段）建设保护规划》[①]

建设国家文化公园，是推动新时代文化繁荣发展的重大文化工程，也是保护传承弘扬中华优秀传统文化的创新之举。河北，作为长城国家文化公园重点建设区，为全面落实《长城、大运河、长征国家文化公园建设方案》《长城国家文化公园建设保护规划》，高质量推进长城国家文化公园河北段建设，2021年12月，在全国率先印发出台《长城国家文化公园（河北段）建设保护规划》，为长城沿线9市1区加快推进国家文化公园建设提供了学习借鉴的参考。

长城河北段现存战国、汉、北魏、北齐、唐、金、明代等不同时期的长城，总长度2498.54千米，涉及秦皇岛、唐山、承德、张家口、保定、廊坊、石家庄、邢台、邯郸9个设区市以及雄安新区共59个县（市、区）。

（一）建设亮点

长城国家文化公园（河北段）建设亮点主要体现在：

全面展现长城国家文化公园重点建设区优势资源禀赋；

精准提炼长城河北段精神内涵、文化价值和景观价值；

高水平构建“两带、四段、多点”的空间布局和展示体系；

高站位谋划四类主体功能区和五大工程建设；

高标准推进四个重点区段先行先试、形成示范；

① 人民网：《长城国家文化公园（河北段）建设保护规划》率先出台，https://baijiahao.baidu.com/s?id=1718206812533927944&wfr=spider&for=pc，发布时间：2021年12月4日。

创新制定《长城周边风貌管控导则》；

突出重大标志性项目建设，42个重点项目分类分期实施。

（二）时间规划与愿景目标

2021年，完成山海关段、金山岭段、大境门段和崇礼段4个重点区段以及一批具有重大影响和示范意义的保护项目建设，推出一批可复制推广的成果经验，形成一批全国长城保护传承利用的示范样板区。

2023年，长城国家文化公园（河北段）文化遗产的科学保护、活态传承展示和文旅融合发展模式进一步成熟，使长城河北段品牌在世界上具有较高的知名度和吸引力。

2035年，长城国家文化公园（河北段）全面建成，成为彰显中华优秀传统文化持久影响力、社会主义先进文化强大生命力的重要文化地标。

（三）“两带、四段、多点”空间布局

“两带”：燕山长城文化遗产带——含秦皇岛段、唐山段、承德段、张家口段，打造长城国家文化公园的核心形象带；太行山长城文化遗产带——含保定段、石家庄段、邢台段、邯郸段、张家口段，打造山水复合型长城文化遗产带。

“四段”：指山海关段、金山岭段、大境门段和崇礼段，是长城河北段中建设保护利用相对成熟、景观与文化价值高、最能集中体现长城精神的段落，是近期打造的重点区段。

“多点”：指将与长城重大历史事件存在直接关联，以及具有文化景观典型特征的代表性段落、重要关堡等作为标志点。

（四）四大主体功能区建设

管控保护区：总面积约840平方千米。由文物保护单位保护范围、世界文化遗产区及新发现发掘文物遗存临时保护区组成，对文物本体及环境实

施严格保护和管控，对濒危文物实施封闭管理，建设保护第一、传承优先的样板区。

主题展示区：包括核心展示园、集中展示带、特色展示点三种形态，是参观游览、文化体验的主体区，打造保护、传承、利用协同推进的样板区。重点建设山海关、大境门、金山岭3个核心展示园，山海关长城、金山岭长城、白羊峪长城等42个集中展示带，板厂峪长城砖窑遗址群、张家口堡等258个特色展示点。

文旅融合区：由主题展示区及其周边就近就便、可看可览的历史文化和自然生态、现代文旅优质资源组成，建设文旅融合发展示范区。重点推进“长城+历史文化文旅融合区”“长城+生态文旅融合区”“长城+现代文旅融合区”三类共22个文旅融合区建设。

传统利用区：城乡居民和企事业单位、社团组织的传统生活生产区域。合理保存传统文化生态，适度发展文化旅游、特色生态产业，建设长城关堡类、长城戍边类和特色资源类三类传统利用区。

（五）五大工程

保护传承工程：实施长城重大修缮保护项目，加强长城沿线文物和文化资源保护普查，加强长城遗产预防性保护，创新长城文化展览展示方式，严防不恰当开发和过度商业化。

研究发掘工程：加强长城（河北段）文化和精神价值研究发掘，推进长城文化艺术创作，大力开展长城精神主题宣传，整理发掘长城非遗资源。

环境配套工程：加强长城沿线生态保护涵养，做好长城周边风貌控制，完善提升公共设施和配套服务，建设“燕赵长城”国家风景道体系，系统规范推进国家文化公园标志应用，开展文化市场环境综合整治。

文旅融合工程：打造提升一批标志性长城文化参观游览区，推出长城游览联程联运经典线路，推出长城塞上生态文化旅游产品，开发长城文化创意商品，加强文旅企业市场主体培育，联动推进“全景长城”整体品牌塑造。

数字再现工程：加强数字基础设施建设，建设官方网站和数字云平台，完善长城资源管理信息平台，推进“可阅读”长城建设。

突出重大标志性项目：建设42个重点项目，计划投资额167.54亿元，建立分类分期实施的规划项目库，其中，列入国家规划项目10个，入列数量为全国最多。

（六）重点区段

山海关段：以“众志成城，雄关天下”为建设保护主题，重点推进山海关中国长城文化博物馆（暂定名）、山海关古城遗址保护提升、长城山海关风景道等标志性项目建设，展示古代军事防御体系的突出成就和中华民族守望和平、众志成城的自强精神。

金山岭段：以“坚韧自强，金山独秀”为建设保护主题，重点推进长城（金山岭段）文旅融合示范区、金山岭长城风景道、金山岭长城保护修缮等项目建设，彰显人与自然融合互动的文化景观价值。

大境门段：以“和平开放，大好河山”为建设保护主题，重点推进大境门长城文化博物馆、大境门长城文化主题展示区、大境门长城保护展示等项目建设，体现中华民族的融合、开放精神。

崇礼段：以“自信自强，冬奥胜景”为建设保护主题，重点推进崇礼长城景观展示及太子城遗址保护利用、“长城人家”旅居带、崇礼森林音乐节等项目建设，展示世界文化遗产保护“中国智慧”和“中国经验”。

第三章
大运河国家文化公园建设

一般说来，运河是指人工开凿的通航河道。广义地看，运河也包括用以沟通地区或水域间水运的人工水道，通常与自然水道或其他运河相连。除航运外，运河还可用于灌溉、分洪、排涝、给水等。

在西方，古代河流的改进和人工水道的建设，都是为了灌溉。早在公元前7世纪，亚述人便开凿了一条运河，长80千米（50英里），宽20公尺（66英尺），引入淡水；公元前5世纪，波斯凿通尼罗河至红海的运河；埃及曾于尼罗河设坝防洪，并在广大盆地建立灌溉系统。19世纪出现了举世闻名的3大运河建设，即基尔运河、苏伊士运河和巴拿马运河，这些运河基本上是为了满足航运的需要，极大提升了国际航运效率和经济效益。

中国运河建设历史悠久，主要功能更侧重于航运。公元前506年，吴王阖闾为运输伐楚所用粮食，命伍子胥开挖胥河，东通太湖，西入长江，这是中国现有记载最早的运河，也是世界上开凿最早的通航运河。公元前486年，为解决伐齐远征军粮和辎重的运输，吴王夫差开凿邗沟，以沟通长江和淮水，从而形成今天大运河的最早雏形。中国历史上其他著名的运河还有公元前360年魏惠王开凿的鸿沟、公元前219年秦始皇为沟通湘江和漓江之间的航运而开挖的灵渠。

但是，中国最具影响力的运河还是大运河。从吴王夫差伐齐开挖邗沟，到隋炀帝因开凿运河而民怨沸腾、身败名裂，再到唐宋之际文人墨客往来于运河之上，以及元明的漕运，直到清代康熙乾隆数下江南，在运河沿线留下丰富的故事。大运河不仅沟通了中国的数条水系，成为古代中国最为重要的南北通道，而且还带动一批至今仍然活跃在中国政治经济版图的重要城市群，成为多民族融合的摇篮，成为中华民族文化的独特瑰宝。建设大运河国家文化公园可谓正逢其时。

一、大运河国家文化公园建设的价值与目标

大运河（Grand Canal），是中国东部平原上的伟大工程，是中国古代劳动人民创造的一项伟大的水利建筑，为世界上最长的运河，也是世界上开凿历史最悠久、规模最大并且还在发挥作用的运河。

1.作为世界文化遗产的大运河

由于中国版图呈西高东低的地形特征，中东部地区主要河流均呈东西走向，横向封闭的自然水系严重制约着南来北往，不利于国家的统一、经济文化的交流和发展。因此，开凿南北走向的人工运河、沟通南北交通显得十分重要。

从吴王夫差开凿邗沟起，陆续有战国时期魏国在中原地区开鸿沟，三国时曹魏在华北平原开白沟、平虏渠、利漕渠，孙吴在江南开破岗渎。但直到隋朝以前，这些早期运河规模都不大，而且互不连贯，时兴时废，没有形成完整的水运系统。

隋唐以后，伴随中国政治中心东渐北移与经济重心逐步南移，开通疏浚联结南北方重要交通运输干线的大运河，已经成为历代封建统治者的共识。

隋统一中国后，为进一步巩固对全国的统治，发展江淮漕运，增强北方边防力量，从584年（隋文帝开皇四年）到610年（隋炀帝大业六年）20余年之间，充分利用过去开凿的运河和天然河流，先后开凿了通济渠、

永济渠，并重修了江南运河，终于凿成和疏通了以国都洛阳为中心，北抵河北涿郡、南达浙江余杭的大运河。唐代的运河在隋代大运河基础上，做了局部的变更和整修。后世有“隋朝开河，唐宋受益”之说。

北宋十分重视开发运河的交通运输功能，通过开凿整治汴河、惠民河、广济河、金水河以及江淮运河、江南运河、两浙运河等重要运河河道，把江浙、两淮、荆湖等南方地区与河北、京东、京西以及京畿等北方地区连接起来。南宋都城临安（今杭州），偏安东南半壁，也大力疏浚江南运河以供运输。

元、明、清都建都北京，更进一步开凿沟通河北、山东运河河道以南接江淮各地。尤其是元世祖忽必烈时开凿济州河、会通河、通惠河等运道，遂使大运河直接贯通南北，也使前代呈多支型分布的运河转变为单线型的大运河，从而把南北方各大经济区更直接地联系起来，成为中国运河变迁史上自隋代以后又一次重大转变，奠定了此后京杭大运河的基本走向及规模。此后，明朝的永乐皇帝、清朝的康熙皇帝也在整修运河工程方面做出了积极的贡献。

与此同时，运河的开凿整修技术也日渐成熟，运河的管理更是日臻完善。这一时期，各朝代不仅在解决运河水源，保护河堤，开凿河道，利用各种闸、堰以控制调节运河水量等关键技术上有重大创新突破，涌现出郭守敬、潘继训、靳辅等一批卓有成就的水运专家，而且还设立了职责分明的运河管理机构，制定了较为严密的规章制度，以确保运河的航运畅通，极大地发挥着运河在漕运等方面的功能。

今天我们所说的大运河始于公元前486年开凿的邗沟，包括隋唐大运河、京杭大运河和浙东大运河三部分，全长2700千米，跨越地球10多个纬度，地跨北京、天津、河北、山东、河南、安徽、江苏、浙江8个省、直辖市，贯通海河、黄河、淮河、长江、钱塘江五大水系，是中国古代南北交通的大动脉，迄今已延续2500余年（表3.1）。

表3.1 运河开凿历程

运河名称	开挖时间	途经城市
隋唐大运河	大业元年至六年（605年至610年）	北京、通州、天津、杭州、镇江、清江、仪征、扬州、台儿庄、临清、苏州、嘉兴、宣城、淮安、徐州、聊城、济宁、德州、沧州、洛阳、荥阳、开封、商丘、宿州、涿州
京杭大运河	公元前486年	北京、天津、沧州、德州、泰安、聊城、济宁、枣庄、徐州、宿迁、淮安、扬州、镇江、常州、无锡、苏州、嘉兴、杭州
浙东大运河	春秋时期	杭州、绍兴、上虞、余姚、宁波

中国大运河作为世界上开凿时间最早、利用时间最长、创造价值最大的人工水道，不但在中国历史上绝无仅有，就是在世界文明史上也非常罕见。2005年，我国著名古建专家罗哲文、城市规划专家郑孝燮、工艺美术大师朱炳仁首次联名提出中国大运河申遗的呼吁。2006年2月，在第十届全国政协四次会议上，58位政协委员集体响应，提出了《大运河申遗提案》，5月国家公布大运河为全国重点文物保护单位，随后无论是中央还是地方，都对运河文化遗产的保护投入了大量资金，使濒临绝迹的诸多文物得以保存与维护。

2014年6月22日，在卡塔尔多哈进行的第38届世界遗产大会上，大运河获准列入“世界遗产名录”，成为中国第46个世界遗产项目。最终列入申遗范围的大运河遗产分布在中国2个直辖市、6个省、25个地级市。申报的系列遗产分别选取了各河段的典型河道段落和重要遗产点，包括河道遗产27段，总长度1011千米，相关遗产共计58处。

大运河文化，是大运河自开凿以来长期创造形成的产物，包含了中国历代政治、经济、军事、文化等因素，是民族融合的产物，是大运河流域多民族的历史、地理、风土人情、传统习俗、生活方式、文学艺术、行为规范、思维方式、价值观念等因素的总和。大运河文化是“运河城市群域性文化”，大运河把若干小的割据的自然环境贯通成为一个体系，转化成人文环境。历史地看，大运河文化，是中国漕运实践中所创造的物质财富和精神财富的总和。

正如联合国教科文组织《保护世界文化和自然遗产公约》最新版《行动指南》所说，大运河文化“代表了人类的迁徙和流动，代表了多维度的商品、思想、知识和价值的互惠和持续不断的交流，并代表了因此产生的文化在时间和空间上的交流与相互滋养”。

2. 大运河文化的内涵

大运河的开凿把中国中东部若干割据的自然环境贯通成为一个体系，并且在人际交往中，形成新的自然环境、生态环境、生产环境和文化等，形成发达的“运河社会区域经济”。隋唐以后，运河的开通推动了南北方农业技术的交流和作物品种的改良，促进了商品经济的发展，从而出现一批重要的运河城市，如开封、扬州、苏州、杭州等。以这些重要节点城市为基础，商品流通辐射到运河流域和流域之外的最广大的中国村庄。明中后期，商品经济发达的江南运河区域，尤其是苏杭一带出现了资本主义性质的萌芽。商品经济的发展进一步催生了“运河商业城市群”兴起：北京、天津、沧州、德州、临清、聊城、济宁、徐州、淮安、扬州、镇江、常州、无锡、苏州、嘉兴、杭州、绍兴、宁波。从古代的“南粮北运”“盐运”通道，到现在的“北煤南运”干线、防洪灌溉干流，运河不仅成为经济活动的通衢，而且成为人文交流的通道，形成了灿烂的运河文化。

1871年，英国文化学家泰勒在《原始文化》一书中指出，文化是包括知识、信仰、艺术、道德、法律、习俗和任何人作为一名社会成员而获得的能力与习惯在内的复杂整体。所谓大运河文化，是大运河流域文化形态的总和，既包括有形的物质遗产，也包括无形的世界观、价值观、生活方式和风土人情。大运河文化既有中华传统文化的共同底色，又具有显著的历史性和丰富的地理性，并且成为维系大一统国家统治和民族融合的重要纽带。

我们大致可以从三个层次来分析运河文化，即物质文化、制度文化、精神文化。物质文化是运河流域人们的物质生产活动方式和产品的总和，是可触知的具体实在的事物，通过衣、食、住、行的器物呈现出来，典型如民居建筑、家具、菜系、服饰等。制度文化是指运河流域人们规范自身行为和调节相互关系的准则。很长一段时间以来，运河流域都是以儒家意识形态为正统的地区，同时融入了不同时期的信仰和风俗，形成了具有历史性和地域性的规范体系，是一种社会的、集体的行为。精神文化是在运河流域人们独特的价值观念、审美情趣、思维方式下产生的文学艺术作品。这是文化的核心，也是文化的精华部分。

从上述三个方面分析，大运河文化具有明显的统一性、开放性、凝聚性。大运河以黄河文明为中心，融合吸纳了东南文化、江南文化、齐鲁文化、中原文化、江淮文化、燕北文化等，形成独特的大运河文化。

当然，大运河文化与社会生活密切相关，没有那个时代的社会就不会有相应的大运河文化。在大运河文化所包容的同一社会内部，文化呈现多元，具有不一致性，存在着丰富的“亚文化差异”，从一定意义上看，这也是大运河文化发生的原动力之一。

3.大运河国家文化公园出台的背景

建设国家文化公园，是以习近平同志为核心的党中央的重大决策部署，是推动我国社会主义文化大发展大繁荣，建成社会主义文化强国的重大工程。

习近平总书记多次强调，大运河是祖先留给我们的宝贵遗产，是流动的文化，要统筹保护好、传承好、利用好。近年来，习近平总书记两次考察大运河，并对大运河工作做出了具体的指导。

2017年2月24日，习近平总书记在通州视察时指出：“通州有不少历史文化遗产，要古为今用，深入挖掘以大运河为核心的历史文化资源。”需要重点保护好这些文化古迹，引入更多的社会力量加入文化保护工作，对现存文物进行梳理和分类，不仅不能让它们受到破坏，而且还要让它们更加增辉添彩，流传后世。

2020年11月13日，习近平总书记来到扬州调研。古运河扬州段是整个大运河中最古老的一段，扬州是中国古运河原点城市，也是长江经济带和大运河文化带交汇点城市。习近平总书记指出：千百年来，运河滋养两岸城市和人民，是运河两岸人民的致富河、幸福河，希望大家共同保护好大运河，使运河永远造福人民。加强生态文明建设，是推动经济社会高质量发展的必然要求，也是广大群众的共识和呼声。要把大运河文化遗产保护同生态环境保护提升、沿线名城名镇保护修复、文化旅游融合发展、运河航运转型提升统一起来，为大运河沿线区域经济社会发展、人民生活改善创造有利条件。

大运河作为流动的文化遗产，地理空间跨度大，延续使用时间长，文化遗产资源多，经济社会发展基础好，是具有2500多年历史的活态遗产，是中华民族繁荣兴盛的历史见证，也是中华民族文化基因和中国特色社会主义文化的优质载体。

长期以来，大运河系统性、全方位的遗产保护和文化展示不足，保护、挖掘和阐释大运河所承载的丰厚优秀传统文化不够，其影响力与吸引力有限，围绕大运河实体的空间管控、环境保护、产业发展、城乡建设、体制机制等工作有待完善，以文化为引领推动区域高质量发展任务仍然艰巨。推进大运河国家文化公园建设，深入阐释和生动展现大运河在推动中国历史与中华文明发展演进中的重要作用，意义重大，影响深远。

贯彻落实习近平总书记关于保护好、传承好、利用好大运河的重要指示精神，按照党中央、国务院总体部署和具体要求，推进大运河文化保护传承利用，加快建设大运河国家文化公园，对于打造中华文化重要标志，进一步坚定文化自信，充分彰显中华优秀传统文化持久影响力、社会主义先进文化强大生命力具有极其重大的意义。

2016年3月发布的《国民经济和社会发展第十三个五年规划纲要》首次将国家文化公园建设列为国家文化重大工程；2017年1月，中共中央办公厅、国务院办公厅印发了《关于实施中华优秀传统文化传承发展工程的意见》，倡导各地区各部门保护传承文化遗产，明确提出“规划建设一批国家文化公园”；同年5月，《国家“十三五”时期文化发展改革规划纲要》明确提出，依托长城、大运河、黄帝陵、孔府、卢沟桥等重大历史文化遗产，规划建设一批国家文化公园，形成中华文化重要标识；2017年以来，中央文化体制改革和发展工作领导小组召开会议，贯彻党的十九大精神和习近平总书记重要指示精神进行部署；2019年2月，《大运河文化保护传承利用规划纲要》印发；2019年12月，中共中央办公厅、国务院办公厅印发《长城、大运河、长征国家文化公园建设方案》，标志着建立国家文化公园制度进入实施阶段；2020年10月29日，党的十九届五中全会通过《中共中央关于制定国民经济和社会发展第十四个五年规划和二〇三五年远景目标的建议》，提出建设长城、大运河、长征、黄河等国家文化公园；2021年7月，国家发展改革委牵头编制的《大运河文化保护传承利用“十四五”实施方案》明确指出，到2021年年底，大运河国家文化公园重点建设区建设任务基本完成，到2023年年底基本完成大运河国家文化公园建设任务，到2025年，“千年运河”统一品牌基本形成，大运河国家文化公园成为向世界传播中华文化的重要标志；2021年8月国家文化公园建设工作领导小组印发《大运河国家文化公园建设保护规划》（图3.1、表3.2）。

- 大运河国家文化公园政策文件
  - 国家
    - 已经实施
      - 2017 年 5 月《国家“十三五”时期文化发展改革规划纲要》
      - 2019 年 2 月《大运河文化保护传承利用规划纲要》
      - 2019 年 12 月《长城、大运河、长征国家文化公园建设方案》
      - 2021 年 8 月《大运河国家文化公园建设保护规划》
      - 2021 年 7 月《大运河文化保护传承利用“十四五”实施方案》
    - 正在实施
      - 无
  - 地方
    - 北京市
      - 已经实施
        - 2019 年 12 月《北京市大运河文化保护传承利用实施规划》
        - 《北京市大运河文化带保护建设五年行动计划（2018 年—2022 年）》
        - 2018 年 3 月《北京市大运河文化带保护建设规划》
      - 正在实施
        - 《北京市大运河国家文化公园建设保护规划》
    - 天津市
      - 已经实施
        - 2011 年 4 月《天津境内京杭大运河保护与发展规划》
      - 正在实施
        - 无
    - 河北省
      - 已经实施
        - 2010 年 3 月《中国大运河河北段遗产保护规划》
      - 正在实施
        - 《河北省大运河文化保护传承利用实施规划》
    - 山东省
      - 已经实施
        - 2013 年 10 月《山东省大运河遗产山东段保护管理办法》（我国首部由省级人民政府颁布的大运河保护专项管理办法）
      - 正在实施
        - 《大运河遗产山东段保护规划 (2012—2030) 》
    - 江苏省
      - 已经实施
        - 2019 年 5 月《大运河江苏段文化保护传承利用规划纲要》
      - 正在实施
        - 《中国大运河（江苏段）遗产保护规划（2011—2030）》
        - 《大运河江苏段旅游发展规划（2017—2030）》
        - 2022 年 3 月《2022 年全省大运河文化带和国家文化公园建设工作要点》《世界级运河文化遗产旅游廊道建设实施方案》《长江国家文化公园江苏段建设推进方案》
    - 浙江省
      - 已经实施
        - 2017 年 5 月《杭州市大运河世界文化遗产保护条例》（国内首个保护运河世界文化遗产的地方性法规）
        - 2019 年 3 月《大运河（杭州段）遗产保护规划》
      - 正在实施
        - 无
    - 安徽省
      - 已经实施
        - 2019 年 12 月《大运河遗产安徽段保护规划》
        - 2019 年 12 月《柳孜运河特色旅游小镇规划》
        - 2019 年 12 月《通济渠泗县段保护管理规划》
      - 正在实施
        - 无
    - 河南省
      - 已经实施
        - 2020 年 12 月《大运河河南段核心监控区国土空间管控办法（试行）》
        - 2021 年 9 月《河南省大运河文化保护传承利用实施规划》（以下简称《规划》）
      - 正在实施
        - 《洛阳市大运河文化遗产保护传承实施方案》）
        - 《郑州市大运河文化保护传承利用暨大运河国家文化公园建设实施方案》

图 3.1 大运河国家文化公园部分政策文件图例

表3.2　相关国家层面的政策文件

相关国家层面的政策文件		
年份	政策文件	主要内容
2017年5月	《国家“十三五”时期文化发展改革规划纲要》	明确“十三五”时期文化发展改革的指导思想、方针原则和目标任务，对相关工作进行了部署，同时开列了一系列专栏和项目，基本涵盖了文化建设的方方面面。最后，对各地各有关部门抓好规划落实提出了明确要求。
2019年2月	《大运河文化保护传承利用规划纲要》	提出大运河文化保护传承利用的相关背景、指导思想、基本原则、功能定位和主要目标等，对大运河承载的中华优秀传统文化进行了解读和阐述，明确规划期限，进一步展望至2050年，并从多方面提出保障《规划纲要》贯彻落实的具体举措。
2019年12月	《长城、大运河、长征国家文化公园建设方案》	强调要以长城、大运河、长征沿线一系列主题明确、内涵清晰、影响突出的文物和文化资源为主干，生动呈现中华文化的独特创造、价值理念和鲜明特色，到2023年年底基本完成建设任务，使长城、大运河、长征沿线文物和文化资源保护传承利用协调推进局面初步形成，形成一批可复制推广的成果经验，为全面推进国家文化公园建设创造良好条件。
2021年7月	《大运河文化保护传承利用“十四五”实施方案》	方案预计到2021年年底，江苏省大运河国家文化公园重点建设区建设任务基本完成；到2023年年底基本完成大运河国家文化公园建设任务；到2025年，“千年运河”统一品牌基本形成，大运河国家文化公园成为向世界传播中华文化的重要标志。
2021年8月	《大运河国家文化公园建设保护规划》	整合大运河沿线8个省市文物和文化资源，按照“河为线、城为珠、珠串线、线带面”的思路优化总体功能布局，深入阐释大运河文化价值，弘扬大运河时代精神，加大管控保护力度，加强主题展示功能，促进文旅融合带动，提升传统利用水平，推进实施重点工程，着力将大运河国家文化公园建设成为新时代宣传中国形象、展示中华文明、彰显文化自信的亮丽名片。

4. 大运河国家文化公园的价值

大运河国家文化公园是从国家层面提出的运河文化保护与整合新思路，兼具国家公园和文化公园两类空间的特性，具有保护、非遗、经济、红色文化、科研等多重价值功能。

（1）保护价值

大运河国家文化公园由多种生态系统和自然系统组成，是生态安全、文化保护的重要节点，是保护大运河沿线非物质文化遗产、民风风俗以及其他保存下来的优秀传统文化，具有提升生态环境质量、保护运河文化的重要作用，是维系我国生态功能、传承传统文化的关键区域。

（2）非遗价值

绵延上千年、纵横数千里的京杭大运河自北向南跨越海河、黄河、淮河、长江、太湖、钱塘江六大水系，不但是中国古代南北重要的水上交通动脉，更是中国南北经济和文化交流的大动脉。其中，历史最久、现存最长、状况最复杂、遗产点（段）最多（拥有中国大运河世界文化遗产点段总数的40%）的江苏段大运河，至今仍是航运、水利、南水北调的黄金水道。

系统整理世界文化遗产、省级大运河遗产、传统文化资源、革命文化资源等，将全省5000个遗产资源点落实至地理空间。世界文化遗产包括7个遗产区、28个遗产要素，省级大运河遗产包括69项运河水工遗存、11项运河附属遗存、30项运河相关物质遗产和91项相关历史文化街区。传统文化资源包括历史文化名城名镇名村、历史文化街区、文物保护单位和大遗址等；革命文化资源包括爱国主义教育示范基地、红色主题文物保护单位、红色旅游经典景区等；社会主义先进文化资源包括自然景观、村镇聚落、水利设施、文化展陈与文创园区等。

（3）经济价值

国家治理的中国智慧。大运河因漕运而生，不仅是国家投资开凿和管理的巨大工程体系，更体现了国家治理的中国智慧。

漕运制度是农业文明时代国家治理制度的创举，在稳定政权、促进和维持国家统一中发挥了巨大的作用。大运河是漕运的载体，江苏则是大运河漕运管理的中枢，是国家治理中国智慧的集中展现。盐运制度是中国国家治理的制度创新，形成了一整套“支盐、运盐、销盐”机制与机构，江苏也是最重要的盐产区，在维持国家稳定中发挥重要作用。

大运河同时也是国家巡视制度的重要通道。康熙、乾隆曾沿大运河六下江南，通过巡视，处理政务、军务、盐务，考察民情、民风，勘察河务、海防，稳固国家版图，强化国家意识、民族意识。

经济运行的国家命脉。古代中国属于农业社会，对粮食的依赖程度非常大，通过开挖连通自然水域的运河，不但可以灌溉土地、运输粮食，而且对于调控水旱环境、维持小区域内的生态平衡也具有很大的作用。秦汉时期，多从山东运粮到关中，后来随着政治中心的东移与北移、经济中心的南移，人工运河的方向也逐渐由东西向南北方向演变，特别到了元明清时期，运河裁弯取直，不再经过河南，与隋唐相比缩短了上千公里，主要是因为政治中心迁移至北京。随着国家漕粮由江南源源不断地流向北方，民间社会的商业、手工业、服务业也随之兴起，如明清山东运河流域内的德州、临清、聊城、张秋、济宁、枣庄迅速成为全国重要的漕运码头、商贸中心、河政要地，呈现出一派商贾云集、货物山积、轴橹纷接的繁荣场面。临清有“繁华压两京，富庶甲齐郡”的美誉，聊城号称“漕运之咽喉，天都之肘腋”，德州因位于商路通达之地，号为“九达天衢”，甚至连兖州府的张秋镇也依赖便利的运河交通，发展为与苏州、杭州齐名的大城市。随着人口的聚集与经济的发达，不但徽商、晋商、洞庭商人、山东黄县商人纷纷来到运河城市经商贸易，甚至连漕船上的军丁与沿岸的百姓也谋取蝇头小利，借以增加收入与改善生活。据史料估计，明清时期每年沿运河流通的粮食达数十亿千克，其他布匹、铁器、杂货、干果等商货更是不计其数，国家为此专门在天津、临清、济宁、扬州、杭州等地设立钞关征收商税，以此增加国家财政收入。正是由于运河贯通南北，才使传统中国的商业发展获得了便利的交通与运输条件，形成了影响力巨大的东部运河经济城市群，对沿运区域社会产生了巨大的影响。

清末运河漕运停止后，江浙境内大运河作为华东地区江海运输要道的功能一直延续至今。凭借良好的水运条件与上海、南京、杭州等沿江沿海港口的便利交通，先进文化思想与技术，尤其是近代工商业沿运河得以迅速传播和发展，大运河沿线杭州、苏州、无锡、常州、镇江等城市成为近代中国社会转型的先发地区。

（4）红色文化价值

《大运河文化保护传承利用规划纲要》指出，“要以大运河文化保护传承利用为引领，统筹大运河沿线区域经济社会发展，探索高质量发展新路径，打造宣传中国形象、展示中华文明、彰显文化自信的亮丽名片”。保护好、传承好、利用好大运河文化是新时代赋予的重大责任，沿岸的红色文化资源是大运河文化带的重要组成部分。

五四运动以来，大运河见证了中华儿女为民族独立与解放，前赴后继、英勇奋斗的丰功伟绩，也积累了丰富的红色资源。根据调查，大运河沿线地区红色资源分布广泛，文物保护单位从华东到华北、长三角城市群到京津冀城市群，均有分布。其中北京市12处，天津市11处，江苏省、山东省各7处，河北省、浙江省各5处，安徽省1处（表3.3）。

表3.3　大运河沿线地区红色文化资源文物单位

省份	红色文物项目	弘扬的精神
北京	北京鲁迅博物馆（北京新文化运动纪念馆）	五四精神
	天安门广场	五四精神、一二·九精神
	中国人民抗日战争纪念馆、卢沟桥、宛平城	抗战精神
	李大钊烈士陵园	五四精神
	中国国家博物馆	民族精神
	中国人民革命军事博物馆	爱国主义精神

续表

省份	红色文物项目	弘扬的精神
	焦庄户地道战遗址纪念馆	抗战精神
	中国航空博物馆	爱国主义教育
	圆明园遗址公园	爱国主义精神
	香山双清别墅	抗战精神
	没有共产党就没有新中国纪念馆	抗战精神、爱国主义精神
	冀热察挺进军司令部旧址陈列馆	抗战精神
天津	周恩来邓颖超纪念馆	爱国主义精神、五四精神
	平津战役纪念馆	爱国主义精神
	平津战役前线司令部旧址	爱国主义精神
	宁河烈士陵园	爱国主义精神
	汉沽烈士陵园	爱国主义精神
	宝坻区烈士陵园	爱国主义精神
	塘沽烈士陵园	爱国主义精神
	天津市烈士陵园	爱国主义精神
	中共天津历史纪念馆	爱国主义精神
	西青区烈士陵园	爱国主义精神
	中共北方局旧址	爱国主义精神
江苏	茅山新四军纪念馆	抗战精神
	沙家浜革命历史纪念馆	抗战精神、爱国主义精神
	新四军江南指挥部纪念馆	抗战精神、爱国主义精神
	淮海战役纪念馆	爱国主义精神
	瞿秋白故居、张太雷故居及恽代英纪念馆	爱国主义精神
	淮安市红色旅游系列景区（八十二烈士陵园、周恩来纪念馆和故居、黄花塘新四军军部旧址、新安旅行团历史纪念馆）	爱国主义精神、抗战精神
山东	滕州烈士陵园	爱国主义精神
	台儿庄大战纪念馆	抗战精神
	尼山红色教育基地景区	爱国主义精神

续表

省份	红色文物项目	弘扬的精神
	铁道游击队纪念公园	抗战精神
	八路军抱犊崮抗日纪念园	抗战精神、爱国主义精神
	聊城市革命烈士陵园	爱国主义精神
	鲁西北地委旧址	爱国主义精神
河北	河间冀中烈士陵园	抗战精神
	中共中央华北局城市工作部泊头旧址	抗战精神
	马本斋纪念馆	抗战精神
	黄骅烈士陵园	抗战精神
	沧州烈士陵园	抗战精神
浙江	浙江辛亥革命纪念馆	爱国主义精神、民族精神
	浙江革命烈士纪念馆	爱国主义精神
	中国共产党杭州历史馆	爱国主义精神
	嘉兴南湖景区	爱国主义精神
	新四军天目山反顽战役纪念馆、孝丰革命烈士陵园	爱国主义精神、抗战精神
安徽	雪枫公园	爱国主义精神

注：本表信息统计截至2020年8月

在新民主主义革命时期，陈独秀、李大钊、周恩来、瞿秋白、张太雷、恽代英等党的领导人在运河沿线从事革命活动，血战台儿庄、新四军东进北上抗日、淮海战役、渡江战役等重大事件都与运河密切相关。在雨花台留下姓名的烈士1519名，他们的事迹展示了共产党人崇高的理想信念、高尚的道德情操和为民牺牲的大无畏精神。

这些丰富的红色文化资源，为开展红色文化研究，加强理想信念教育，培育和践行社会主义核心价值观，弘扬以爱国主义为核心的民族精神，提供了肥沃土壤和有利条件。

（5）科研价值

大运河经过中国东部大部分地区，其所经地区的地形和水资源条件千差万别，跨越的最大地形高差达50米，多年平均降雨量从500毫米到1500毫米不等；且在长达2500多年的历史中，以黄河为代表的河湖水系变迁频繁，许多地区自然环境发生沧海桑田的变化。为解决运河跨越地形高差、穿越自然河流、水源或防洪等一系列问题，中国大运河产生了卓越的工程规划、丰富多样的水利工程类型，堪称传统水利科技的博物馆。因为区域自然环境及水系水文特点的差异，大运河各河段在河道特征、水源工程、水工建筑、水运设施及工程管理等方面表现出鲜明的地域特点。它们共同构成中国特有的运河工程体系，包括世界上最早的水库、大型闸坝建筑群、运河穿越分水岭、大江大河的完善工程体系及水工—水运设施，通过成系统的运河水道、水源工程、防洪工程、节制工程以及沿岸的漕仓等，有效地支撑了世界上最长距离的连续水运，反映出中国古代传统水利科学技术的巨大成就。大运河积累了深厚的文化积淀，直观反映了大运河生态系统和自然资源的现状以及演变趋势，大运河国家文化公园把大运河传统文化精神传承与时代精神结合起来，具有极其重要的科研价值，是最重要的科研平台之一，也是人们学习历史人文、自然科学知识，激发文化遗产历史文化景观保护意识，增进对中华优秀文化理解和认同的重要基地。

5.大运河国家文化公园的目标

大运河国家文化公园是由国家批准设立并主导建设，以彰显中华文化中具有代表性和重要标识性的文化精神价值，以焕发中华文化时代风采为主要目的，实现中华优秀传统文化资源科学保护与合理利用特定文化遗产的文化资源核心地区或核心地带。其主要功能目标是维护和彰显运河文化遗产的历史真实性、风貌完整性、文化延续性，同时兼具文化教育、公共服务、旅游休闲、科学研究等作用。

一是实现人与自然的有机融合。建设大运河国家文化公园，不仅能利用健康的景观，重新连接人与自然，营造适宜的人居环境，给人提供亲近自然、娱悦身心的场所，还可以抵消城市发展带来的冲击，提高人民的生活水平和文明程度。

二是传承弘扬大运河的优秀文化。基于“地域文化”角度，研究大运河国家文化公园治理能够有效保护大运河文化遗产，充分认识和发掘运河的文化基因与文化密码，展现大运河沿线城市的独特魅力，有利于人们学习自然科学和人文历史知识，激发环保意识、文化自信和民族自豪感，有利于强化大运河文化保护，彰显大运河深厚的历史文化底蕴，更好地弘扬优秀运河文化。

三是强化运河沿线的生态保护。大运河国家文化公园拥有完整、健康的生态系统和自然系统，生态调节功能强。建设大运河国家文化公园有利于加强运河水域、航道、景观等的动态监测和科学管理，为下一步大运河生态环境治理现代化建设指明方向。

四是串联各大文化区域，推进文化强国建设。大运河由南向北，将吴文化、淮扬文化、楚汉文化、中原文化等文化区有序串联起来，密切了大运河不同文化区之间的沟通。

从空间上看，国家文化公园建设的核心内容是建设管控保护区、主题展示区、文旅融合区、传统利用区四类主体功能区，这是我国国土空间主体功能区战略实践经验在文化遗产领域的创新应用，也是空间规划层面关于文化遗产引领区域发展的首次探索（图3.2）。

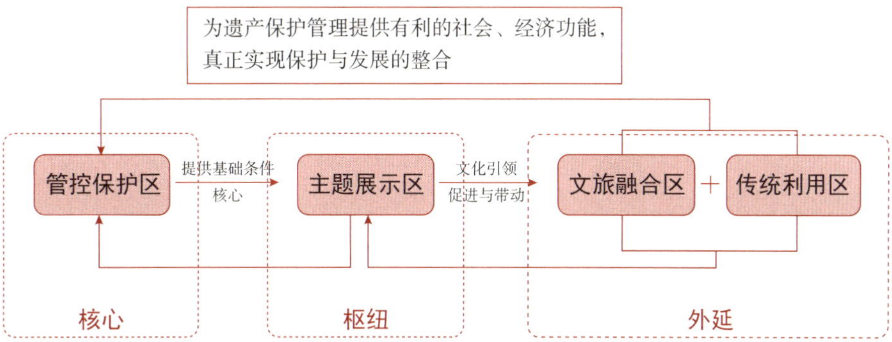

图3.2　国家文化公园主体功能区关系图

（1）管控保护区

管控保护区是国家文化公园的基础资源空间，基本原则是加强各类文物和文化遗产资源的保护，对濒危文物实施封闭管理，切实做好保护第一、传承优先。就大运河国家文化公园而言，该区对应的保护和发展定位为提升文化自信、包容性社会发展和促进环境可持续。大运河国家文化公园管控保护区的界划和建设应综合考虑遗产价值、保护管理条件和现存主要问题。

应将大运河相关的国家级、省级、地市级遗产保护管理规划的规划对象，以及经过调查研究或考古确认、与大运河存在直接价值关联的遗存都纳入保护对象，弥补大运河“部分申遗”的缺憾；保护对象还应扩展至规划范围内与大运河同时期或保护相关的其他物质文化遗产和非物质文化遗产，与大运河文化主题相关的博物馆和展示馆，以及沿线的代表性生态资源，以建立更广泛、包容的价值认知和保护基础；在《建设方案》区划原则的基础上，应扩展纳入大运河遗产建设控制地带和世界遗产缓冲区，从而解决大运河的沿河景观保护难题。管控保护区内应实现文化遗产保护传承、河道水系治理管护、生态环境保护修复的协同治理，保护、传承、利用好大运河的多维度价值。

（2）主题展示区

主题展示区包括核心展示园、集中展示带、特色展示点三种形态，着重“构建多维展示格局、健全综合展示体系、丰富展示体验方式”，是大运河国家文化公园的主要实体空间。大运河国家文化公园主题展示区的保护和发展定位涉及包容性社会发展、带动区域经济发展、促进环境可持续、改善民生、提升文化自信各方面，是四大功能分区的枢纽，其界定和建设都需深入研究。主题展示区应基于国家文化公园依托的核心遗产特征，从核心展示园、集中展示带、特色展示点三种形态的不同功能和相互联系出发，设立展示主题、遴选展示对象、区分建设标准。基于大运河呈线状连续性的特征，有必要严格遴选若干核心展示园构成系列园区，共同支撑国家文化主题，作为国家层面规划建设的重点，从而形成中华文化重要标志的代表。集中展示带和特色展示点适合国家和地方层面联合确定，发挥资源集聚的效力，同时鼓励特色展示点不断融入集中展示体系。

核心展示园是国家层面规划建设国家文化公园的重点，应综合考量遗产和环境的价值完整性、功能适合性和可操作性。

例如，大运河扬州段对沿线城镇的兴起繁荣起了很大的作用，并创造出独特的运河文化与生活，扬州城更是一直在经济与文化方面都是中国历史城市的典范。扬州城区内现存的遗产包括扬州古运河、古邗沟、瘦西湖、天宁寺、盐宗庙等，都见证了大运河扬州段的价值所在。从核心遗产价值的突出性、完整性来说，扬州城区段满足作为核心展示园的条件。从可操作性来说，虽然扬州城内的遗产分布较为分散，将整个扬州城区划为核心展示园也显然不具备可操作性，但是，扬州古运河及古邗沟在扬州城区内形成了连通的水路，并且相关的大运河核心遗产也均位于运河两岸，可以通过水上游船的形式进行连通，所以，可以形成以运河为骨架的特殊封闭区域。

大运河国家文化公园的建设并不以发展现状作为遴选的必要条件，而是更加注重文化资源在推动包容性社会发展、带动区域经济发展、促进环境可持续、改善民生、提升文化自信等方面的作用。比如，位于山东省的会通河阳谷段，现存节制闸共4处，分别为荆门上闸、荆门下闸、阿城上闸和阿城下闸。此段运河和相关水工设施反映了中国古代科学的水利工程设计与高效的水利航运管理系统，代表了大运河高超的科技与制度成就。遗产价值的突出性是毋庸置疑的，但遗产周边多为村庄，现状基础设施的条件较差，环境整治难度较大。将会通河阳谷段作为展示梯级船闸的核心展示园进行建设，可以有效改善周边居民的生活环境和居住品质，带动经济水平的提升，充分彰显文化资源的引领作用，所以，也建议作为核心展示园进行建设。主题展示区作为大运河国家文化公园的主要实体空间，还应考虑整体的区域发展平衡，避免过度集中，至少应保证大运河沿线的八个省（直辖市），每个省级河段至少有一处国家级主题展示区，充分体现国家层面的宏观把控，减少显示区域间的发展不平衡。

（3）文旅融合区与传统利用区

文旅融合区与传统利用区，都是以管控保护区和主题展示区为基础，着力发展文化资源的辐射效益和区域发展引领作用，以“发展型”为主导的功能区。此二区并非通过文化遗产自身的能量，而是通过文化整合，尤其是与当代文化创意和文化产业等特质的整合来发挥作用。

与此相应，文旅融合区与传统利用区的规划建设更适合由地方主导。大运河国家文化公园文旅融合区可通过充分利用文物和文化资源的外溢辐射效应，着力推进优秀文艺作品创作、优质文创产品开发、优美生态环境打造、相关产业系统整合，彰显地域性文化旅游特色和独特内涵，全面提升文旅融合水平，推进地区经济高质量发展，成为大运河国家文化公园的价值延展空间。而传统利用区则应通过保护传统文化生态、推动绿色产业发展、规范生产经营活动，逐步形成绿色生产生活方式。同时，利用区域内集聚的各类生活生产资源要素，有力支撑文物与文化资源的保护传承利用，实现协调发展，成为大运河国家文化公园的重要支撑空间。文旅融合区和传统利用区位于遗产保护区划之外，各类限制条件相对较为宽松，是体现遗产保护对于经济社会发展贡献、带动周边区域发展和提升人民生活品质的主要功能区域。需要注意的是，此二区虽然位于遗产保护区划之外，但仍要紧扣文化资源进行发展，避免变成单纯的经济开发，从而使功能区失去“灵魂内核”。

以杭州为例，在建设文旅融合区时，可充分利用大运河水道及沿岸资源，将钱塘江—运河游、运河夜游、运河—良渚等经典水上游线和杭州—苏州、杭州—无锡等跨省内河游轮线路作为文旅融合区的骨干，纳入与大运河文化相关的文艺演出、非遗展示、民俗表演等地方特色活动。在建设传统利用区时，针对大城北老工业区的工业遗产，可通过疏通改造杭钢支河完善水上交通的联通性，并导入展览、文化、体育、办公等城市功能，重塑大运河在交通、文化和情感方面的沟通作用，为城市注入新活力。

二、大运河国家文化公园建设的主要内容

大运河由京杭大运河、隋唐大运河、浙东大运河三部分构成，全长3200多千米，其中京杭大运河包括通惠河、北运河、南运河、会通河、中（运）河、淮扬运河和江南运河等段，隋唐大运河包括永济渠和通济渠等段，浙东大运河主要指杭州至宁波段。

大运河是具有2500多年历史的活态遗产，沟通融汇京津、燕赵、齐鲁、中原、淮扬、吴越等地域文化，包含水利文化、漕运文化、船舶文化、商事文化、饮食文化、民俗文化等文化形态，形成了诗意的人居环境、独特的建筑风格、精湛的手工技艺、众多的名人故事以及丰富的民间艺术和民风民俗，至今仍散发勃勃生机，沿线水工遗存、运河故道、名城古镇等物质文化遗产超过1200项，已列入世界文化遗产的河道遗产、水工遗存、附属遗存及相关遗产共计58处。在已经颁布的四批国家级非物质文化遗产代表性项目中，大运河沿线八省市共有837项，是我国优秀传统文化高度富集的区域（表3.4、表3.5、图3.3）。

表3.4　京杭大运河、隋唐大运河、浙东大运河入“世遗”项目对比
（数据来源于中国非物质文化遗产网）

指　　标	京杭大运河	隋唐大运河	浙东大运河
遗产河段（个）	19	5	3
占总遗产河段比（%）	70.5	18.5	11
遗产点（个）	49	4	5
占总遗产点比（%）	84.5	6.9	8.6

表3.5 大运河沿岸8省市国家级非物质文化遗产代表性项目汇总（数据来源于中国非物质文化遗产网）

省市	国家级非遗名录
北京	家具制作技艺（北京木雕小器作）、京绣（北京补绣）、建筑彩绘（北京建筑彩绘）、北京绢人、泥塑（北京泥人张）、果脯蜜饯制作技艺（北京果脯传统制作技艺）、北京蒙镶技艺、北京四合院传统营造技艺、官式古建筑营造技艺（北京故宫）、牛羊肉烹制技艺（北京烤肉制作技艺）、蒸馏酒传统酿造技艺（北京二锅头酒传统酿造技艺）、地毯织造技艺（北京宫毯织造技艺）、风筝制作技艺（北京风筝制作技艺）、料器（北京料器）、北京绢花、玉雕（北京玉雕）、面人（北京面人郎）、灯彩（北京灯彩）、泥塑（北京兔儿爷）、内画（北京内画鼻烟壶）、北京评书、皮影戏（北京皮影戏）、童谣（北京童谣）、中医正骨疗法（罗氏正骨法）、庙会（东岳庙庙会）、庙会（妙峰山庙会）、元宵节（九曲黄河阵灯俗）、元宵节（敛巧饭习俗）、厂甸庙会、八达岭长城传说、永定河传说、杨家将传说（穆桂英传说）、天坛传说、曹雪芹传说、卢沟桥传说、八大处传说、古琴艺术、冀中笙管乐（白庙村音乐会）、智化寺京音乐、天坛神乐署中和韶乐、京西太平鼓、京西太平鼓（石景山太平鼓）、京西太平鼓（怪村太平鼓）、秧歌（小红门地秧歌）、秧歌（延庆旱船）、狮舞（白纸坊太狮）、鼓舞（花钹大鼓）、太子务武吵子、六郎庄五虎棍、昆曲、河北梆子、京剧、评剧、皮影戏（北京皮影戏）、相声、京韵大鼓、单弦牌子曲（含岔曲）、数来宝、蔡家洼五音大鼓、天桥中幡、抖空竹、太极拳（吴氏太极拳）、太极拳（孙氏太极拳）、围棋、象棋、天桥摔跤、八卦掌、八极拳、口技、通背拳、幻术（傅氏幻术）、象牙雕刻、面人（面人汤）、木雕（紫檀雕刻）、料器（葡萄常料器）、传统插花、京绣、剪刀锻制技艺（王麻子剪刀锻制技艺）、景泰蓝制作技艺、聚元号弓箭制作技艺、雕漆技艺、剧装戏具制作技艺、剧装戏具制作技艺（戏曲盔头制作技艺）、琉璃烧制技艺、盛锡福皮帽制作技艺、内联升千层底布鞋制作技艺、民族乐器制作技艺（宏音斋笙管制作技艺）、民族乐器制作技艺（京胡制作技艺）、花丝镶嵌制作技艺、金漆镶嵌髹饰技艺、砚台制作技艺（潭柘紫石砚雕刻技艺）、装裱修复技艺（古籍修复技艺）、配制酒传统酿造技艺（菊花白酒传统酿造技艺）、花茶制作技艺（吴裕泰茉莉花茶制作技艺）、腐乳酿造技艺（王致和腐乳酿造技艺）、酱菜制作技艺（六必居酱菜制作技艺）、烤鸭技艺（全聚德挂炉烤鸭技艺）、烤鸭技艺（便宜坊焖炉烤鸭技艺）、牛羊肉烹制技艺（东来顺涮羊肉制作技艺）、牛羊肉烹制技艺（鸿宾楼全羊席制作技艺）、牛羊肉烹制技艺（月盛斋酱烧牛羊肉制作技艺）、天福号酱肘子制作技艺、都一处烧麦制作技艺、仿膳（清廷御膳）制作技艺、传统香制作技艺（药香制作技艺）、一得阁墨汁制作技艺、中医诊法（葛氏捏筋拍打疗法）、中医诊法（王氏脊椎疗法）、中医诊疗法（清华池传统修脚术）、中医诊疗法（孔伯华中医世家医术）、中医传统制剂方法（安宫牛黄丸制作技艺）、中医正骨疗法（宫廷正骨）、同仁堂中医药文化、传统中医药文化（鹤年堂中医药养生文化）

续表

省市	国家级非遗名录
天津	杨家将传说（杨七郎墓传说）、津门法鼓（挂甲寺庆音法鼓）、津门法鼓（杨家庄永音法鼓）、津门法鼓（刘园祥音法鼓）、津门法鼓（香塔音乐法鼓）、锣鼓艺术（汉沽飞镲）、秧歌（西码头百忍京秧歌高跷）、河北梆子、京剧、评剧、评剧、西河大鼓、京东大鼓、天津时调、相声、京韵大鼓、单弦牌子曲（含岔曲）、梅花大鼓、回族重刀武术、太极拳（李氏太极拳）、戏法、拦手门、花毽（穆氏花毽）、无极拳、登杆（大六分村登杆）、飞叉（永良飞叉）、柳青木版年画、泥塑（天津泥人张）、面人（天津面塑）、酿醋技艺（独流老醋酿造技艺）、剧装戏具制作技艺（戏剧靴子制作技艺）、风筝制作技艺（天津风筝魏制作技艺）、手工制鞋技艺（老美华手工制鞋技艺）、装裱修复技艺（天津古籍修复技艺）、传统面食制作技艺（天津“狗不理”包子制作技艺）、传统面食制作技艺（桂发祥十八街麻花制作技艺）、葫芦制作技艺（天津葫芦制作技艺）、中医诊疗法（津沽脏腑推拿）、中医传统制剂方法（达仁堂清宫寿桃丸传统制作技艺）、中医传统制剂方法（安宫牛黄丸制作技艺）、中医传统制剂方法（隆顺榕卫药制作技艺）、中医传统制剂方法（益德成闻药制作技艺）、中医传统制剂方法（京万红软膏组方与制作技艺）、中医传统制剂方法（达仁堂牛黄清心丸制作技艺）、中医传统制剂方法（宏仁堂紫雪散传统制作技艺）、妈祖祭典（天津皇会）、妈祖祭典（葛沽宝辇会）
河北	河间歌诗、冀中笙管乐（辛安庄民间音乐会）、狮舞（沧县狮舞）、皮影戏（河间皮影戏）、麒麟舞、哈哈腔、西路梆子、西河大鼓、木板大鼓、吴桥杂技、沧州武术、沧州武术（劈挂拳）、沧州武术（燕青拳）、沧州武术（孟村八极拳）、沧州武术（六合拳）、青萍剑（贾氏青萍剑）、生铁冶铸技艺（干模铸造技艺）、民间信俗（千童信子节）、戳脚、衡水内画、武强木板年画、刻铜（饶阳刻铜）、蒸馏酒传统酿造技艺（衡水老白干传统酿造技艺）、衡水法帖雕版拓印技艺、形意拳
山东	梁祝传说、梅花拳（梁山梅花拳）、中医传统制剂方法（二仙膏制作技艺）、麒麟传说、鲁班传说、孟母教子传说、唢呐艺术（邹城平派鼓吹乐）、鲁西南鼓吹乐、阴阳板、山东梆子、石雕（嘉祥石雕）、木雕（曲阜楷木雕刻）、琉璃烧制技艺 、鲁锦织造技艺、孔府菜烹饪技艺、中医传统制剂方法（二仙膏制作技艺）、祭孔大典、中医传统制剂方法（东阿阿胶制作技艺）、临清贡砖烧制技艺、木版年画（张秋木版年画）、面花（郎庄面塑）、肘捶、查拳、佛教音乐（鱼山梵呗）、锣鼓艺术（临清驾鼓）、聊城杂技、葫芦雕刻（东昌葫芦雕刻）、聊城杂技、木版年画（东昌府木版年画）、聊城杂技
河南	庙会（商丘火神台庙会）、落腔、跑帷子、木兰传说、河图洛书传说、玄奘传说、古筝艺术（中州筝派）、麒麟舞（睢县麒麟舞）、豫剧 、大平调、大弦戏、四平调、曲剧、二夹弦、淮调、落腔、河洛大鼓、河南坠子、泥塑（浚县泥咕咕）、木版年画（滑县木版年画）、唐三彩烧制技艺、中医正骨疗法（平乐郭氏正骨法）、民间社火（浚县民间社火）、庙会（浚县正月古庙会 ）、民间信俗（关公信俗）、洛阳牡丹花会

续表

省市	国家级非遗名录
江苏	梁祝传说、吴歌、江南丝竹、苏州玄妙观道教音乐、昆曲、苏剧、扬剧、苏州评弹、扬州评话、扬州清曲、桃花坞木版年画、剪纸（扬州剪纸）、苏绣、扬州玉雕、泥塑（惠山泥人）、宜兴紫砂陶制作技艺、宋锦织造技艺、苏州缂丝织造技艺、香山帮传统建筑营造技艺、苏州御窑金砖制作技艺、明式家具制作技艺、扬州漆器髹饰技艺、雕版印刷技艺、制扇技艺、剧装戏具制作技艺、端午节（苏州端午习俗）、苏州甪直水乡妇女服饰、高邮民歌、无锡道教音乐、东坝大马灯、邳州跑竹马、锡剧、淮海戏、徐州梆子、扬州弹词、徐州琴书、苏州玉雕、光福核雕、邳州纸塑狮子头、常州梳篦、丰县唐人贡、扬派盆景技艺、江都金银细工制作技艺、苏州民族乐器制作技艺、金坛封缸酒传统酿造技艺、富春茶点制作技艺、金坛抬阁、董永传说、吴歌、古琴艺术（虞山琴派、广陵琴派、金陵琴派、梅庵琴派）、十番音乐（楚州十番锣鼓、邵伯锣鼓小牌子）、柳琴戏、杖头木偶戏、剪纸（南京剪纸、徐州剪纸、金坛刻纸）、苏绣（无锡精微绣、南通仿真绣）、徐州香包、竹刻（无锡留青竹刻、常州留青竹刻）、泥塑（苏州泥塑）、灯彩（秦淮灯彩、苏州灯彩）、雷允上六神丸制作技艺、唢呐艺术（徐州鼓吹乐）、龙舞（直溪巨龙）、竹马（蒋塘马灯舞）、京剧、泗州戏、淮剧、滑稽戏、小热昏、盆景技艺（苏派盆景技艺）、装裱修复技艺（苏州书画装裱修复技艺）、绿茶制作技艺（苏州洞庭山碧螺春茶制作技艺）、国画颜料制作技艺（姜思序堂国画颜料制作技艺）、毛笔制作技艺（扬州毛笔制作技艺）、中医传统制剂方法（致和堂膏滋药制作技艺、季德胜蛇药制作技艺）、洪泽湖渔鼓、传统造园技艺（扬州园林营造技艺）、宝卷（吴地宝卷）、薅草锣鼓（金湖秧歌）、苏绣（扬州刺绣）、象牙雕刻（常州象牙浅刻）、陶器烧制技艺（宜兴均陶制作技艺）、中医诊疗法（扬州传统修脚术）、庙会（泰伯庙会）、庙会（苏州轧神仙庙会）、庙会（金村庙会）
安徽	唢呐艺术（砀山唢呐）、唢呐艺术（灵璧菠林喇叭）、徽剧、四平调 、黄梅戏、泗州戏、坠子戏、花鼓戏、淮北梆子戏、渔鼓道情、马戏（埇桥马戏）、徽菜烹饪技艺
浙江	摊簧（杭州摊簧）、杭州评词、杭州评话、雕版印刷技艺（杭州雕版印刷技艺）、蚕丝织造技艺（杭州织锦技艺）、宁波走书、宁波朱金漆木雕、宁波金银彩绣、宁波泥金彩漆、嘉兴灶头画、端午节（嘉兴端午习俗）、三跳（湖州三跳）、童谣（绍兴童谣）、目连戏（绍兴目连戏）、绍兴平湖调、摊簧（绍兴摊簧）、绍兴莲花落、绍兴词调、绍兴宣卷、绍兴黄酒酿制技艺、庙会（绍兴舜王庙会）

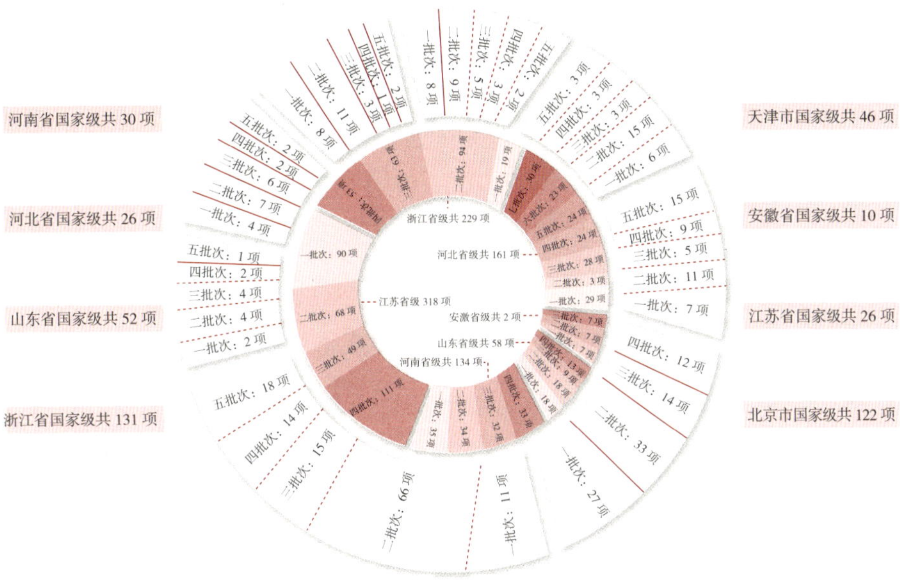

图3.3　大运河沿岸8省市国家级非物质文化遗产代表性项目分批次汇总
（数据来源于中国非物质文化遗产网）（数据截至2021年9月）

大运河沿线8个省市文物和文化资源，按照“河为线、城为珠、珠串线、线带面”的思路优化总体功能布局，深入阐释大运河文化价值，大力弘扬大运河时代精神，加大管控保护力度，加强主题展示功能，促进文旅融合带动，提升传统利用水平，推进实施重点工程，着力将大运河国家文化公园建设成为新时代宣传中国形象、展示中华文明、彰显文化自信的亮丽名片。

大运河沿线各地区加大非物质文化遗产保护力度和形式。第一，出台相关保护管理办法和条例。第二，加大非物质文化遗产立法，如杭州和无锡从保护历史文化遗产角度立法保护大运河文化资源，宿迁、淮安、常州、苏州从保护非物质文化遗产角度进行立法保护，镇江从传承人角度进行立法保护等。第三，建立四级非物质文化遗产保护体系、代表性传承人体系，建立非物质文化遗产保护中心、以大运河为主题的博物馆（如扬州中国大运河博物馆、杭州京杭大运河博物馆、聊城中国运河文化博物馆）、非遗馆（如苏州市非物质文化遗产馆）、非遗传承基地（如无锡市梁溪区非物质文化遗产传承基地）、大运河文化长廊（淮安）等，在一定程度上保护、挖掘、征集、宣传了非物质文化遗产，取得了一定的社会效益。

此外，部分沿线省市利用大运河及其文化资源发展文化、旅游及相关产业，打造标志性景点、文化活动及运河遗产保护利用综合性工程。尤其是江苏、浙江两省，加强运河遗产的创新传承和资源的创造性转化，逐渐形成历史文化街区、运河特色小镇、运河主题节庆活动等多层次、立体化的运河文旅产品体系，推动文博、会展、演艺、节庆、创意设计等多元业态融合式发展。

三、大运河国家文化公园建设的主要任务

为深入贯彻落实习近平总书记关于保护好、传承好、利用好大运河的重要指示批示精神，更好推进大运河文化保护传承利用，加快建设大运河国家文化公园，大运河国家文化公园建设应立足新形势新阶段新任务新要求。

1. 着力推动大运河国家文化公园的重点任务落实

优化总体功能布局。按照“河为线、城为珠、珠串线、线带面”的思路，围绕大运河沿线八个省（市），优化形成一条主轴凸显文化引领、四类分区构筑空间形态、六大高地彰显特色底蕴的大运河国家文化公园总体功能布局。

阐释文化价值内涵。着力将大运河打造成为彰显千年历史的文化印记、滋润美好生活的文化力量、凝聚民族精神的文化精髓，大力弘扬大运河所蕴藏的民族团结追求统一、勤劳勇敢自强不息、开放包容兼收并蓄、人与自然和谐共生等时代精神。

加大管控保护力度。从明确管控保护要求、全面强化保护措施、显著提高保护水平等方面，提出建设管控保护区的主要考虑，明确重点管控保护对象。

加强主题展示功能。从构建多维展示格局、健全综合展示体系、丰富展示体验方式等方面，细化建设主题展示区的相关任务，明确提出34个核心展示园、19个集中展示带及特色展示点。

促进文旅融合带动。从加强优质产品开发、提升文旅发展质量、深化相关产业融合等方面，明确建设文旅融合区的具体举措，并用专栏提出文旅融合平台建设重点，提升传统利用水平。从保存传统文化生态、推动发展绿色产业、规范生产经营活动等方面，构建推动传统利用区发展的策略路径。

2. 全面加快重点工程的实施

保护传承工程。重点推动建设一批重要遗址遗迹保护利用设施、一批大运河系列主题博物馆和特色专题文博场馆、一批特色古镇古村、一批红色纪念设施，并推进国家级非物质文化遗产保护传承利用。

研究发掘工程。重点打造高水平大运河研究平台，出版一批展现大运河文化价值和精神内涵的代表性出版物与重点文艺作品。

环境配套工程。重点推动建设一批以文化生态要素为核心的文化生态公园，打造融交通、文化、体验、游憩为一体的复合廊道，打造滨河生态屏障，全面实施水环境监测治理。

文旅融合工程。着力培育具有国际影响力的“千年运河”文化旅游品牌，打造省域及跨省大运河文化旅游精品线路，办好大运河特色主题活动。

数字再现工程。重点提升大运河国家文化公园主题展示区数字基础设施，建设大运河国家文化公园官方网站、数字云平台、数据管理平台等。

围绕建设“大运河国家文化公园成为向世界传播中华优秀文化的重要标志”总体定位以及新形势的政策要求，到2023年年底，实现大运河沿线文物和文化资源保护传承利用协调推进局面初步形成，权责明确、运营高效、监督规范的管理模式初具雏形，一批重大标志性项目基本建成，大运河国家文化公园建设保护任务基本完成。所以，在即将完成目标前，我们应更加重视大运河文化公园建设，争取早日完成目标。到2025年，大运河国家文化公园建设管理机制全面建立，权责明确、运营高效、监督规范的管理模式基本建成，重点任务、重大工程、重要项目得到有效落实，各类文化遗产资源保护实现全覆盖，文化和旅游与相关产业深度融合，标志性项目取得明显效益，“千年运河”统一品牌基本形成。

大运河沿线8省市积极响应落实建设国家大运河文化公园的战略部署，纷纷制定本地的实施方案和建设规划（表3.6），对大运河文化带建设做出了部署。如天津市专门成立大运河文化建设规划编制领导小组；河北省设立大运河文化带建设联席会议制度，建立京津冀三地协调机制；山东省立足丰富的文化资源，实施大运河（山东段）文化带重大文物保护工程；浙江省将加快大运河文化带（浙江段）建设写入2018年政府工作报告，发动社会力量、大力发展文化产业，积极推进大运河文化带建设等。2018年，江苏启动了《大运河国家文化公园（江苏段）建设规划》，探索国家文化公园建设规划建设实践样板和典型经验。2022年3月24日，江苏省大运河文化带暨长江国家文化公园建设工作领导小组召开会议，审议了《2022年全省大运河文化带和国家文化公园建设工作要点》《世界级运河文化遗产旅游廊道建设实施方案》。

表3.6　大运河地方层面相关政策文件

省市	已经颁布及正在编制的大运河相关政府文件
北京	2019年12月《北京市大运河文化保护传承利用实施规划》 2018年3月《北京市大运河文化带保护建设规划》 2021年10月《北京市大运河国家文化公园建设保护规划》 2019年《北京市大运河文化带保护建设五年行动计划（2018—2022）》
天津	2011年4月《天津境内京杭大运河保护与发展规划》 《大运河天津段遗产保护规划》 2020年5月《大运河天津段核心监控区国土空间管控细则（试行）》 《大运河天津段文化保护传承利用实施规划》等
河北	2010年3月《中国大运河河北段遗产保护规划》 《大运河（河北段）文化带文物保护利用总体方案》 《河北省大运河文化保护传承利用实施规划》等

续表

省市	已经颁布及正在编制的大运河相关政府文件
山东	《大运河遗产山东段保护规划（2012—2030）》 2013年10月《山东省大运河遗产山东段保护管理办法》(我国首部由省级人民政府颁布的大运河保护专项管理办法） 《山东运河历史文化长廊建设规划》 《山东省大运河文化带建设规划》等
河南	《洛阳市大运河文化遗产保护传承实施方案》 《郑州市大运河文化保护传承利用暨大运河国家文化公园建设实施方案》 2021年9月《河南省大运河文化保护传承利用实施规划》 2020年12月《大运河河南段核心监控区国土空间管控办法（试行）》
安徽	2019年12月《大运河遗产安徽段保护规划》 《中国隋唐大运河柳孜运河遗址景区旅游规划》 2019年12月《通济渠泗县段保护管理规划》 2019年12月《柳孜运河特色旅游小镇规划》等
江苏	《中国大运河(江苏段)遗产保护规划（2011—2030）》 《大运河江苏段旅游发展规划（2017—2030）》 《大运河文化带江苏段建设规划》 2019年5月《大运河江苏段文化保护传承利用规划纲要》 《2022年全省大运河文化带和国家文化公园建设工作要点》《世界级运河文化遗产旅游廊道建设实施方案》等
浙江	2017年5月《杭州市大运河世界文化遗产保护条例》(国内首个保护运河世界文化遗产的地方性法规） 2019年3月《大运河（杭州段）遗产保护规划》等

四、大运河国家文化公园建设的主要举措

根据国家政策方案的实施，国家发展改革委会同有关部门和大运河沿线省（市），扎实推进大运河文化保护传承利用和国家文化公园建设，目前已取得了许多积极成效。

1.建立健全协调机制，促进工作高效运转

中宣部牵头成立了国家文化公园建设工作领导小组，国家发展改革委

报请国务院同意牵头成立大运河文化保护传承利用工作省部际联席会议工作机制，负责具体统筹推进大运河保护传承利用和国家文化公园建设。沿线8省（市）均成立了由党委、政府负责同志担任组长的工作领导小组。同时，各有关部门和地方建立了通水通航、空间管控、生态环境问题整治等专项工作机制，共同研究解决了重大专项问题。

积极挖掘大运河文化价值内涵，推进大运河沿线重要遗址遗迹考古发掘和相关专题研究工作，推动出版相关文献和专题报告。通过推进成立中国大运河学会，发布大运河文化带、生态带、旅游带建设典型案例汇编，拍摄完成并播出电视专题片，深入挖掘大运河文化艺术资源，推进舞台艺术、影视剧、专题片、动画片、电视节目和网络视听作品创作，组织文艺精品联展联播联演。

国家大力开展运河文化宣传教育推广，做好大运河国家文化公园建设的宣传报道，举办大运河文化发展论坛，组织开展中华文化全球推广之大运河活动。通过举办各类主题活动、文化发布会，鼓励出版、影视、游戏等行业推出大运河主题作品产品，推进多语言宣介推广大运河文化。积极开展“行走大运河”全民健身健步走活动，推动大运河世界文化遗产公开课等进校园、进社区、进企业，促进大运河非物质文化遗产主题传播和展览展示展演。

各地积极落实国家大运河文化公园建设方案，将蓝图转化为现实的行动。杭州市根据国家政策部署以及运河文化资源的整体布局、周边环境、自然条件等情况，结合国土空间规划，重点建设了管控保护区、主题展示区、文旅融合区、传统利用区四类功能区，着力打造杭州市大运河国家文化公园实体。其中主题展示区由一系列公共文化空间组成，包括核心展示园、集中展示带、特色展示点三种形态（表3.7）。

表 3.7 主题展示区及内容

名　称	具体内容
塘栖江南运河名镇核心展示园	重点围绕塘栖古镇、超山风景区、丁山湖湿地、三白潭湿地等区块，推进运河二通道和京杭运河（杭州段）三级航道建设，加强运河流域环境整治，强化塘栖段、仁和段、良渚段、崇贤段沿线环境综合整治提升，打造连续一体的滨水绿化、文化休闲和公共活动空间
拱宸桥运河文化群落核心展示园	重点围绕拱宸桥、小河公园、桥西历史文化街区、富义仓、“运河·百县千碗”文旅美食小镇、大兜路历史街区、小河直街、上塘河运动休闲小镇等区块，优化提升文化遗产资源的保护利用水平，打造大运河文化旅游精品区域
上塘古韵寻踪核心展示园	重点围绕桂芳桥、安平泉、皋亭山、临平山、临平湖湿地等提升建设，挖掘班荆馆等南宋运河沿线文化，联动展示上塘河千年古韵文化
余杭塘水乡粮仓核心展示园	重点围绕仓前古镇、余杭塘河、水乡圩田、章太炎故居等提升建设，挖掘大运河漕运仓储文化，展现运河水乡田园风貌
武林运河繁华商旅核心展示园	重点围绕西湖文化广场、武林商圈、延安路商业大街、武林路商业街区、中国丝绸城特色街区等区块，优化商贸业态，发展新零售和时尚消费，打造体现大运河城市繁华的国际化消费和旅游高地
南宋临安城文化核心展示园	重点围绕中河—龙山河、南宋城墙陈列馆、太庙、六部桥等区块，打造南宋皇城小镇、玉皇山南基金小镇等重点平台，彰显宋韵文化新魅力
江河汇现代运河核心展示园	重点围绕钱江新城（城市阳台观潮、钱塘江夜游）、杭州金融城、三堡船闸、杭州海塘等区块，着力发展金融、都市旅游等产业，彰显大运河（杭州段）开放包容、奔竞不息的文化形象
浙东诗路启程核心展示园	重点围绕西兴古镇、湘湖、义桥、白马湖等区块，聚焦数字经济、文化创意、旅游休闲等领域，建设浙东唐诗之路，推进白马湖生态创意城、滨江互联网小镇、物联网小镇等新型文化平台建设，为大运河文化传承和创新赋能
浙东运河复兴核心展示园	重点围绕浙东运河（萧山段）城厢、新塘、衙前等区域，突出做好古桥、古庙、古镇、古街、古村落、古纤道等遗存抢救和保护，推进运河环境综合治理，统筹谋划运河两岸区域发展，挖掘和弘扬衙前红色文化等特色文化，重现浙东运河历史繁华风貌
大运河世界文化遗产公园核心展示园	重点围绕中国京杭大运河博物院、大运河非遗馆、大运河滨水公共空间、大城北中央景观大道、大运河未来艺术科技中心、大运河生态艺术岛、运河体育公园、运河时尚发布中心、大运河杭钢工业旧址综保项目、武林美术馆、新天地文化街区等标志性文化设施，打造大运河（杭州段）示范区域

2019年，绍兴市实施浙东运河文化园（浙东运河博物馆）建设工程，并列入《大运河保护传承利用规划纲要》重点标志性项目。项目立足“一廊三带”文态格局，整合资源，建设运河博物馆主馆、运河博物馆副馆（淡水鱼水族馆）、国际垂钓竞技中心、文商旅区、公园等，建成融文博、文创、文旅三大功能区域为一体的承载城市公园功能的博物园。项目于2020年3月启动建设，总建筑面积达12.4万平方米，其中最大单体建筑为博物馆主馆，建筑面积3.46万平方米。

2.加快完善顶层设计，规划引领作用增强

国家发展改革委会同有关部门编制了大运河文化遗产保护展示、河道水系治理管护、生态环境保护修复、文化和旅游融合发展4个专项规划，指导沿线8省（市）编制出台8个分省实施规划，形成“四梁八柱”的规划体系，《大运河文化保护传承利用“十四五”实施方案》编制出台。组织召开大运河文化保护传承利用工作省部际联席会议，总结交流工作经验做法，部署重点工作任务。推动落实通水通航专班、空间管控专班、文化遗产保护专班、绿色生态廊道专班、旅游精品线路专班、数字云平台专班重点任务，优化完善例会制度。充分发挥国家文化公园专家咨询委员会大运河组作用，深入研究大运河国家文化公园建设重点难点热点问题。

国家积极推进重点建设区建设，指导扬州大运河遗产保护管理办公室实施江苏段大运河文物保护展示现状巡查调研。开展清口枢纽等文物资源专项调查。加快推进扬州城遗址等大遗址考古研究。深入实施洪泽湖、骆马湖退圩环湖工程。持续实施大运河堤防及干线流域性控制工程除险加固工程。加快推进京杭运河江苏段绿色现代航运综合整治工程，完善电子航道图及船舶导航服务。加快推进常州青果巷历史文化街区等重点文旅项目和无锡古运河等旅游度假区建设。重点依托淮扬运河适宜河段打造国家级示范段。完善提升苏州环古城河等运河游线。积极总结运河文旅发展经验做法，主动开展宣传推广。

与此同时，做好与国家文化公园官方网站和数字云平台衔接，充分发挥大运河国家文化公园数字云平台在数字网站平台建设方面的示范引领作用。更好发挥世界运河历史文化城市合作组织（WCCO）作用，支持积极争取联合国经社理事会咨商地位，深化运河文化交流合作，总结好2022年世界运河城市论坛成功举办的经验。

2021年，北京市出台《北京市大运河国家文化公园建设保护规划》，部署重点项目37项，以大运河北京段国家文化公园建设为抓手带动三条文化带整体跃升。白浮泉、万寿寺、八里桥等重点文物遗址已实现腾退保护，大运河源头遗址公园和路县故城考古遗址公园也在加紧建设。北京（通州）大运河文化旅游景区创建国家5A级旅游景区也正积极推进，北运河通州段40千米已实现游船通航。

江苏省出台全国首部促进大运河文化带建设的地方性法规，组建了全国省级首家高端智库——大运河文化带建设研究院，编纂出版全国首部运河通志，创办全国首个大运河文化旅游博览会，设立全国首只大运河文化旅游发展基金，发行全国首支大运河文化带建设专项债券。江苏省一体化建设高品位、高水平的文化走廊、生态走廊、旅游走廊，出台规划文件、组建高端智库、设立专项基金，创新举办大运河文化旅游博览会，高标准规划建设了以扬州中国大运河博物馆为代表的一批标志性工程。

3.加大项目支持力度，稳步推进重大项目建设

进一步完善多元投入机制，加强大运河重大标志性项目谋划力度，审议并下达中央预算内年度投资计划，并做好按月调度，及时跟进实施进展。中央财政统筹用好现有资金渠道，积极支持大运河文化保护传承利用各项工作。将符合条件的大运河文化保护传承利用项目纳入地方政府专项债券支持范围。

与此同时，举办国家文化公园投融资推进会，开展大运河国家文化公园重点项目实施展示和投融资对接活动。积极支持符合条件的相关企业发行社会领域产业债券。

通过组织实施文化保护传承利用工程，将大运河国家文化公园建设纳入支持范围。沿线省市把相关工作纳入工作全局、摆上突出位置。

2022年江苏省级重点文化和旅游产业项目建设与投资计划，70个项目列入其中，包括15个竣工项目、52个在建项目以及3个储备项目，有关运河城市的48个项目上榜，其中关于大运河11个竣工项目，31个在建项目，2个储备项目。苏州有苏州蓝系列文化产业园等10个项目上榜，数量为运河城市之最，其次是常州和扬州，均各有9个项目上榜（表3.8）。

表3.8　分布在运河城市中的2022年江苏省级重点文旅项目

城市	竣　工	在　建	储备
苏州（10个）	苏州蓝系列文化产业园 苏州橙天360剧场	常熟红豆山庄康养游综合体 阿里大文娱苏州中心·周庄数字梦工厂 太湖苏州湾度假乐园 苏州七都江村综合提升 苏州元和塘文化产业园区 苏州狮山文化广场 苏州浒墅关运河文旅产业综合开发 昆山戏曲百戏博物馆	
无锡（4个）	宜兴市紫砂园区综合体	江阴市国乐岛 无锡小南湾乡创综合体	无锡保利·洋溪文化城
常州（9个）		常州高端品牌酒店集群培育 常州大运河文化旅游长廊工程 溧阳市天目湖再生医学健康管理中心 溧阳市悠然南山特色田园乡村旅游 常州季子文化传承基地乡村MALL 常州老城厢文旅综合提升工程 常州东方侏罗纪旅游度假区 常州“杏花春雨”特色生态旅游体验园 常州常青·里巷文化旅游街区	
镇江（2个）		镇江心湖旅游度假项目 镇江电竞文创产业基地项目	

续表

城市	竣　工	在　建	储备
扬州（9个）	扬州邗江北湖湿地公园配套建设工程	高邮市滨湖移步易景生态长廊 仪征市天韵琴筝艺术文旅产业基地 扬州空港新城影视文旅产业基地片区开发 扬州邵伯运河遗产保护及文旅开发项目一期 扬州京杭大运河（广陵段）文化带建设暨明清古城保护 扬州北护城河文化旅游集聚区改造 扬州印象馆 宝应县射阳湖镇大运河荷荡温泉	
徐州（5个）	第十三届中国（徐州）国际园林博览会主展园 徐州龟山云创文旅小镇科普馆 徐州方特乐园 丰县凤城民族文化风情园	新沂市大运河国家文化公园窑湾核心展示园	
宿迁（5个）	宿迁皂河龙运城 宿迁新盛街文化街区保护　宿迁酒街	宿迁朱海·牛角淹生态旅游及水环境修复 宿迁渔文化商贸风情街二期	
淮安（4个）	淮安华强方特复兴之路文化创意基地	淮安水工科技馆（板闸遗址公园） 淮安御码头运河文化美食中心	荣盛·盱眙星空小镇

注：竣工指2022年建设完成，来源：大运河传播

2022年3月，时任江苏省委书记吴政隆主持召开江苏省大运河文化公园建设工作会议。会议指出，大运河国家文化公园的建设，要坚持以习近平新时代中国特色社会主义思想为指导，深入学习，提高政治站位，强化使命担当，贯彻落实相关工作，推动江苏省大运河文化带和长江国家文化公园建设走在前列，为传承中华文明、彰显文化自信贡献江苏智慧力量。其一要落实规划部署，扎实推动大运河历史文化遗产保护传承。坚持以人民发展为中心的发展思想，将运河文化融入地域文化、城乡建设、人居环境，

发展一批富民特色产业，使大运河成为一条永远造福人民的河流。其二要立足于江苏省在国家层面的区域定位，在服务全国大局时展现江苏特色，形成江苏省特有的品牌影响力。其三要有大局意识，保持高度的政治责任感和使命担当，以高水平推进大运河文化带国家文化公园建设走在前列，谱写出“强富美高”的新江苏现代化建设新篇章。

根据大运河沿线的文化特点、保护力度、资源禀赋等因素，郑州的大运河国家文化公园建设将按照遗产保护与研究发掘、文化传承、文旅融合与数字再现、环境配套四类重点工程，分别在郑州城区段、巩义段、荥阳段、中牟段4个区段进行布局建设。“十四五”期间，大运河建设谋划项目共86项，总投资约964.9亿元，其中遗产保护与研究发掘类工程，包括大河村国家考古遗址公园、荥阳故城遗址生态公园等32项，总投资125.8亿元；文化传承类工程，包括黄河国家博物馆、中国古代冶铁博物馆等22项，总投资139亿元；文旅融合与数字再现类工程，包括黄河谣文旅小镇、荥泽古城文旅融合等14项，总投资360.8亿元；环境配套类工程，包括贾鲁河综合治理、黄河湿地综合整治等18项，总投资339.3亿元。郑州大运河国家文化公园将打造成展示中华文明、彰显文化自信的亮丽名片。

东汉建安十一年（206年），曹操为北征乌桓开凿平虏渠，这是南运河的前身。至金初迁都燕京后，泰和五年（1205年）“改凿”运河，经天津三岔口溯潞水至通州达燕京，是为今南、北运河，从此天津成为漕运的枢纽。元代定都北京（大都）后，每年有大量漕船满载粮食从南方海运至大沽口进入海河，又经北运河转运至北京。至明永乐十三年（1415年）后，大运河全线修通，明廷下令罢海运及陆运，专事河运，南来的漕船经南运河进入天津，在三岔河口转入北运河，将粮食、绸缎、建材等直接运送至北京，河上槽船多达一万余只，船工最多达12万人，天津随之而兴。至清朝后期，北运河由于上游来水减少，河道淤积，加之陆路、海运交通的发展，逐渐失去漕运功能，中华人民共和国成立初期，仍从天津乘船达河南新乡。

按照中央办公厅、国务院办公厅关于印发《长城、大运河、长征国家文化公园建设方案》和天津市委、市政府工作部署和要求，红桥区实施了天津运河桃花文化商贸旅游节、大运河游船观光、竹园提升改造、北运河风景林廊、红桥大运河环境治理、义和团纪念馆提升、文化文物资源数字化管理云平台等大运河国家文化公园重点项目建设。

4.加强部门分工协作，推进专项任务落实

大运河国家文化公园的建设内涵十分丰富，需要各方面分工协作，涉及规划、国土资源、水利、财政、文化、交通、环保、农业、科技等诸多部门。在统一建设规划的指导下，各司其职，并且落实各项专项任务。

推进生态空间保护。打造大运河滨河生态屏障，统筹推进沿线田园防护体系和平原农业区沿岸防护林体系建设，实施一批有实效、可示范、能推广的生态缓冲带修复与建设项目，建设提升一批森林公园、湿地公园、地质公园等自然公园，指导推进各类自然保护地整合优化。

推进大运河沿线绿色城市建设，完善城市生态、交通、能源资源等支撑体系及绿色城区、绿色社区、绿色出行、绿色建筑等标准规范。打造滨河沿线绿道，合理增设大运河文化展示体验设施，构建连续贯通的生态休闲景观长廊。

进一步建立和完善统一国土空间用途管制制度，指导落实大运河核心监控区管控要求。加快各地国土空间规划编制和实施工作，在分级分类、严格管控基础上，保障大运河文化保护传承利用和国家文化公园建设合理空间需求。

指导沿线省（市）以改善生态环境质量为核心，持续推动“三线一单”（生态、保护红线、环境质量底线、资源利用上线和生态环境准入清单）生态环境分区管控在政策制定、环境准入、园区管理、执法监管等方面的应用，加强对“三线一单”实施成效的评估，做好动态更新调整工作。开展大运河沿线农业面源污染综合治理示范区和有机食品认证示范区建设，提高农业废弃物资源化利用水平。加强保护现有自然湿地，修复退化的湿地生态系统。推进产业生态化集聚改造、加强工业园区污染治理。统筹建立大运河相关水系水质常态化监测评价机制。水生态环境保护与修复深入推进，生态环境部下达水污染防治资金60亿元，支持大运河沿线8省（市）的水污染防治工作。

改善通水通航条件。完善京杭大运河“全线有水”水资源优化配置方案，重点做好与南水北调后续工程衔接，优化大运河沿线水资源统一调度，稳步推进北运河、南运河具备条件的河段通水。将用水强度控制目标分解到市、县，落实指标刚性约束。继续支持大运河沿线地区实施国家水土保持重点工程，因地制宜推进清洁小流域建设。

指导沿线各相关省（市）推进适宜河段旅游通航，推动实现北运河优先通航段旅游航道建设。推进大运河沿线与公路、铁路等衔接，完善港口集疏运体系。持续推动旅游航道建设，推进水运与文旅融合发展。

开展大运河各段洪水风险评估，推进运河沿线重点防洪保护区、蓄滞洪区和重要城市的洪水风险评估。推进淮扬运河、浙东运河等大运河重要河段岸线保护与利用规划。

经过一段时间的努力，大运河通水通航实现突破，北京通州段、河北廊坊段已经实现全线旅游通航。

加强文化遗产保护。加快推进“大运河文化遗产保护条例”立法研究论证，推动地方完善大运河文化遗产保护地方性法规规章。浙江等启动了大运河文物监测预警平台提升和省段试点，江苏、山东等出台了大运河遗产保护法律法规。

完善大运河沿线文物和文化资源名录。制订“大运河非物质文化遗产保护行动计划”。开展大运河水利遗产调查，遴选大运河沿线国家水利遗产。指导大运河沿线地区开展农业文化遗产调查和价值评估。加强革命文物和烈士纪念设施保护管理。

持续开展大运河文化遗产保护专项巡查检查和指导，对存在的突出问题可开展专项督导。加快大运河文化遗产资源管理信息系统及监测预警平台建设，与国土空间规划“一张图”实施监督信息系统，实现互联互通。建立大运河非物质文化遗产资源数据库。制定大运河文物和非物质文化遗产标识展示体系建设规范。

加强历史文化名城名镇名村的申报认定，持续推进历史文化街区、历史建筑的普查、认定和挂牌建档，结合实施城市更新行动，加强历史文化街区保护修复和活化利用。指导编制省级城乡历史文化保护传承体系规划纲要，建立省级保护对象的名录和分布图。

加大对大运河文化保护传承利用范围内传统村落和建筑的保护力度，完善传统村落保护体系，推动传统村落活化利用和传统文化传承。围绕大运河文化遗产资源丰富、交通便利的城市市区、近郊区、传统村落及其周边区域，探索推进大运河重要点段国家遗产线路建设。

推动文旅融合发展。推动成立大运河旅游营销联盟。培育发布一批大运河文化旅游精品线路和参观游览联程联运经典线路。打造大运河文化和旅游统一品牌，完善统一标准体系。办好大运河文化和旅游相关展会。推动传统文化产业和旅游业数字化转型，研究建设文化和旅游一体化智慧服务平台，大力发展智慧旅游。积极推进高新视听示范应用，打造大运河文化新视听。

推动建设一批以大运河文化为主题的文旅综合体。积极支持大运河沿线旅游休闲街区、夜间文化和旅游消费集聚区建设，打造一批具有区域特色的国家级文化和旅游品牌。有序推进文化产业园区建设。实施文化和旅游创客行动，在大运河沿线举办数字文化产业创新创业活动。深入实施农村人居环境整治提升五年行动，加大乡村旅游重点村镇、中国美丽休闲乡村建设扶持力度。

河北省积极对接京津地区文化和旅游资源、产品、产业和品牌，共同打造京津冀文化和旅游发展协同体，努力推动形成京津冀文化旅游资源共享、公共服务协同、平台渠道共用、规范标准共管、精品线路共推的发展机制。与京津深化合作，深入推进大运河国家文化公园重点项目建设，加快建设中国大运河非物质文化遗产展示中心等重大标志性项目，统筹推进运河文化带发展，打造全国大运河文化和旅游融合发展示范段，强化协调沟通和招商引资，吸引更多京津优质文化和旅游项目落地河北。研究制定实施2022年项目投资工作推进方案，推动国家文化公园项目建设。通过统筹规划、要素集聚、联合开发、共同营销等方式，着力提升公共文化服务和特色产业发展。

五、大运河国家文化公园相关参考

参考1：文旅融合（江苏扬州）

扬州枕江臂淮，中贯京杭大运河，自古为东南重邑，是运河申遗的牵头城市。长江和运河在此交汇，与运河共生，因运河而兴，因运河而盛，当选2020年“东亚文化之都”，拥有2500多年建城史的扬州城，是京杭大运河上的枢纽城市，曾借助大运河发家致富的盐商在这里留下了秀美的园林艺术、精致的淮扬菜以及精美的扬州漆器等众多非物质文化遗产（表3.9）。

表3.9　扬州简介

地　　位	表　　现	
战略要地	国家理政、江河交汇 扼南北咽喉之地	皇帝南巡治国理政 国家南北水陆通信的重要见证
经济重心——盐运中枢	漕运、关税重地	是国家经济命脉的重要节点
国际都会	中外经济文化交流的重要见证	
文化宝库	南北交融的文化，丰富多彩的市井生活	

位于扬州市的中国大运河博物馆，是全国首座建在国家文化公园内的博物馆。作为国内首个全面展示中国大运河的专题博物馆，是大运河文化带建设中的重要窗口和节点，也是大运河国家文化公园的展览展示平台和文化休闲场所，是一座全面反映大运河历史概况、现今状态、未来发展的博物馆。

关于大运河博物馆文化传承的种类和方式

表3.10　文化传承的种类和方式　表格来源：自制

扬州大运河博物馆的文化呈现	文创产品	展览的“精品意识”和“创新意识”
		社会教育活动的历史渊源和当代意识
		文创衍生商品的时代性和高品质
	博物馆文化教育和娱乐体验	数字技术——虚拟现实
		数字技术——三维立体
大运河扬州段文化价值	大运河——中国的世界文化遗产	运河的发展变迁
		运河的水工智慧
		运河的水利作用
		运河建设管理中的国家意志（精神内核）
		运河建设管理中的国家管理（精神内核）
	应运而生——大运河街肆印象	运河两岸的风土人情
		大运河带来的美好生活
	运河上的舟楫	运河水上生活
		沿岸风光故事

两个角度文化的竞争力

表3.11　大运河扬州段从文化角度出发解析　表格来源：自制

大运河博物馆从文化角度出发解析	深入挖掘文化特色	结合扬州地域特色	
		分系列梳理文化资源	
		强调其与大运河传统文化的空间紧密性和内在关联性	
		明确文化展示的空间基础	
	充分展现文化特征	大运河伴生的文化	国际交流文化
			国家治理文化
			地方生活文化
		文化展示的完整性和多样性	

续表

大运河博物馆从创新传承角度出发解析	构建文化展示格局	引导物质文化展示与非物质文化展示相结合
		引导文化分片区、分主题展示
		形成以特色文化主题为代表的文化展示片区
		由大运河文化走廊、长江带串联的，点、线、面结合的水陆双行的文化展示格局

中国大运河博物馆的目标是成为展示国家精神、彰显历史文化、体现时代特色的标志性工程，成为保存大运河历史记忆、传承大运河文化的新时代经典之作，成为展示大运河文化特色、时代特征且经得起历史检验的精品工程。

关于大运河扬州段文化特色，详细内容见表3.12。

表3.12　大运河扬州段文化展示格局　表格来源：自制

文化轴带	运河文化走廊	展示大运河水利文化、古迹遗存、生态、村镇等文化
文化片区	综合文化展示片	扬州主城区，综合展示国际交流、国家治理、扬州生活与运河之间的密切联系，展示扬州文化风貌
	邮驿、生态文化展示片	以高邮古城、界首、高邮湖等为主体，展示运河水陆双驿，河湖关系与湖荡湿地风光
	盐业、水工文化展示片	以仪征老城、十二圩为主体，展示国家治理中盐运、水工治理
	生态、水工文化展示片	以宝应老城、宝应湖为主，展示湖荡与运河的关系，湖荡湿地、宝应老城与运河的文化体验

从大运河沟通南北东西、促进融合发展的维度入手，博物馆从全流域、全时段、全方位三方面展现大运河历史文化。就博物馆而言，作为标志性项目，相较于传统博物馆以精美文物让人惊艳，扬州中国大运河博物馆将文物结合“5G+VR”技术（图3.4），5G沉浸式体验区，用多种高科技手段，为古老的运河注入全新生命力。一镜穿越运河17城，呈现的千里运河画卷，一个个场景切换之间，带来强烈的沉浸感。

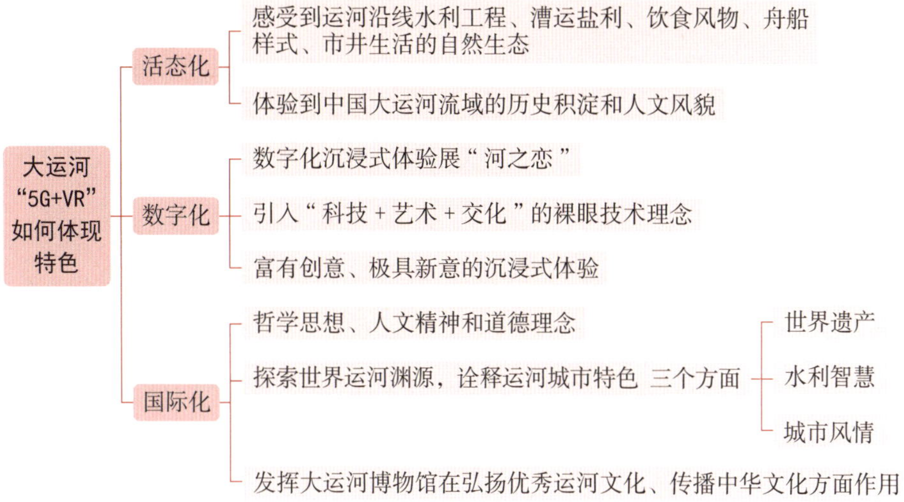

图3.4　扬州大运河博物馆“5G+VR”如何体现特色　图片来源：自制

参考2：历史文化景观与当代塑造（江苏淮安）

淮安有“中国运河之都”之称。公元前486年，中国大运河最早开凿河段——邗沟沟通江淮，位于邗沟北端的淮安与运河相伴而生，至今两千五百余年。明清时期，漕运总督、河道总督相继驻扎淮安，是全国漕运指挥中心、河道治理中心、漕粮储运中心、盐榷税务中心、漕船制造中心，拥有“九省通衢”“天下粮仓”等美名。淮安作为大运河申遗的重要节点之一，共有遗产区2处（清口枢纽、漕运总督遗址），河道1段（淮扬运河淮安段），遗产点5处（清口枢纽、双金闸、清江大闸、洪泽湖大堤、总督漕运公署遗址）被正式列入世界文化遗产名录。

里运河文化长廊，包含世界文化遗产、中国大运河的两处遗产点（清口枢纽、清江大闸）和一处遗产河道（淮扬运河淮安段）。以提升淮安市作为苏北重要中心城市品质为导向，以创建国家5A级旅游景区为抓手，通过理水、营城、聚人、兴文四大策略，将里运河文化长廊打造成集高端论坛、文化旅游、生态养生、商务休闲以及特色主题乐园多功能于一体的“运河文化国际交流经典空间”。

文化长廊由“起”“承”“转”“和”四大板块构成：“起”板块为清江浦文化商业休闲区，主要由淮安市政府、清浦区政府、清河区政府负责建设；“承”“转”板块为“中国·淮安世界运河文化旅游区”；“和”板块为河下萧湖古城文化旅游区，由淮安区政府负责建设。

运河长廊分六大主题区。“黄金水岸”段包括淮扬美食街、世界风情美食街、各种会馆、运河文化博物馆等；“十里金粉”段包括茶楼、绣楼、戏园、棋馆、染坊，以及运河庙会、街头表演等；“水舞间”段引进澳门《水舞间》特技表演；“田园水乡”段是以七彩花田为背景的婚庆婚宴基地；“运河春天”段包括酒吧、咖啡馆、书吧；“榷关怀古”段包括淮安榷关体验园、漕运码头、天下粮仓博物馆、漕船制造体验馆、文化大讲堂等。

大运河“百里画廊”，东起洪泽湖大堤、蒋坝、洪泽湖南岸、老子山镇至龟山村，沿水域长约125千米。保护以大运河文化为主体的各类历史文化遗产，加强传承与利用，积极推动大运河文化带和大运河国家文化公园建设，依托“城—河—湖”共生关系，塑造特色水域景观空间，彰显淮安江淮水乡人文之美。

大运河百里画廊主要围绕文、水、岸、业、人五个要素，着重打造清口枢纽、洪泽湖大堤、清江大闸、总督漕运公署四个核心展示园，里运河、高家堰两个集中展示带，板闸遗址公园、钵池山公园、周恩来故里景区、淮安水利枢纽工程、老子山镇、龟山御码头遗址六个关键点，形成“四园两带六点”点、线、面三维架构，创作一幅水清岸绿、景美蕴深、古今辉映的美丽画卷。

一是彰显水韵人文之美——古今辉映的运河人文画廊。保护以大运河文化为主体的各类历史文化遗产，加强传承与利用，积极推动大运河文化带和大运河国家文化公园建设，依托“城—河—湖”共生关系，塑造特色水域景观空间，彰显淮安江淮水乡人文之美。二是凸显自然生态之美——蓝绿交织的运河生态画廊。以沿线生态资源保护及生态修复为目标，构建连续贯通的蓝绿生态网络体系，将城乡环境中多样生态基质、廊道、斑块连接成网络，优化生态格局和维护生物多样性，开展生态修复，加强水源涵养，实施环境污染综合治理。三是深化绿色发展之美——转型升级的运河富民画廊。加快形成绿色发展方式，大力发展生态经济和绿色产业，构建特色鲜明的绿色农业产业体系，发展高效精细农业和都市农业；鼓励产能置换、智能改造，推动制造业转型升级，利用沿线文化生态旅游资源，建设西部旅游廊道。四是营造城乡宜居之美——美好幸福的运河宜居画廊。以人民为中心，推进中心城区城市更新，引导沿线小城镇多元特色发展，全面实施乡村振兴战略，推动城乡区域协调发展，提升城乡人居环境品质，构建串联城乡的绿色交通网络，深入推进美丽宜居城市和美丽田园乡村建设。

参考3：生态环境保护修复（山东济宁）

济宁市位于山东省西南部，历史文化悠久，是东夷文化、华夏文明、儒家文化、水浒文化、运河文化的重要发祥地之一，全长约1800千米的京杭大运河，济宁恰置全河的中段，水系十分丰富。素有“运河之都”美誉的山东济宁，承载着中国古代内陆航运发展的兴衰，京杭大运河济宁段，“南控江淮、北接北京”。元明清三代都把济宁作为治运司运中心，派设最高治运司运机构和相应的军事机构常驻济宁。

南阳古镇位于微山县西北部，古老的京杭大运河穿岛而过，明清时期布满密密麻麻的商埠，是当时的重要交通要塞，曾吸引无数商贾名门，乾隆皇帝也曾多次驻跸。

南阳古镇在2200年的城镇发展中，通过运河的文化交流以及当地人以渔业为生的生存习惯，形成了自身独具特色的民俗传统，这些民俗传统映射着南阳古镇的文化特色。其中与运河相关的民俗传统有清代皇帝下榻的掌故、祭拜水神龙王的仪式活动等，关于渔业的有做船的工序、手工艺品、水生植物的编制，还有具有地方特色的庙会、集市与一些戏曲活动。

古镇历史悠久，不仅有仍能通航的古运河，还有众多保存完好的历史遗迹，如胡记钱庄、清真寺、康乾别苑、新河神庙、土地庙等历史遗迹数十处。利建闸是南阳新河上九座闸门之一，呈八字形，由大块条石砌成，用于运河汛期排水，南四湖形成后，又用来调节湖水水位，20世纪初随会通河微山段的停运而荒废。现作为“中国大运河”的构成点段之一被世界遗产委员会列入世界遗产名录，其蕴含的浓厚的明清时期漕运文化底蕴，依旧深刻展现在世人面前。

“运河记忆”历史文化街区位于济宁市古运河沿岸，周边文化资源丰富，涵盖全国重点文物保护单位东大寺，省级文物保护单位太白楼、天井闸，以及老运河原生古迹、古街、古树等空间节点，总面积约11平方千米，水域面积约3.2公顷。

济宁“运河记忆”文化街区旅游项目主要包括大闸口南岸商业步行街以及老运河水上游览项目的开发。商业步行街北临老运河，东起清平桥，西至南门桥，项目周边涵盖3条街道及竹竿巷、清真寺等多处历史名迹及运河城、秀水城、贵和、银座等大型商业综合体，形成“一河两岸、三街六巷、四馆五点”的生动景象。项目实行运河日间和夜间旅游“双线路”运行模式。河里有船，船有画舫船和摇橹船，船上有歌，唱起清脆悦耳的天籁之音，带你一同到梦里水乡；夜间灯光秀，再现运河昔日繁华。“运河记忆”为济宁市区最为繁华的地带，是集旅游、观光、休闲、娱乐于一身的综合性文旅景区，是城市休闲的目的地和“济宁运河之都”的文化会客厅。

参考4：生态环境修复（北京通州）

大运河通州森林公园位于北京市通州区通州新城北运河两侧，北起六环路潞阳桥、南至武窑桥，河道全长约8.6千米，左堤长8191米，右堤长3639米，总建设面积713公顷（约10700亩）。

公园水面面积约2500亩，绿化面积约8200亩，为国家4A级旅游景区、世界文化遗产中国大运河（包含隋唐大运河、京杭大运河、浙东大运河、元朝大运河等组成）的一部分、第九批北京市文物保护单位，构建了“一河、两岸、六园、十八景”（表3.13）。2021年12月24日，大运河森林公园被确定为北京首批市级党员教育培训现场教学点之一。2014年大运河森林公园绿岛乐园建成开放。

一河、两岸：一河，是以北运河为中心展开规划，结合旅游观光的需要，沿岸建有5个功能各异的码头，作为水上游览的停靠地，便于游人上岸观赏；两岸堤路，是兼具交通、安全、景观、导游的作用集合体。8~10千米的路程上，有起伏，有变化，有景致。

表3.13 大运河森林公园景区

六大景区	高台平林景区、明镜移舟景区、丛林活力景区、银风秋实景区、月岛闻莺景区、路河桃柳景区
十八景	桃柳映岸、榆桥春色、茶棚话夕、皇木古渡、长虹花雨、月岛画境、湿地蛙声、半山人家、银枫秋实、枫林茗香、大棚囤贮、风行芦荡、丛林欢歌、双锦天成、明镜移舟、平林烟树、枣红若涂、高台浩渺

生态综合治理，北京通州推进“河道、水源”“闸、桥梁”“古遗址、古建筑”3类大运河物质文化遗产与周边环境风貌、文化生态的整体性保护，打造文化保护传承与创新的典范。重点是规划建设大运河源头遗址公园，加快推进通州古城核心区、张家湾古镇等文物保护修缮，建设路县故城考古遗址公园。修复大运河生态环境，建设观水、近水的滨水休闲空间，整体打造水城共生、人水和谐的大运河生态文化景观长廊。在沿线传统生活生产区域内逐步疏导不符合保护建设要求的设施、项目等，促进环境和整体风貌提升。

北京通州的文旅传承，要加快创建大运河国家5A级旅游景区。推进游客中心、大运河文化沉浸式体验、北运河非遗传习所等重大文旅项目建设。建设集水幕观影、灯光秀等于一体的运河城市观景平台，按照国家5A级景区标准完善北运河智慧化旅游基础设施和公共服务设施，推动建设文化旅游商业休闲走廊，打造集展示、休闲、创意、度假、体验、购物于一体的大运河国家5A级旅游景区。

国家文旅商融合发展示范区初步建成。围绕环球主题公园建设运营，打造北京文化旅游新地标，突出城市副中心特色，强化重点产业领域政策创新，完善功能配套，延伸产业链条。

将在张家湾、台湖、宋庄三个特色小镇建设与运河文化相关的文化旅游综合体。围绕张家湾镇运河文化艺术中心、张家湾遗址公园等重大文化旅游项目建设，深入挖掘漕运文化，研究恢复古城墙、古集市，建设漕运客栈、演艺茶楼等住宿餐饮设施，配套建设24小时城市书房、康体运动中心、休闲娱乐中心等现代化、时尚化公共服务设施。

北运河通州段全线旅游通航：2021年6月26日，北运河通州段全线旅游通航，折子工程40项重点任务中的关键一项已顺利完成。市民可乘坐游船开启全新的水上游览线路，饱览运河旖旎风光。北运河廊坊段也同时通航，推进北京段和廊坊段大运河游船通航，既是大运河文化带的保护传承利用的重要内容，也是建设蓝绿交织、清新明亮、水城共融城市副中心的重要支撑，更是推进京津冀协同发展的重要载体。北京河道要实现由“水岸割裂”向“水城共融”转变，由“单一功能”向“复合功能”转变，为将北京河道打造为传承古都历史文脉的文化魅力之河，还将推动滨水文化探访路径建设，大运河未来部分河段可实现通航，将打造水上文化探访路线。

运河的文化符号，孕育出丰富的非遗资源，闪耀在人们当下的文化生活里。文物腾退、文保修复、文化设施、生态建设以及历史风貌恢复等工作全力推进，北京正努力走出一条特色的传承弘扬运河文化之路。

“三庙一塔”因运河而兴，南来北往不同信仰的船工舟客或是为了祈求功名，或是为了保佑出航顺利，聚集于此形成了这三教并存的恢宏景象。整合“三庙一塔”景区、运河公园、大运河森林公园等运河沿岸文化旅游资源，有完善的旅游基础设施和公共服务设施，体验性、互动性的特色文化增值服务，打造集休闲、度假、体验、购物于一体的5A级大运河景区。目前，“三庙一塔”景区文物修整已经完工，周边环境整治提升工程也对北关大道以南区域进行了绿化美化和景观布置等。

参考5：厚重的历史成为经济社会发展的新引擎（河南开封）

开封成为古代的都城，在很大程度上得益于良好的水环境，是一座典型的因水而兴的城市。“大运河发展是百年大计，随着文化遗产保护传承利用工程、河道水系治理工程、生态环境保护修复工程、旅游精品工程等25项重点工程的实施，为大运河（开封段）的文化建设注入了新的活力，一大批‘大运河文化带’建设项目在美丽‘菊城’遍地开花。”开封受惠于大运河的灌溉，文物遗存丰富，城市格局悠久，古城风貌浓郁，北方水城独特。

北宋画家张择端的《清明上河图》，描绘了北宋末年都城开封的城市景观。“人口逾百万，富丽甲天下”，是当时全国的政治、经济、文化中心和国际性大都会，孕育了影响深远的“宋文化”，留给开封“汴京富丽天下无”的辉煌和“开封城，城摞城，城下埋着几座城”的沧桑。这幅画全长525厘米，其中汴河就占了240厘米。画面中，汴河上停泊着很多船只，据统计共有28艘，其中大部分是运粮船，这个画面使我们仿佛看到了当年汴河繁忙的水运情景。从《清明上河图》看开封因运河而成全球第一兴盛城市，大运河（开封段）的历史可追溯至公元前361年魏惠王开凿的鸿沟水系，历经汉魏汴渠、隋唐通济渠、北宋汴河等历史时期，是隋唐大运河通济渠的重要组成部分。开封已发现汴河故道全长约80千米，由于数遭战乱和水患，大部分深埋地下达7至9米，但仍有10多千米故道与今天的惠济河重合。

文化印记的传承：开封文物遗存丰富、城市格局悠久、古城风貌浓郁、北方水城独特，在大运河保护传承利用中占据重要地位。

通过开封大运河的建设，合理利用和传承运河文化，使传统与现代文化交相辉映，使运河的根魂文化在新时代得以切实彰显与传承。通过价值的阐释与文化体系的构建，致力于提升开封大运河的国际影响力，彰显运河文化所蕴含的精神内涵与时代价值。

开封古城墙是开封古城的重要象征之一，始建于唐朝，形成于宋朝，止建于清朝。它全长14.4千米，是中国现存仅次于南京城墙的第二大古代城垣建筑，历经多次战乱和黄河泛滥，如今的城墙之下叠压着5层古城墙。古城墙展示着开封人民的勤劳智慧和不屈不挠精神，见证了八个朝代的都城繁华和更迭，见证了新中国成立70多年来的巨大变化和辉煌历史。

开封城墙以“文化+”为抓手，将厚重的文化历史生动地展现出来，让沉睡近千年的古城墙“活”起来，真正做到“让文物活起来，让遗产靓起来”，以既雄伟庄重又新颖的形象走进人们的现实生活，成为古都开封新的靓丽风景线。开封在城墙沿线建成了长约10千米的环城墙绿地公园，为市民提供了既静享文化成果又美化日常生活的休闲文化广场，使文物资源保护工程成为实实在在的惠民工程。在城墙上，游客还可以体验到沉浸式的旅游方式，这是开封城墙打造的AR增强现实导览互动系统，集合景区导游、定位、信息讲解、路线引导、游戏娱乐等功能，通过内置故事线及人物IP的引导，以趣味互动体验的形式带领游客了解宋朝武备知识及开封城墙故事。

第四章
长征国家文化公园建设

一、长征国家文化公园建设的价值与目标

（一）红军长征

红军长征是指中国工农红军1934年10月—1936年10月由长江南北各苏区向陕甘苏区的战略转移。

红军长征的那个年代，中国正处于半殖民地半封建社会的黑暗境地，社会危机四伏，日寇野蛮侵略，国民党反动派置民族危亡于不顾，向革命根据地连续发动大规模“围剿”，中国共产党和红军到了危急关头，中国革命到了危急关头，中华民族到了危急关头。面对生死存亡的严峻考验，从1934年10月至1936年10月，红军第一、第二、第四方面军和第二十五军进行了伟大的长征。长征是人类历史上罕见的千难万险的远征，它跨越中国十五个省（区、市），转战面积之广历史少有；它攀越40多座高山险峰，其中海拔4000米以上的雪山就有20余座；它跨越近百条江河，有多条以汹涌险峻而闻名的峡谷大江；它走过世界上海拔最高的广袤湿地，走过被称为“死亡陷阱”的茫茫草原。严酷恶劣的自然环境还仅仅是困难之一，更为艰难的是中国工农红军始终在数倍于自己的敌人围追堵截之中，长征路上英勇的红军将士同敌人进行了600余次战役战斗。中国共产党领导红军，

以非凡的智慧和大无畏的英雄气概，战胜千难万险，付出巨大牺牲，胜利完成震撼世界、彪炳史册的长征，宣告国民党反动派消灭中国共产党和红军的图谋彻底失败，宣告中国共产党和红军肩负着民族危亡胜利实现北上抗日的战略转移，实现中国共产党和中国革命事业从挫折走向胜利的伟大转折，开启中国共产党为实现民族独立、人民解放而斗争的新的伟大进军。

（二）红军长征的伟大意义

1. 1935年12月，毛泽东同志在陕北瓦窑堡党的活动分子会议上的报告，全面系统论述了长征的伟大意义

讲到长征，请问有什么意义呢？我们说，长征是历史纪录上的第一次，长征是宣言书，长征是宣传队，长征是播种机。自从盘古开天地，三皇五帝到于今，历史上曾经有过我们这样的长征吗？十二个月光阴中间，天上每日几十架飞机侦察轰炸，地下几十万大军围追堵截，路上遇着了说不尽的艰难险阻，我们却开动了每人的两只脚，长驱二万余里，纵横十一个省。请问历史上曾有过我们这样的长征吗？没有，从来没有的。长征又是宣言书。它向全世界宣告，红军是英雄好汉，帝国主义者和他们的走狗蒋介石等辈则是完全无用的。长征宣告了帝国主义和蒋介石围追堵截的破产。长征又是宣传队。它向十一个省内大约两万万人民宣布，只有红军的道路，才是解放他们的道路。不因此一举，那么广大的民众怎会如此迅速地知道还有红军这样一篇大道理呢？长征又是播种机。它散布了许多种子在十一个省内，发芽、长叶、开花、结果，将来是会有收获的。总而言之，长征是以我们胜利、敌人失败的结果而告结束。谁使长征胜利的呢？是共产党。没有共产党，这样的长征是不可能设想的。中国共产党，它的领导机关，它的干部，它的党员，是不怕任何艰难困苦的。谁怀疑我们领导革命战争的能力，谁就会陷进机会主义的泥坑里去。长征一完结，新局面就开始。

2. 2016年10月，习近平总书记在《纪念红军长征胜利八十周年大会上的讲话》中，全面系统论述了我们这个时代对长征伟大意义的认识

穿越历史的沧桑巨变，回望八十年前那段苦难和辉煌，我们更加深刻地认识到，长征在我们党、国家、军队发展史上具有十分伟大的意义，对中华民族历史进程具有十分深远的影响。

——长征是一次理想信念的伟大远征。崇高的理想，坚定的信念，永远是中国共产党的政治灵魂。中国共产党从成立之日起，就把共产主义确立为远大理想，始终团结带领中国人民朝着这个伟大理想前行。党和红军几经挫折而不断奋起，历尽苦难而淬火成钢，归根到底在于心中的远大理想和革命信念始终坚定执着，始终闪耀着火热的光芒。长征的胜利，是中国共产党人理想的胜利，是中国共产党人信念的胜利。“风雨浸衣骨更硬，野菜充饥志越坚；官兵一致同甘苦，革命理想高于天。”长征的胜利，靠的是红军将士压倒一切敌人而不被任何敌人所压倒、征服一切困难而不被任何困难所征服的英雄气概和革命精神。

——长征是一次检验真理的伟大远征。真理只有在实践中才能得到检验，真理只有在实践中才能得到确立。长征途中，红军面临着凶恶残暴的追兵阻敌，面临着恶劣的自然环境，还面临着党内错误思想的激烈斗争。经过长征，党和红军不是弱了，而是更强了，因为我们党找到了中国革命的正确道路，找到了指引这条道路的正确理论。长征途中，党中央召开了遵义会议，确立了毛泽东同志在红军和党中央的领导地位，开始确立了以毛泽东同志为主要代表的马克思主义正确路线在党中央的领导地位，开始形成以毛泽东同志为核心的党的第一代中央领导集体，这是我们党和革命事业转危为安、不断打开新局面最重要的保证。遵义会议是我们党历史上一个生死攸关的转折点。长征的胜利，使我们党进一步认识到，只有把马克思列宁主义基本原理同中国革命具体实际结合起来，独立自主解决中国革命的重大问题，才能把革命事业引向胜利。长征的胜利，实现了在追求真理、坚持真理的基础上全党的空前团结、红军的空前团结。

——长征是一次唤醒民众的伟大远征。红军打胜仗，人民是靠山。长征是历史纪录上的第一次，长征是宣言书，长征是宣传队，长征是播种机。面对正义和邪恶两种力量的交锋、光明和黑暗两种前途的抉择，我们党始终植根于人民，联系群众、宣传群众、武装群众、团结群众、依靠群众，以自己的模范行动，赢得人民群众真心拥护和支持，广大人民群众是长征胜利的力量源泉。广大人民群众深刻认识到，中国共产党是为人民谋利益的党，红军是人民的军队、真正抗日的力量，中国共产党指引的道路是人民群众翻身得解放的正确道路。长征的胜利，充分展示了中国共产党性质和宗旨的力量，充分说明了中国共产党必须在人民中间生根开花，必须紧紧依靠人民来克服困难、赢得胜利。

——长征是一次开创新局的伟大远征。长征的胜利，是方向和道路的胜利。长征的过程，不仅是战胜敌人、赢得胜利、实现战略目标的过程，而且是联系实际、创新理论、探索革命道路的过程。长征出发前，由于党内“左”倾教条主义的错误领导，中央革命根据地第五次反“围剿”失败，其他根据地也遭受挫折，中国革命面临着方向和道路的抉择。面对乱云飞渡、惊涛骇浪，我们党表现出无所畏惧的伟大实践精神，表现出浴火重生的伟大创造精神，在血与火中趟出了一条走向新生、走向胜利的革命道路。长征途中，我们党通过艰苦卓绝的实践探索，成功把解决生存危机同拯救民族危亡联系在一起，把长征的大方向同建立抗日前进阵地联系在一起，实现了国内革命战争向抗日民族战争的转变，为夺取中国人民抗日战争胜利、进而夺取新民主主义革命胜利打下了坚实基础。长征的胜利，不仅保存了革命力量，而且使我们党找到了中国革命力量生存发展新的落脚点，找到了中国革命事业胜利前进新的出发点。从长征的终点出发，我们党领导中国人民展开了中国革命波澜壮阔的新画卷。

（三）弘扬伟大长征精神

1.伟大长征精神，就是把全国人民和中华民族的根本利益看得高于一切，坚定革命的理想和信念，坚信正义事业必然胜利的精神；就是为了救国救民，不怕任何艰难险阻，不惜付出一切牺牲的精神；就是坚持独立自主、实事求是，一切从实际出发的精神；就是顾全大局、严守纪律、紧密团结的精神；就是紧紧依靠人民群众，同人民群众生死相依、患难与共、艰苦奋斗的精神。

2.弘扬伟大长征精神。历史是不断向前的，要达到理想的彼岸，就要沿着我们确定的道路不断前进。每一代人有每一代人的长征路，每一代人都要走好自己的长征路。今天，我们这一代人的长征，就是要实现“两个一百年”奋斗目标，实现中华民族伟大复兴的中国梦。

弘扬伟大长征精神，走好今天的长征路，必须坚定共产主义远大理想和中国特色社会主义共同理想，为崇高理想信念而矢志奋斗。长征胜利启示我们：心中有信仰，脚下有力量；没有牢不可破的理想信念，没有崇高理想信念的有力支撑，要取得长征胜利是不可想象的。在新的长征路上，我们一定要保持理想信念坚定，不论时代如何变化，不论条件如何变化，都风雨如磐不动摇，自觉做共产主义远大理想和中国特色社会主义共同理想的坚定信仰者、忠实实践者，永远为了真理而斗争，永远为了理想而斗争。

弘扬伟大长征精神，走好今天的长征路，必须坚定中国特色社会主义道路自信、理论自信、制度自信、文化自信，为夺取中国特色社会主义伟大事业新胜利而矢志奋斗。长征胜利启示我们：只有掌握科学理论才能把握正确前进方向；只有立足实际、独立自主开辟前进道路，才能不断走向胜利。长征给我们的根本经验和启示，就是要坚持马克思主义基本原理同中国具体实际相结合，坚定不移走符合中国国情的革命、建设、改革道路。在新的长征路上，我们要坚信，中国特色社会主义道路是实现社会主义现代化的必由之路，是指引中国人民创造自己美好生活的必由之路。中国特色社会主义理论体系是指导党和人民沿着中国特色社会主义道路实现中华民族伟大复兴的正确理论，是立于时代前沿、与时俱进的科学理论。中国特色社会主义制度是当代中国发展进步的根本制度保障，是具有鲜明中国特色、明显制度优势、强大自我完善能力的先进制度。中国特色社会主义文化积淀着中华民族最深层的精神追求，代表着中华民族独特的精神标识，是中国人民胜利前行的强大精神力量。

弘扬伟大长征精神，走好今天的长征路，必须把人民放在心中最高位置，坚持一切为了人民、一切依靠人民，为人民过上更加美好生活而矢志奋斗。长征胜利启示我们：人民群众有着无尽的智慧和力量，只有始终相信人民，紧紧依靠人民，充分调动广大人民的积极性、主动性、创造性，才能凝聚起众志成城的磅礴之力。同人民风雨同舟、血脉相通、生死与共，是中国共产党和红军取得长征胜利的根本保证，也是我们战胜一切困难和风险的根本保证。在新的长征路上，全党必须牢记，为什么人、靠什么人的问题，是检验一个政党、一个政权性质的试金石。我们要始终把人民立场作为根本政治立场，把人民利益摆在至高无上的地位，不断把为人民造福事业推向前进。我们要凝聚起全体人民的智慧和力量，激发出全社会的创造活力和发展动力，让全体中华儿女万众一心、团结奋斗迸发出来的磅礴力量成为实现中华民族伟大复兴的强大动力。

弘扬伟大长征精神，走好今天的长征路，必须把握方向、统揽大局、统筹全局，为实现我们的总任务、总布局、总目标而矢志奋斗。长征胜利启示我们：一个党要立于不败之地，必须立于时代潮头，紧扣新的历史特点，科学谋划全局，牢牢把握战略主动，坚定不移实现我们的战略目标。长征走的是高山峻岭，渡的是大河险滩，过的是草地荒原，但每一个行程、每一次突围、每一次战斗都从战略全局出发，既赢得了战争胜利，也赢得了战略主动。在新长征路上，我们要立足世情国情党情，统筹国内国际两个大局，统筹党和国家事业发展全局，协调推进各项事业发展，抓住战略重点，实现关键突破，赢得战略主动，防范系统性风险，避免颠覆性危机，维护好发展全局。

弘扬伟大长征精神，走好今天的长征路，必须建设同我国国际地位相称、同国家安全和发展利益相适应的巩固国防和强大军队，为维护国家安全和世界和平而矢志奋斗。长征胜利启示我们：人民军队是革命的依托、民族的希望，党对军队绝对领导是人民军队赢得胜利的根本保证。长征锻炼了人民军队，长征磨炼了人民军队，长征成就了人民军队，长征开启了人民军队发展的新起点。长征是人民军队的光荣，光荣的人民军队必须永远继承红军长征的伟大精神和优良作风。在新的长征路上，我们要坚持以党在新形势下的强军目标为引领，深入贯彻新形势下军事战略方针，努力建设世界一流军队。

弘扬伟大长征精神，走好今天的长征路，必须加强党的领导，坚持全面从严治党，为推进党的建设新的伟大工程而矢志奋斗。长征胜利启示我们：党的领导是党和人民事业成功的根本保证。毛泽东同志指出："谁使长征胜利的呢？是共产党。没有共产党，这样的长征是不可能设想的。中国共产党，它的领导机关，它的干部，它的党员，是不怕任何艰难困苦的。"中国共产党的领导，是中国革命、建设、改革不断取得胜利最根本的保证，是中国特色社会主义最本质的特征，也是中国特色社会主义的最大优势，必须毫不动摇坚持和完善。在新的长征路上，全党同志都要自觉坚持和维护党的领导，自觉站在党和人民立场上，对党忠诚、为党分忧、为党担责、为党尽责，竭尽全力完成党交给的职责和任务，通过全党共同努力，使我们党永远同人民在一起、永远走在时代前列。

3.长征这一人类历史上的伟大壮举，留给我们最可宝贵的精神财富，就是中国共产党和红军将士用生命和热血铸就的伟大长征精神。伟大长征精神，是中国共产党及其领导的人民军队革命风范的生动反映，是中华民族自强不息的民族品格的集中展示，是以爱国主义为核心的民族精神的最高体现。习近平总书记强调："弘扬伟大长征精神，走好今天的长征路，是新的时代条件下我们面临的一个重大课题。伟大长征精神，是党和人民付出巨大代价、进行伟大斗争获得的宝贵精神财富，我们世世代代都要牢记伟大长征精神、学习伟大长征精神、弘扬伟大长征精神，使之成为我们党、我们国家、我们人民、我们军队、我们民族不断走向未来的强大精神动力。"

（四）建设长征国家文化公园的价值

1.建设长征国家文化公园是弘扬伟大长征精神、坚定文化自信的重大举措

红军长征是人类历史上的伟大壮举，是20世纪最能影响世界前途的重要事件之一。长征历时之长、规模之大、行程之远、环境之险恶、战斗之惨烈，在中国历史上是绝无仅有的，在世界战争史乃至人类文明史上也是极为罕见的。它是中国共产党和中国工农红军充满理想和献身精神，用意志和勇气谱写的人类史诗。红军将士用生命和热血铸就的伟大长征精神，具有穿越时空、跨越民族的强大感召力。人无精神则不立，国无精神则不强。精神是一个民族赖以长久生存的灵魂，唯有精神上达到一定的高度，这个民族才能在历史的洪流中屹立不倒、奋勇前进。习近平总书记指出："伟大长征精神，作为中国共产党红色基因和精神族谱的重要组成部分，已经深深融入中华民族的血脉和灵魂，成为社会主义核心价值观的丰富滋养，成为鼓舞和激励中国人民不断攻坚克难、从胜利走向胜利的强大精神动力。"

红军长征在两年多的行进过程中留下丰富遗址遗迹，据2009—2012年全国党史部门统计开展的"全国革命遗址普查"工作，普查登记的革命遗址遗迹近5万多处，长征遗址遗迹约占五分之一，多以重要事件发生地、重要会议召开地、重大战役战斗遗址、党和红军领导人旧（行）居、红军烈士墓（陵园）等形式构成。这些数量庞大、类型丰富的长征文物和文化资源，见证长征历史、展现长征文化、承载长征精神，是弘扬革命传统和革命文化、加强社会主义精神文明建设、激发爱国热情、振奋民族精神的鲜活载体。通过长征国家文化公园建设，整合长征沿线具有突出意义、重要影响、重大主题的文物和文化资源，对于充分用好红色资源、发扬红色传统、传承红色基因，具有重大而深远的意义。

以习近平同志为核心的党中央高度重视长征国家文化公园建设。2019年，习近平总书记主持召开中央深改委第九次会议，审议通过《长城、大

运河、长征国家文化公园建设方案》，明确要求谋划建设长征等国家文化公园。习近平总书记还先后到贵州遵义、宁夏西吉、江西于都、湖南汝城、广西全州等长征沿线重要点段考察，对做好历史文化和革命文化遗址遗存保护、传承，以及革命精神弘扬工作做出重要指示。建设长征国家文化公园是将长征的历史资源和精神脉络，以国家文化公园的形态标示出来，开展全面系统的传承保护、建设弘扬、创造转化，是以习近平同志为核心的党中央对中国文化整体格局、价值建设、推动共享提出的非凡战略构想，必将使我国的文化发展开新局、出新境。建设长征国家文化公园，就是要建立起完善的长征文化保护利用长效机制，就是要充分利用好长征文化资源以弘扬长征精神，进而激发全国各族人民团结奋进，为实现中华民族伟大复兴而奋斗。这是关乎建设社会主义核心价值体系的文化工程，也是关乎提高人民物质生活水平的民心工程和富民工程。新时代是中华民族伟大复兴的时代，是开启全面建设中国特色社会主义现代化国家的时代，在这一历史节点，以国家文化公园来命名、规划、建设、推进和弘扬长征精神，正当其时，彰显了新时代我们党高度的文化自觉和文化自信。

2. 建设长征国家文化公园是2035年建成社会主义文化强国的重大文化工程

党的十九届五中全会通过的《中共中央关于制定国民经济和社会发展第十四个五年规划和二〇三五年远景目标的建议》，明确提出到2035年建成文化强国的目标。这是以习近平同志为核心的党中央基于历史和现实、着眼全局和长远做出的战略决策，标志着我国文化建设在“两个一百年”奋斗目标接续推进中进入了一个新的历史阶段。文化兴国运兴，文化强民族强。建设社会主义文化强国是我们党带领人民长期奋斗追求的重要目标，是全面建设社会主义现代化国家的战略任务，是实现中华民族伟大复兴的基础支撑，是推动构建人类命运共同体的必然要求。实现中华民族从站起来、富起来到强起来的伟大飞跃，必然伴随着中华文化大发展大繁荣，必然召唤着建设社会主义文化强国。

建设文化强国，必须要提高社会文明程度，推动形成适应新时代要求的思想观念、精神风貌、文明风尚、行为规范，加强爱国主义、集体主义、社会主义教育，弘扬党和人民在各个历史时期奋斗中形成的伟大精神。特别是弘扬伟大长征精神；必须要提升公共文化服务水平，全面繁荣新闻出版、广播影视、文学艺术、哲学社会科学事业，加强国家重大文化设施和文化项目建设。特别是建设长征等国家文化公园；必须要健全现代文化产业体系，坚持把社会效益放在首位、社会效益和经济效益相统一，深化文化体制改革，完善文化产业规划和政策，加强文化市场体系建设，扩大优质文化产品供给。

2019年12月5日，中共中央办公厅、国务院办公厅印发《长城、大运河、长征国家文化公园建设方案》；2020年10月29日，中国共产党十九届五中全会通过《中共中央关于制定国民经济和社会发展第十四个五年规划和二〇三五年远景目标的建议》，提出建设长城、大运河、长征、黄河等国家文化公园；2021年8月8日，为深入学习贯彻习近平总书记关于国家文化公园建设的重要指示精神，加快推进国家文化公园建设，国家文化公园建设工作领导小组印发《长城国家文化公园建设保护规划》《大运河国家文化公园建设保护规划》《长征国家文化公园建设保护规划》（以下简称《规划》）。

长征国家文化公园建设，整合了具有突出意义、重要影响、重大主题的文物和文化资源，实施公园化管理运营，实现保护传承利用、文化教育、公共服务、旅游观光、休闲娱乐、科学研究功能，形成具有特定开放空间的公共文化载体，集中打造了革命文化重要标志。长征国家文化公园以国家利益为主导，坚持国家所有，具有国家象征，代表国家形象，彰显中华文明，具备资源保护、全民公益、国家代表等特点。

长征国家文化公园建设，要以习近平新时代中国特色社会主义思想为指导，增强“四个意识”、坚定“四个自信”、做到“两个维护”，紧紧围绕统筹推进“五位一体”总体布局和协调推进“四个全面”战略布局，深入学习贯彻习近平总书记在纪念红军长征胜利80周年大会上的讲话等重要讲话精神，以开展爱国主义教育、培育社会主义核心价值观为根本，以弘扬长征精神、传承红色基因为核心，以长征沿线一系列主题明确、内涵清晰、影响突出的长征文物和文化资源为主干，生动呈现长征文化的独特创造、价值理念和鲜明特色，促进科学保护、世代传承、合理利用，积极拓展思路、创新方法、完善机制，进一步彰显革命文化的强大感召力，做大做强中华文化的重要标志。

长征国家公园建设以保护好长征文物、讲好长征故事、传承好长征精神、利用好长征资源、带动好长征沿线发展为总体建设目标。长征国家文化公园的建设和保护工作具体分为三个阶段：一是到2021年，建设保护管理机制初步建立，规划部署的重点任务、重大工程、重要项目全面推进，启动一批建党百年标志性项目；二是到2023年，长征文物和文化资源保护传承利用愈加同现代社会发展相适应、同人们生产生活相协调，统筹协调推进局面初步形成，权责明确、运营高效、监督规范的管理模式初具雏形，长征国家文化公园功能更完备、形象更鲜明、品牌更知名；三是到2035年，全面形成体现国家意志、反映国家水准、代表国家形象、享有国际美誉的长征国家文化公园保护展示传承体系，成为新时代文物和文化资源保护传承利用中国方案的典范，强力助推社会主义文化强国建设。

3.建设长征国家文化公园是推动长征沿线地区高质量发展的重要举措

长征国家文化公园建设，能促进长征线路革命老区扶贫攻坚和乡村振兴发展，为公众提供了解长征历史、感受长征精神、接受红色教育以及作为国民福利的游憩机会。长征线路沿线曾是农村连片贫困区。红军长征沿线两翼地区曾有7处连片贫困区域，分别是六盘山区、秦巴山区、武陵山区、乌蒙山区、滇桂黔石漠化地区、罗霄山区和四川藏区，这些贫困区受山区与生态脆弱环境特点制约，自然灾害频繁、农村人口比重高，贫困人口对山地自然资源的依赖程度高，遇灾害即返贫，脱贫人口返贫问题严重，持续发展能力低。

国家及政府高度重视革命老区的发展，通过建设长征国家文化公园，带动沿线老区地区经济发展，以人流引来信息流、资金流等现代经济发展元素，促进老区产业结构的调整及产品体系的丰富多元化，打破闭塞环境，盘活市场经济，实现乡村振兴。

长征国家文化公园建设，将极大促进相关区域的生态文明建设。红军长征所经过的区域，生态系统脆弱、地貌单元类型多，且多为自然地理分界线、山区平原过渡带以及主要水系的分水岭，承载着极为重要的水源涵养功能，如苗岭是长江水系与珠江水系的分水岭，大娄山是贵州高原与四川盆地的自然界限、乌江水系与赤水河水系的分水岭，乌蒙山是金沙江与北盘江的分水岭，邛崃山是青藏高原与四川盆地的地理界限与农业界限、岷江与大渡河的分水岭，大雪山是雅砻江和大渡河的分水岭。长征国家文化公园的开发建设，将有效解决管理碎片化、职责模糊化的问题，打破多头管理、分割管理对资源保护难度的现状，将有利于国家对长征文化进行统一的管理，探索文化遗产保护促进带动自然生态系统保护的新模式，从而实现最大力度的保护。

二、长征国家文化公园建设的主要内容（布局）

长征国家文化公园建设，计划2023年年底基本完成。通过建设长征沿线文物和文化资源保护传承利用协调推进局面初步形成，权责明确、运营高效、监督规范的管理模式初具雏形，形成一批可复制推广的成果经验，为全面推进国家文化公园建设创造良好条件。

（一）建设范围

在建设范围方面，长征国家文化公园主体建设范围原则上包括1934年10月至1936年10月，红一方面军（中央红军）、红二方面军（红二、红六军团）、红四方面军和红二十五军长征途经的地区，涉及福建、江西、河南、湖北、湖南、广东、广西、重庆、四川、贵州、云南、陕西、甘肃、青海、宁夏15个省（区、市），共计72个市（州）381个县（市、区）。相关省（区、市）在尊重历史事实的基础上，可根据本地与长征密切相关的其他红色资源分布情况，在主体建设范围外适当延伸拓展。

（二）空间布局

在空间布局方面，《长征国家文化公园建设保护规划》（以下简称《规划》）根据红军长征历程和行军线路，以红一方面军（中央红军）长征路线为轴，以红二十五军、红四方面军、红二方面军（红二、红六军团）长征路线和三军会师路线为四线，构建了“一轴四线十四篇章”的整体空间框架和叙事体系，在此基础上，提出十五省区段各显特色、四类主体功能区塑造空间、万里红路串千村带动振兴的总体布局要求。

（三）四类主体功能区

国家文化公园根据文物和文化资源的整体布局、禀赋差异及周边人居环境、自然条件、配套设施等情况，结合国土空间规划，重点建设4类主体功能区。

1. 管控保护区：明确由长征文物保护单位保护范围和建设控制地带、新发现发掘长征文物遗存临时保护区组成。在管控保护区内，按照保护第一、传承优先的要求，对长征文物本体及环境实施严格保护和管控，对濒危长征文物实施封闭管理，建成保护第一、传承优先的样板区，形成长征国家文化公园的资源保护基础空间。

2. 主题展示区：包括重点展示园、集中展示带和特色展示点三种形态。重点展示园依托历史意义重大、主题鲜明且交通便利、开放条件较好的国家级长征文物和文化资源及其周边区域形成，作为长征国家文化公园参观游览和文化体验的主体区；集中展示带以重点展示园为基点，汇集形成文化载体密集地带；特色展示点主要依托布局相对分散，但具有特殊历史价值、文化意义或体验价值的长征文物或文化资源进行建设，满足分众化的参观游览体验。《规划》明确了一批重点展示园和集中展示带，在此基础上，各省（区、市）可结合实际情况确定省级层面的展示园、展示带。

3. 文旅融合区：由主题展示区及其周边就近就便和可游可览的历史文化、自然生态、现代文旅优质资源组成，原则上以县（市、区）为基本单元划定，为文化和旅游融合发展、设施优化提升提供空间保障，形成长征国家文化公园的价值延展示范空间。《规划》明确了若干县（市、区）作为长征国家文化公园首批“文旅融合示范区”创建单位。各省（区、市）可结合实际，分批优选符合条件的县（市、区）推进文旅融合区建设。

4. 传统利用区：由长征沿线历史文化名城名镇名村、历史文化街区、传统村落、少数民族特色村寨等组成。重点依托与长征史实关联紧密、基础条件较好的村落、镇和街区，推进红军长征村、长征主题红色小镇、红军街的建设，形成传统利用与红色记忆延续、红色文化活态传承相结合的典范区域。

（四）管理机制和组织保障

为建设好运营好长征国家文化公园，在体制机制建设方面要做到：一是完善管理体制，构建中央统筹、省负总责、分级管理、分段负责的工作格局，加强跨地区跨部门的统筹协调，形成强大工作合力；二是完善政策保障体系，健全相关法律法规，加强规划体系建设，保证重要目标、指标、要求、任务等有效传导、相互耦合；三是加强投融资机制创新，形成社会资本参与的多元化投入机制；四是深化交流机制，进一步加强工作交流、学术交流、国际交流，加强国际传播能力建设，让世界通过长征壮举读懂中国；五是健全标准体系，突出国家标准，推动各地结合实际补短板、强弱项，避免参差不齐甚至出现明显差距。

三、长征国家文化公园建设的主要任务

（一）保护优先，统筹规划，实施六大工程

遗址遗迹、自然生态的破坏，具有不可逆性，在长征文化旅游开发过程中，针对遗址遗迹、自然生态要以保护为主。立足保护，建设长征文化保护体系，健全保护条例，对资源进行等级划分，设立开发标准，多方监督保护开发过程，形成一套完善的保护体系。对长征革命遗址的保护管理要按照统一规划、分级保护、合理利用、属地管理的原则，保证其完整性和文化延续性。对长征革命遗址遗迹的保存情况进行普查，对有价值的长征文物统一进行登记造册、建档立案，明确长征文物保护的主体内容，确定保护的范围，设好保护标志，明确保护的主体单位、责任单位和责任人。

严格落实保护为主、抢救第一、合理利用、加强管理的方针，真实完整保护传承文物和非物质文化遗产。突出活化传承和合理利用，与人民群众精神文化生活深度融合、开放共享。充分发挥地方党委和政府主体作用，围绕文物和文化资源保护传承利用，协调推进目标，聚焦保护传承、研究发掘、环境配套、文旅融合、数字再现等关键领域，系统推进重点基础工程建设。

1.保护传承工程

一是完善并公布长征文物名录，持续加强长征遗址遗迹补充调查、价值评估和定级等工作，进一步夯实保护传承基础；二是实施长征文化线路整体保护工程，建立并推行长征文物和文化资源重大修缮保护清单，加强长征文物的分类保护，建立长征文物和文化资源周边环境风貌保护管控清单，严防不当建设，加强对沿线历史文化名城名镇名村以及纪念设施的保护管理等；三是强化长征文物集中连片保护，推动长征国家文化公园文物保护利用示范县创建；四是提升传承展示及利用水平，创建一批长征主题革命文物保护展示示范基地，建立国防教育示范基地、烈士纪念设施等展

陈提升和改造清单等；五是建设完善线性展馆群，按程序推进相关场馆的新建、改扩建工作，实施一系列展陈提升工程等；六是推进长征历史步道和红军长征村保护建设，大力推动“重走长征路”，创造全程沉浸式的革命文化体验。

2. 研究发掘工程

一是推动成立中国长征学会，推进长征精神系统性研究，深入阐发长征精神与遵义会议精神，以及井冈山精神、延安精神等重要革命精神在沿线区域的传承发展；二是进一步加强对长征文物和文化资源所承载的重大事件、重要人物、重头故事的挖掘，加强口述史的抢救性收集，推出一系列思想艺术水准高的精品出版物，以及组织编纂系列图录图集等；三是组织长征主题文艺创作，拍摄《长征之歌》，推进长征全线航拍等；四是推出“重走长征路”系列文化活动，策划各类特色体育赛事、实景演出、主题展演等；五是就长征文物保护利用、红色教育体系建设、可持续发展和运营模式等内容开展重大课题委托研究，形成研究成果。

3. 环境配套工程

一是构建长征绿色生态廊道，加强沿线自然空间的保护和生态修复；二是推进长征沿线规划铁路、公路、机场、港口码头等的建设，形成综合立体交通快进网络；三是提高主要展示节点通达能力，织补末端交通、打破交通瓶颈；四是提升旅游交通运输服务品质，促推沿线长征铁路专列、长征公路客运专线规划运行等；五是提升基础设施和旅游服务水平，实施重点展示园“七有”工程等；六是建设视觉形象识别系统，线上线下统一使用国家文化公园形象标志，强化长征国家文化公园的整体性和辨识度。

4. 文旅融合工程

一是推动长征主题全国红色旅游经典景区建设提升，推动创建一批长征主题旅游景区、军事旅游示范基地和体育公园等；二是打造全程贯通的红色旅游精品线路，鼓励跨省、跨区域协同联动发展；三是推出一系列契合长征主题特色的复合型文化旅游产品，重点开发长征研学旅游、长征乡村旅游、长征体育旅游、长征自驾和徒步探险游等；四是创建标准化服务体系，加强相关的培训、评选、监管等工作，推动旅游服务品质化、便利化、人性化；五是支持组建长征文旅联盟，培育一批有竞争力的文化和旅游企业，推动整体品牌塑造和营销推介等。

5.数字再现工程

一是加强信息基础设施建设，逐步提升主要展示区域的无线网络和5G网络覆盖度；二是建设长征国家文化公园官网，打造永不落幕的网上展示空间；三是建设长征数字云平台，加强对长征文物和文化资源的数字信息采集等；四是推动长征文物和各类展示场馆实施数字展示工程，加强长征主题智慧博物馆和智慧景区建设；五是持续推进“互联网+长征”系列项目，强化长征国家文化公园传播推广等。

6.教育培训工程

一是依托长征沿线各级党校、行政学院等资源，建设形成长征主题教育培训体系，同时推动开发一批高水准教学资源；二是推动青少年长征精神教育长效化实施，将长征精神教育有机融入学校日常教学活动中；三是加强高素质管理人才队伍建设，根据长征国家文化公园管理工作特点，加强对管理人才综合能力的培养；四是制订专业人才培养计划，强化对讲解员、导游员、红色教育相关教师等专业人才的精准培养；五是发展稳定的志愿者队伍，建立完善社区参与机制等。

（二）文化引领，强化宣传，弘扬长征精神

长征文化公园承担着弘扬和传承长征精神重要的社会教育职能，必须做好宣传传承工作。在加强保护的过程中，注重挖掘长征文化资源的深厚底蕴，坚持社会主义先进文化发展方向，提炼符合新时代精神的文化基因和精神，发展新的红色文化形态，充分体现中华民族伟大创造精神、伟大奋斗精神、伟大团结精神、伟大梦想精神，焕发新时代风采。

1.长征具有世界独一无二的价值，建设长征国家文化公园，要以长征史实为基础，以弘扬长征精神为目的，以长征线路为主要依托，串联长征沿线重要遗址遗迹、民族文化、自然生态等资源，振兴长征线路沿线相对落后区域，真正做到“讲好红色故事，传承红色基因”，将长征国家文化公园建设为具有精神意义的国家文化带、旅游带、纪念带、振兴带。突出问题意识，强化全球视野、中国高度、时代眼光。既着眼长远又立足当前，既尽力而为又量力而行，务求符合基层实际、得到群众认可、经得起时间检验，打造民族性世界性兼容的文化名片。在全国人民熟知的前提下，进一步实现海外传播。

2.把握长征精神要义，要以事明理、以理晓人，强化思想引领，凸显精神的时代价值。要用好红色资源、赓续红色血脉，围绕包括红军长征在内的党在革命、建设、改革各个历史时期的重大事件、重大节点，研究确定一批重要标识地，讲好党的故事、革命的故事、英雄的故事，全方位、多角度宣介伟大长征精神。在精心打造精品景点的同时，开展长征学术研讨、文艺创作、文化会展等活动，推进长征文化的传播力度。了解过去，才能更好地把握现在，走向未来。例如，在湖北郧西县档案馆，由时任红二十五军政治部宣传科科长刘华清亲手刻印的传单《什么是红军》，每年吸引上万人次慕名参观。由一张传单的传奇故事，可以让人们重温湖北厚重的“红色家史”。每一代人有每一代人的长征路，每一代人都要走好自己的长征路。弘扬伟大长征精神，走好新时代长征路，在新长征中纪念长征，用奋斗接续奋斗。

3.精神的传承和弘扬离不开人。要挖掘典型人物和其背后的故事，以情动人，让长征精神的弘扬更具感染力。川陕革命根据地红军烈士陵园69岁的守墓人王建刚曾经讲述红军在巴中的故事。王建刚的父亲，因外出送信，没能跟上离开的大部队，决定留下来为牺牲的战友守墓。跟着父亲来到陵园，王建刚从小便学会了拔除杂草、捡拾枯叶、清扫陵园。“‘父亲说，这里埋葬着我们的大恩人，我们要世世代代感恩他们。’王建刚说，墓碑就像人的形象，需要每天打理，保持干净整洁。”这一番话，感动人心。红军长征突破湘江烈士纪念碑园负责人尹汤怀，从事湘江战役讲解工作已经20多年。每次讲解前，他都会根据来访团体情况下功夫做足功课，不仅充分挖掘历史照片、革命文物背后的故事，还通过情景再现、红歌融入等方式，让参观者身临其境，听后有收获、有启发。“90后”的胡雅馨，爷爷当年也是红军，受伤留在广西全州。作为一名湘江战役的讲解员，她说：“我要讲好红军故事，把红军长征精神一代一代传承下去。”在全州县建安司渡口，59岁的蒋仕发唱起自己编写的红歌：“敌人追击到身旁，无畏红军过大江；天色未亮胜似亮，火光照亮江两岸……”他说，从小就听老一辈讲红军故事，现在，自己也该把这些故事传下去。

（三）制定标准，完善法律，推动可持续发展

构建中央统筹、省负总责、分级管理、分段负责的工作格局。强化顶层设计、跨区域统筹协调，健全工作协同与信息共享机制，在政策、资金等方面为地方创造条件。分省设立管理区，省级党委和政府承担主体责任，加强资源整合和统筹协调，承上启下开展建设。坚持把统一规划作为建设长征国家文化公园的前提。用大遗址保护理念结合国家出台的长征国家文化公园建设方案，把长征国家文化公园建设统筹纳入长征沿线地区经济社会建设的重要内容中，做到高起点科学统筹规划，站在可持续发展的战略高度加以利用，为高标准建设长征国家文化公园打下坚实基础。

1.坚持规划先行，突出顶层设计，统筹考虑资源禀赋、人文历史、区位特点、公众需求，注重跨地区跨部门协调，与法律法规、制度规范有效衔接，发挥文物和文化资源综合效应。充分考虑地域广泛性和文化多样性、资源差异性，实行差别化政策措施。有统有分、有主有次，分级管理、地方为主，最大限度调动各方积极性，实现共建共赢。

一是科学制定规划，邀请国内知名专家学者和权威资质单位对长征国家文化公园总体建设进行科学定位。创意规划空间设计布局方案。针对长

征国家文化公园的遗址遗迹，制订分期开发的推进方案，明确各期重点工作，向社会公布规划方案并广泛征求意见。在充分论证的基础上优化提升，使规划方案更加完善、科学。

二是统筹效益整合。规划建设长征国家文化公园应在整体保护基础上把经济效益同弘扬革命传统、培育中华民族精神紧密结合起来，推动长征沿线经济社会全面协调发展，统筹推进长征国家文化公园建设与乡村振兴、城镇化建设和生态保护等深度融合，扩大公园旅游容量，提升经济效益，不断增强长征沿线地区内生动力和自我造血能力。

三是加大区域联动。长征沿线区域的省、区、市位于“一带一路”、长江经济带的关联地域，物流相通、血脉相连，规划建设长征国家文化公园要坚持区域统一规划，打破地区行政阻隔，建立长征国家文化公园建设联席会议制度，共同攻克建设中遇到的突出困难和问题。深化区域合作，探索建立长征沿线区域经济社会发展联盟。形成统一的产品体系和价值链条，实现联动共享。

2.深化对长征沿线文物和文化遗产保护法律问题的研究和立法论证，推动保护传承利用协调推进理念入法入规。制定长征文物保护条例。相关省份结合实际修订制定配套法规规章。

第一，相关省份对辖区内文物和文化资源进行系统摸底，分省份编制规划建议。中央有关部门对规划建议进行严格审核和有机整合，按照多规合一要求，结合国土空间规划，编制长征国家文化公园建设保护规划。相关省份对前期规划建议进行修订完善，形成区域规划。

第二，建立名录管理制度，对所在地区的革命文物摸清家底，精准有效地将革命文物纳入保护范围。数据显示，全国不可移动革命文物3.6万多处，国有馆藏可移动革命文物超过100万件（套）。很多革命文物都是分散在不同的文博机构里，有的在博物馆里被摆在突出的位置，也有的深藏于文物仓库、很少展出，还有的散见于旧址或遗迹中。以河北为例，全省登记不可移动革命文物近2000处，多分布在偏远的农村和山区。文物分布虽然分散，但管理不能松散。上海出台文件，对具有重要历史价值、教育意义、纪念意义的红色资源列入名录予以保护。2021年3月，上海已将共计150处不可移动革命文物和208件/套可移动革命文物列入第一批名录。

第三，通过立法保护革命文物，解决以往保护利用实践中遇到的种种难题。革命文物保护利用是一个复杂的系统工程，谁来管、怎么管、资金从哪来，这些问题很具体很现实，直接关乎革命文物保护利用的效果。近年来，各地在实践中积累了不少经验，但也面临一些困境：部分文物责任主体不明确、保护资金不足、管理运行机制不完善、“建设性破坏”等。地方在立法过程中坚持问题导向、开展调查研究，为解决难题提供了有效途经。河北出台文件，规定建立健全革命文物保护利用多元投入体系，积极引导和支持社会资金参与革命文物保护利用。上海明确了文旅、规划、房管、档案等部门的职责，同时提出建立红色资源传承弘扬和保护利用联席会议机制。两地均对破坏革命文物或红色资源的情形作出规定，明确将追究相应法律责任，划出了底线、红线。一件革命文物，背后是一个值得铭记的故事，更是一段真实鲜活的历史。为革命文物提供法治保障，将其保护好利用好管理好，让每一处革命文物都成为一座精神地标。

四、参考

（一）习近平总书记考察长征沿线重要点段

1.江西于都

2019年5月20日下午，正在江西考察调研的习近平总书记来到中央红军长征集结出发地赣州市于都县，向中央红军长征出发纪念碑敬献花篮。习近平总书记此次革命圣地的红色之行意义深邃。

就在江西之行一周前的5月13日，习近平总书记主持中共中央政治局会议，会议决定从今年6月开始，在全党自上而下分两批开展“不忘初心、牢记使命”主题教育。习近平总书记选择在这个时间节点来到中央红军长征集结出发地，用实际行动向全党发出了动员令。

长期以来，如何“不忘初心、牢记使命”，习近平总书记一直身体力行、率先垂范。在西柏坡，习近平总书记强调，对我们共产党人来说，中国革命历史是最好的营养剂；在沂蒙，习近平总书记曾说，沂蒙精神是党和国家的宝贵精神财富，要不断结合新的时代条件发扬光大；在古田，习近平总书记要求大家深入思考我们当初是从哪里出发的、为什么出发的，接受思想洗礼，以利于更好前进；在井冈山，习近平总书记强调多来这里看看很有必要，要让广大党员干部知道现在的幸福生活来之不易，多接受红色基因教育……

当今世界正面临百年未有之变局，国际形势风云变幻。全党上下如何率领全国人民在新的起点上，奋力走好新时代的长征路？习近平总书记站在孕育“长征精神”的热土上给出了坚实的答案：“当年党和红军在长征途中一次次绝境重生，凭的是革命理想高于天，最后创造了难以置信的奇迹。”

5月20日下午，习近平总书记在江西省于都县中央红军长征出发纪念馆，亲切会见了于都县红军后代、革命烈士家属代表。

无数革命先烈抛头颅洒热血为中国革命事业建立了彪炳史册的功勋。正因如此，党的十八大以来，习近平总书记在多个场合深切缅怀革命先烈。

缅怀先烈，为的是更好地传承红色基因。2016年，同样是在江西视察，习近平总书记踏上井冈山时曾语重心长地说，回想过去那段峥嵘岁月，我们要向革命先烈表示崇高的敬意，我们永远怀念他们、牢记他们，传承好他们的红色基因。

对于红色基因的传承，习近平总书记格外重视言传身教。几乎每次进入老区，他总会慰问老红军、看望先烈家属。2014年，习近平总书记曾专门把10位老红军、军烈属和“五老”代表请到古田党员干部教育基地，同他们亲切座谈，并请他们言传身教，确保革命传统和优良作风薪火相传。

此次在江西，习近平总书记视察陆军步兵学院，这已经是党的十八大以来，习近平总书记第五次视察军事类院校。在听取红色资源研究中心有关情况介绍后，习近平总书记再一次强调，要把红色资源运用好，把红色基因传承好，培养一茬茬、一代代合格的红军传人。

2019年两会期间，习近平总书记曾说，“共和国是红色的，不能淡化这个颜色。无数的先烈用鲜血染红了我们的旗帜，我们不建设好他们所盼望向往、为之奋斗、为之牺牲的共和国，是绝对不行的。”当下，全党全军必将以此为契机，牢记总书记嘱托，砥砺前行。

习近平总书记的“红色足迹”，正是“不忘初心、牢记使命”的真实写照，正是对红色基因传承的不朽信念，正是共产党人饮水思源、时刻为民的情怀。

2.湖南汝城

2020年9月16日下午，习近平总书记来到湖南郴州市汝城县文明瑶族乡沙洲瑶族村考察调研。1934年，红军长征路过这里，留下了“半条被子”的感人故事。习近平总书记走进“半条被子的温暖”专题陈列馆，了解当地加强基层党的建设、开展红色旅游和红色教育情况。习近平总书记指出，“半条被子”的故事充分体现了中国共产党的人民情怀和为民本质。长征途中，毛泽东同志指出，中国工人、农民、兵士以及一切劳苦民众的出路在共产党主张的苏维埃红军，我们一定会胜利。今天，我们更要坚定道路自信，兑现党的誓言和诺言，同人民群众风雨同舟、血肉相连、命运与共，继续走好新时代的长征路。

村民朱小红，是“半条被子”故事主人公徐解秀的孙子。习近平总书记来到他家看望慰问。朱小红告诉总书记，这些年他和妻子参加了村里组织的蔬菜种植、厨师技能等培训，凭着一技之长实现了脱贫，又依托景区办起了民宿。习近平总书记指出，中国共产党的奋斗目标就是为了让人民翻身得解放、过上好生活。要始终坚持全心全意为人民服务的根本宗旨，继续为实现人民对美好生活的向往而奋斗。他希望朱小红一家在讲好红色故事、传承红色基因方面发挥积极作用。

离开朱小红家，习近平总书记步行察看村容村貌。雨后的沙洲村青山滴翠，彩霞满天。闻讯赶来的村民和游客们高声欢呼：“总书记好！”习近平总书记频频向大家挥手致意，对乡亲们说，“半条被子”的故事让人民群众认识了共产党，把党当成自己人。正因为有人民群众支持和拥护，我们党才能走过辉煌历程，取得伟大成就。沙洲村是“半条被子”故事的发生地，今天我专门来这里看望乡亲们。作为一名中国共产党员，我要不断接受教育、接受洗礼。我们党坚持为人民服务，不仅仅是一句口号，而是坚持不懈的实际行动。

3. 广西全州

2021年4月25日上午，广西考察第一站，习近平总书记首先来到位于桂林全州县才湾镇的红军长征湘江战役纪念园，缅怀革命先烈、赓续共产党人的精神血脉。

纪念园所在地，是湘江战役脚山铺阻击战的战场遗址。

1934年底，一场中国革命史上气壮山河的战役在这里打响。红军将士浴血奋战，付出极其惨烈牺牲，粉碎了国民党反动派围歼中央红军于湘江以东的企图。将士马革裹尸，湘江水鲜血染红。

“湘江战役是红军长征的壮烈一战，是决定中国革命生死存亡的重要历史事件。”

习近平总书记高度评价湘江战役，始终牵挂在湘江战役中牺牲的革命先烈，专门作出重要批示要求做好烈士遗骸收殓保护工作、规划建设好纪念设施。这个纪念园，就是在习近平总书记亲自关心下建成的。

拾级而上，习近平总书记来到纪念园凭吊广场，面向“红军魂”雕塑静静肃立。

“红军魂”雕塑长80米、高7米，巨石琢就，形如长城。主雕塑眼神坚毅、目视前方，原型正是“断肠明志”、壮烈牺牲的陈树湘烈士。两侧，一个个红军战士的形象呼之欲出，或怒吼拼杀，或英勇战斗。

两名礼兵将花篮敬献于“红军魂”雕塑前。

习近平总书记缓步上前，仔细整理书写着“湘江战役红军烈士永垂不朽”的花篮缎带，率领随行人员向红军烈士三鞠躬。

雕塑背后的山坡上，一面面红旗招展。那里，埋葬着红军烈士们的遗骸。往日硝烟早已散去，英雄之气仍在这青山绿水间纵横激荡。

纪念园不远处，坐落着红军长征湘江战役纪念馆。

习近平总书记来到这里，参观“血战湘江突重围”展陈，了解红军浴血奋战、突破湘江的革命历史。

红军长征路线图、脚山铺阻击战模拟场景、油画《浴血湘江》……一幅幅历史照片、一件件革命文物，吸引着习近平总书记的目光。

在油画《陈树湘》前，总书记停下脚步，凝视良久。

画面中，陈树湘躺在担架上，腹部鲜血直流。为掩护红军主力渡江，这位“绝命后卫师”师长身负重伤、不幸被俘，苏醒后用手从腹部伤口处绞断肠子，壮烈牺牲，年仅29岁。

“壮烈啊！陈树湘是牺牲英雄中很典型的一个。”习近平总书记由衷感叹。

“四道封锁线都在哪里”“湘江水有多深”“这场仗打下来牺牲多少红军”……参观过程中，习近平总书记不时询问相关情况，重温那段烽火岁月。

在中央红军抢渡湘江四大渡口示意图前，讲解员讲述了这样一个故事：

据罗荣桓同志回忆，他在渡江后回头一看，身后就只跟着一名十几岁扛着油印机的小红军战士。江面上漂满了红军战士的遗体，鲜血染红了湘江水。至今在桂北仍然流传着一首民谣：“英雄血染湘江渡，江底尽埋英烈骨；三年不饮湘江水，十年不食湘江鱼。”

“当时真是危险啊！”习近平总书记说，“试想，如果没有这么一批勇往直前、舍生忘死的红军将士，红军怎么可能冲出敌人的封锁线，而且冲出去付出了那么大的牺牲，还没有溃散。靠的是什么？靠的正是理想信念的力量！”

离开纪念馆前，习近平总书记同这里的工作人员亲切交谈，深刻阐释湘江战役的重大意义："革命理想高于天。正是因为红军是一支有理想信念的革命军队，才能视死如归、向死而生、一往无前、绝境重生，迸发出不被一切敌人压倒而是压倒一切敌人的英雄气概。为什么中国革命在别人看来是不可能成功的情况下居然成功了？成功的奥秘就在这里。"

"横扫千军如卷席。"习近平总书记坚定地说，"我们对实现下一个百年奋斗目标、实现中华民族伟大复兴就应该抱有这样的必胜信念。困难再大，想想红军长征，想想湘江血战。"

4. 贵州遵义

党的十八大以来习近平总书记第一次到贵州考察，首站就去了遵义。遵义会议是中国共产党历史上一个生死攸关的转折点，在危急关头挽救了党，挽救了红军，挽救了中国革命，是中国共产党在政治上走向成熟的标志。

蓝天白云，青松翠柏。习近平总书记2015年6月16日离京来到贵州遵义考察，一下飞机就直奔红军山烈士陵园，向红军烈士纪念碑敬献花篮。纪念碑四周的浮雕展现了当年红军浴血奋战的场景。在"突破乌江天险"浮雕前，习近平总书记驻足感叹："当时要是过不去就危险了……"碑上"红军烈士永垂不朽"8个字是邓小平同志题写的，习近平总书记伫立凝望，听取介绍。

1935年，红军在这里转战3个多月，演绎了四渡赤水的传奇。这里是中国共产党第一代中央领导集体开始形成的地方，是毛泽东思想开始形成的地方，是党独立自主解决自身重大问题开始的地方。近年来，遵义加快了后发赶超的步伐。

1935年1月召开的遵义会议是中国共产党历史上的重要转折点。2015年6月16日下午，习近平总书记来到遵义会议会址参观。习近平总书记走进周恩来、朱德等老一辈革命家住过的房间和遵义会议会议室，在遵义会议参会人员照片前久久凝视，听取讲解。在二楼走廊，纪念馆馆长指着楼旁一棵枝繁叶茂的槐树告诉总书记，这棵树遵义会议时就有了，当年是一棵小槐树，现在已经长成大槐树了。总书记微笑着点点头。

习近平总书记参观遵义会议陈列馆，叮嘱讲解员“给大家好好讲”。

习近平总书记来到遵义会议陈列馆序厅，走到20位遵义会议参会人员群雕前。在一张张图片图表和一个个实物模型、模拟场景前，习近平总书记不时驻足停留，了解有关情况：“乌江渡口还是原貌吗？”“遵义原来有没有革命活动？”……看完3分钟的“四渡赤水”多媒体演示片，习近平总书记说：“毛主席用兵如神！真是游击战的典范。”看到总书记，正在参观的群众纷纷围了上来，总书记同大家热情握手。临别时，习近平总书记对讲解员说：“你讲得很好。要给大家好好讲，告诉大家我们党是怎么走过来的。”

5. 宁夏西吉

2016年7月18日，习近平总书记到宁夏回族自治区考察。从北京直飞固原，驱车70多千米到将台堡，向红军长征会师纪念碑敬献花篮并参观三军会师纪念馆。1936年10月，红军三大主力在会宁和将台堡会师，标志二万五千里长征胜利结束。

参观三军会师纪念馆时，习近平总书记说，红军长征创造了中外历史的奇迹。革命理想高于天，不怕牺牲、排除万难去争取胜利，面对形形色色的敌人决一死战、克敌制胜，这些都是长征精神的内涵。我们要继承和弘扬好伟大的长征精神。有了这样的精神，没有什么克服不了的困难。我们完全有信心有决心有恒心实现中华民族伟大复兴的中国梦。

（二）长征沿线省市建设国家文化公园的经验

1. 贵州省遵义市打造全国著名红色文化传承基地的策略

作为长征路上“伟大转折地”的遵义市，以“以红为主、以红带绿、红绿并重”为思路，多措并举助推红色文化与旅游产业、红色旅游与康养避暑旅游、红色旅游与乡村振兴的深度融合，长达160千米的赤水河谷绿道，贯通了四渡赤水纪念地以及茅台镇、世界自然遗产丹霞地貌等资源，是积极利用生态廊道串点成线、进行整体性保护和利用的初步实践，是

“红绿融合”的典型案例。

（1）加强红色文化的保护和研究力度，保护是前提。红色文化特别是长征文化留下的遗迹遗址，是革命历史真实的再现，是红色文化传承的历史基础和前提。长征文化遗址遗迹散落于全国城乡各地，且多处于交通偏远、经济社会发展相对落后的西部地区，城市建设、乡村改造等也使得一些遗址遗迹遭到破坏。由于保护经费的不足，一些遗址遗迹处于自然状态，风雨侵蚀，日渐损毁；一些遗址遗迹地处荒山野岭，交通不便，难以为外人所知。因而需要根据具体情况，分门别类进行保护利用。遵义长征文化遗址遗迹的保护与利用也存在这些问题，如地处遵义市中心的遵义会议纪念馆等系列纪念设施，由于地理位置优越，经费、人员相对充足，场馆及配套设施的建设相对及时完善。而遵义各县特别是一些偏远地方的长征文化遗址遗迹保护与开发的力度不够，难度较大，如散落遵义城乡的红军战斗遗迹遗址、红军标语等，有待进一步挖掘与保护。研究是基础。通过研究，认识文物背后的历史和故事，挖掘文物的价值，从而让革命历史遗址遗迹这些沉睡的文物“活起来”，发挥其文化传承、精神教育和价值引领的功能。加强薄弱环节的研究，丰富拓展遵义红色文化的内容内涵。如加强遵义会议前后群众组织、革命政权、红军游击队建设及革命活动的研究，加强遵义战役相关资料收集和重要战斗如红花岗、老鸦山战斗的研究，为后续开发建设提供理论支撑。扶持和建设一批重点红色文化研究基地，培育和发展一批在区域乃至全国有影响的专家队伍。加强对教育部人文社科重点研究基地：遵义师范学院中国共产党革命精神与文化资源研究中心（红色文化研究中心）、遵义会议纪念馆遵义会议研究中心、遵义市长征学会等研究机构团体的扶持力度，引导中青年长征研究人才脱颖而出，克服人才队伍的青黄不接，保持人才队伍的新老更替、健康稳定发展。加强长征文化相关数据调查和采集、长征文化资料的收集和整理，通过不同部门的协同创新，实现信息资源共享，促使长征文化保护和研究系统深入，不断推出反映长征历史与长征精神的精品力作，扩大遵义红色文化在全国的知名度和影响力。

（2）加强长征文化的宣传教育平台和基地建设，传承红色文化。遵义依托遵义干部学院，近几年来承接的红色培训量快速增长，势头猛进，2015年承接全国近30个省120余班次6000余人，2016年面向全国的培训突破300期15000余人，2017年上半年已承接办班170期9000余人。2016年遵义红旅集团成立遵义红色文化培训中心，目前已累计接待红色培训及体验游3万余人次，通过现场教学、情景教学、体验教学等，让前来培训的人重新认识红色遵义。除此之外，遵义医科大学、遵义师范学院、遵义职业技术学院等高校，利用各自的红色文化研究和宣讲团队，成立红色文化培训中心，丰富和夯实了长征文化的宣传教育平台。红色教育方面，遵义师范学院在全校大学生中开设《长征精神与长征文化》公共选修课程，通过专题教学的形式，对当代大学生进行革命精神教育。遵义教育局组织编写了《长征故事进校园》（教师参考用书），分中学版和小学版，向中小学生讲授长征历史，进行红色文化教育。

（3）遵义长征文化的展示和传播力度不断增强。红色文化由革命遗址、红色纪念馆、烈士陵园、名人故居等硬文化和革命制度与革命精神等软文化组成。展示和传播红色文化，需要通过多种方式。城市文化会客厅是集中展现城市文化特色，传承城市文化，代表城市经典符号的场所。目前国内许多城市打造了代表其独特文化的城市会客厅，成为游客们首选的景点。打造遵义长征文化传播的空间，精心打造遵义长征文化城市会客厅，通过融合黔北地方文化与红色元素的建筑空间，把以长征文化为核心的遵义红色文化，包括遵义长征书籍、长征文艺、长征书画、长征民俗、长征影视、长征美食、长征文旅产品等，集中一站式向来访者展示。通过现代艺术形式，丰富扩大遵义长征的展示和传播载体，例如精心打造经典红色演艺，如音乐舞台剧或实景演出《长征组歌》《遵义会议放光辉》《伟大转折》《娄山关大捷》，融合现代科技手段的长征文化水幕灯光秀等，增加了红色文化的吸引力、传播力和影响力。充分利用传统节庆活动，创新长征系列节日，如土城中国红军节已连续举办四届，影响较大。通过连续举办红军节，缅怀先烈，吃红军饭，听唱红军歌，把传统节日清明节与红军文化相结合，带动遵义地方的红色旅游，扩大了遵义长征文化的影响力。增加长征元素融合城市形象宣传，如设置长征精神和遵义会议精神户外广告，创作系列长征主题城市雕塑，统一规划城市红色主色调建筑外观，利用平面媒体宣传长征等。

（4）善于把新媒体新技术融入红色文化体系建设。新媒体以其独特优势在红色文化传承中发挥了日益重要作用，成为红色文化传播的重要工具和手段，效果显著。如央视客户端为纪念红军长征胜利80周年，在其微信公众号设置《长征日志》互动栏目，在休闲娱乐的氛围中让参与者了解长征的历史，体会长征的精神，参与人数众多，已达3000多万。遵义建设全国著名红色文化传承基地，应充分利用好贵州发展大数据的优势条件，加大互联网、微博、微信平台的运用，全面生动展示宣传遵义红色文化，服务于红色旅游。新技术的融入，如运用互联网、VR技术（虚拟现实）、全息成像技术等立体呈现长征文化的历史场景。“新媒体为红色文化的传播提供了新载体、新平台和新方式，合理利用新媒体，不仅有利于深入萃取红色文化的基因密码，而且有利于红色文化在现代性境遇下的传承与创新。”新媒体融入红色传承体系，可以解决红色文化宣传形式较为单一、对青年群体吸引力相对不足的问题，为红色文化的传承提供时尚元素，让参观者能够多元化地吸收红色文化中的革命情感和爱国主义情怀。在遵义会议纪念馆、四渡赤水纪念馆、娄山关战斗陈列馆等遵义红色文化的标志性地点，利用新媒体、新技术呈现长征文化的历史场景，增强红色文化的吸引力和感染力，增加广大参观者的体验感与参与性，尤为必要。利用互联网、手机客户端、微信公众号，介绍宣传遵义的红色文化、红色旅游、红色美食、红色交通，扩大遵义红色文化的知晓度和美誉度。

（5）以红色旅游为载体，以长征国家文化公园建设为抓手，带动相关产业，夯实文化传承发展的经济基础。红色旅游是红色文化传承的重要载体，是红色文化传承的重要平台和途经。近年来，遵义红色旅游市场发展势头迅猛，遵义厚重的红色文化底蕴吸引了大量国内外游客，成为传承红色文化、促进地方经济发展的有力推手。遵义市《2018年上半年全市旅游业发展情况通报》显示，2018年上半年，遵义市红色文化旅游接待游客总量为1888.48万人（次），同比增长12.8%，实现旅游综合收入142.2亿元，同比增长16.3%。要贯彻以人民为中心的发展理念，以政府为主体，吸引社会各界加入红色文化传承体系的建设当中，特别是红色旅游和长征国家文化公园的建设当中。坚持红绿交融，在红色旅游、红色产业发展中保护青山绿水，坚持绿色发展，生态优先。同时，在以红色旅游为载体传承红色文化的过程中，应以社会效益为主，即区分红色旅游与传统历史古迹、自然风光、现代科技旅游的差异，其重点是弘扬爱国主义与革命传统教育，"应当围绕红色主题，深入挖掘宝贵的红色精神财富，致力于将革命历史、革命传统文化以及革命精神传递给大众"，"如果对红色主题把握不准、开发不当，红色旅游就可能偏离主旨，与购物、消费、娱乐等商业性活动混为一谈，无法释放其应有价值"。

（6）多措并举，加强红色文化传承人才队伍建设。人才队伍是经济社会发展和地区竞争力的核心资源。正如有关学者指出："红色文化软实力的提升，需要依靠人的力量来实现，而优质的人才队伍，无疑是增强红色文化软实力的重要依托。"西部革命老区与中东部地区经济社会发展差距的表现及因素之一在于高素质专业人才的缺乏。遵义打造全国著名红色文化传承基地这一系统工程，离不开人才队伍的支撑。要通过各种优惠政策保障措施，克服经济发展和区位不利因素带来的人才引进难度，想方设法吸引全国各地红色文化专业人才来遵义建功立业。要通过各种制度设计，打造红色文化研究、宣讲，红色旅游开发的专家人才队伍。如通过市管专家、人才绿卡、柔性人才引进、建立红色传承人才专家库等制度设计，在事业、待遇、情感等方面增加优惠力度，在住房、医疗、子女就学等方面给专家人才提供便利措施，吸引留住从事红色文化研究与传承的中青年人才队伍。

2. 长征国家文化公园四川段建设经验

四川是长征中出奇制胜的战场、会师加油的驿站和战略转移的桥梁。红军长征的足迹遍及四川的东南西北四个区域，创造了五个“最”，即征战时间最久、长征线路最长、经过地域最广、自然环境最恶劣、党中央和中革军委召开会议最多。长征中最为严峻的考验大部分发生在四川，留下了众多的红色遗址群和非物质文化遗产。

（1）四川省长征文物资源优势显著。四川红军长征文物主要沿红军长征线路呈带状分布，其中泸州市古蔺、叙永，凉山州冕宁、会理，雅安市宝兴、天全、芦山，以及阿坝州小金、马尔康、若尔盖等保存数量较多，长征文物点密集。目前，核定登记的不可移动长征文物442处，存有古蔺县红军四渡赤水战役遗址、泸定桥、波日桥、卓克基官寨、阿坝红军长征遗迹等全国重点文物保护单位10处，会理会议纪念地、三关桥、陈云长征旧居等四川省文物保护单位47处。文物类型包括伟人旧居、部队驻地旧址、会议会址、战场遗址、渡口遗址、红军标语、桥梁道路、红军树、红军井等遗址遗迹，特色鲜明。可移动文物2788件套，其中珍贵文物112件套，包括货币、文稿、武器、生活用品等，珍藏于沿线区域内的博物馆、纪念馆（陈列馆）和文物管理机构内。

（2）长征主题陈列展览体系基础良好。在四川，红军长征途经的每个县区都建有纪念展示场所、主题纪念馆，或在综合性博物馆中开辟有专门展厅。有的地区还依托伟人旧居、红军驻地旧址等历史建筑布展陈列，以介绍红军长征在本地的斗争和建设情况。目前，四川已建立了近40个红军长征纪念馆或纪念园，以反映四渡赤水、彝海结盟、强渡大渡河、飞夺泸定桥、翻越夹金山、强渡嘉陵江、血战剑门关等重大历史事件的专题博物馆、纪念馆为支撑，以反映红军长征途经各地历史的陈列馆、展示馆为补充，展览面积达到20000多平方米，为系统全面展示红军长征四川段的光辉历史奠定了坚实的基础。

（3）以长征为主题的爱国主义教育培训基地初步形成。四川依托爱国主义教育培训基地，积极开展爱国主义教育，充分发挥教育引导功能。以长征为主题的爱国主义教育培训基地致力于将长征红色文化资源有机地融入爱国主义和革命传统教育中。四川长征干部学院泸州四渡赤水分院、雅安夹金山分院、阿坝雪山草地分院、甘孜泸定桥分院、凉山彝海结盟分院等培训机构，积极深入推进长征文化精神内涵和时代价值研究，深入挖掘长征精神在不同时期和不同重大历史事件中的具体体现，依托长征遗址遗迹，开展多种形式的主题教育培训活动，为讲好长征故事、传承长征精神提供了重要阵地。雅安夹金山分院秉承“弘扬长征精神、锤炼坚强党性、增强爱国情怀”的办学宗旨，提炼出“坚定信念、团结友爱、挑战极限、不胜不休”的夹金山精神，依托雅安丰富的红色资源，采用课堂教学、体验教学、现场教学、影像教学、激情教学、互动教学等方法，突出其红色体验式教学特色。截至2021年6月，已培训学员4.8万人，为弘扬、传承长征精神发挥了重要作用。

（4）“长征丰碑”红色旅游品牌初步形成。红军长征途经的四川区域自然环境优美，旅游资源丰富多样，沿线名胜古迹、历史文化名镇、传统村落等密布，民族风情浓郁，为发展红色旅游奠定了良好基础。目前，四川各地党委政府致力于将“红”“文”“绿”三种元素实现有机融合，在红色旅游产业发展方面进行有益探索，并取得初步成效。2007年，四川省政府成立四川省红色旅游工作协调办公室，统筹推动全省红色旅游的规划设计和发展，注重将红色旅游、生态旅游与乡村旅游相结合，充分展示四川可歌可泣的革命历史、雄伟壮丽的自然风光、绚丽多姿的民族风情和改革开放后的崭新面貌，基本形成了十大红色旅游精品线路。

（5）基础设施条件基本完善。四川泸州、雅安等长征文物分布密集的地区基本实现了高速公路全覆盖，其他红军长征途经的主要节点区域不仅有高速公路相连接，泸州、凉山、阿坝、甘孜等地还建有机场。可以说，覆盖长征沿线区域的立体交通体系已基本形成。除交通外，其他基础旅游接待设施条件也在不断完善提升，为长征国家文化公园四川段建设奠定了必要的基础条件。

3. 长征国家文化公园（广西段）长征文旅空间的构建

长征国家文化公园（广西段），建设范围覆盖桂林市的全州、灌阳、兴安、资源、龙胜、灵川六县，从属红军长征西南段，遗存了以“湘江战役”历史事件为核心的长征文化资源，既有湘江战役战场遗址、红军抢渡湘江渡口旧址、重要领导人宿营地旧址、领导机关驻扎地旧址、红军指挥所旧址、战地救护所旧址、红军烈士墓等不可移动的文物资源，也有如老山界争论、红军标语、颁布和践行党的民族政策等思想、制度文化资源，更有红军血战湘江所彰显的“勇于胜利、勇于突破、勇于牺牲”等精神文化资源。

在长征国家文化公园（广西段）的建设过程中，政府通过保护修缮文物保护单位、历史建筑、纪念设施等项目塑造了具有长征文化展示功能的物质空间，且利用文本、图案等符号建构长征文化空间。

（1）长征国家文化公园（广西段）以传播长征文化、弘扬长征精神为核心，将长征文化与自然风光、地域文化相融合，整体呈现出一种“红+绿”“红+古”“红+农”的拼贴景观。在建设长征国家文化公园（广西段）的过程中，以“政府主导、资本运作”为主要发展模式，地方政府与企业共同主导物质空间生产。2019年，广西壮族自治区党委办公厅、人民政府办公厅印发《关于实施广西革命文物保护利用工程（2019—2022年）的意见》，要求进一步深化拓展湘江战役旧址等革命遗址的保护利用工作，以全州、兴安、灌阳、龙胜、资源等革命文物集中地区为重点，推进桂北地区长征革命文物的整体规划、统筹展示，以及全区革命文物和红色标语的连片保护、利用工作。同年8月底，桂林市基本完成纪念设施建设保护和红军遗骸收殓保护工作，并根据《长城、大运河、长征国家文化公园建设方案》的要求，启动了《长征国家文化公园（广西段）建设与保护总体规划》的编制工作。习近平总书记对湘江战役在党和人民军队历史上的重要地位十分重视，在纪念长征胜利80周年大会上把湘江战役作为红军长征途中第一场重要战役，高度评价湘江战役，始终牵挂在湘江战役中牺牲的革命先烈。2018年11月，习近平总书记专门做出重要指示，要求做好湘江战役烈士遗骸收殓保护工作、规划建设好纪念设施。全州县政府积极探索国家文化公园的管理模式，专门成立了全州红军长征湘江战役文化保护传承中心，在实践中不断完善国家公园的管理机制，建立科学、系统、高效的管理机制，长征国家文化公园（全州段）主要由这个部门统一管理。

政府与规划者以传承长征文化为目的，利用图案、文本等符号建构长征文化空间。全州红军长征湘江战役纪念馆陈列了长征史实资料、遗存文物，且通过声光电技术、AR、VR、全息投影等现代科技手段还原经典战役，从视觉、听觉等感官视角刺激参观者，使其更深刻地了解这段惨烈历史，感受长征文化和革命精神。

（2）沿着红军长征线路整理挖掘文物和文化资源，围绕管控保护区内的相关文物、文化资源划定保护范围，加快分级分类建设，完善爱国主义教育基地和博物馆、纪念馆、陈列馆、展览馆等展示体系。

在建筑文化景观上，政府与规划者以彰显长征文化为目的进行修建。兴安红军长征突破湘江战役烈士纪念碑的建筑外观，整体以红色为主色调，意指红军和红色革命，外观造型形似红军八角帽，致敬湘江战役中牺牲的英雄战士，营造出富有长征文化的空间氛围。在翻修红军长征遗址的过程中，政府、规划者等利用图案、文本等符号建构长征文化，从而构造出长征文化空间。

全州、灌阳、兴安、资源、龙胜推出一系列“重走红军路”体验项目。全州县大西江镇依托红军行军路线打造“湘桂古道”，还原历史场景，从感官层面强化旅游者的体验感。灌阳县政府依托新圩镇、文市镇的长征文化遗产，结合周边村镇旅游资源，共同打造红色文化旅游，推出灌阳红色文化旅游专线。其中，灌阳县政府依托新圩阻击战史实陈列馆的辐射效应，结合周边战场遗址、红军散葬墓以及农事活动，共同打造“红+农”文化体验区。另外，灌阳县政府融合发展长征文化和旅游资源，依托喀斯特地质景观，在景区内设置红军步道，打造广西灌阳县文市石林地质公园，深化旅游景区的文化内涵。依托新圩阻击战史实陈列馆的优势，把红色旅游与生态农业休闲观光旅游结合起来，共同打造“红+农”文化体验区，在酒海井红军烈士陵园前种植了250亩向日葵，让游客在接受红色教育之余，还能赏花、买果、吃农家饭。

（3）政府在长征国家文化公园（广西段）范围内修复空间环境，加强交通基础设施建设，贯通重要节点，完善游客集散中心、旅游厕所、酒店及文化旅游消费等必要设施。

政府在长征国家文化公园（广西段）的建设过程中运用物象、文本等表征符号进行空间表征，通过在长征文物、纪念地旁设立简述历史解说牌，在交通枢纽站、景区廊道等设立长征精神宣传标语，同时美化改造长征沿线民居外立面、标识标牌、路灯等设施，营造长征文化氛围，弘扬长征精神。

另外，近年来有关红军长征、湘江战役历史的文艺作品不断增多，旨在通过艺术形式向大众传达“红军不怕远征难，万水千山只等闲”的不怕任何艰难险阻的长征精神。推出动画电影《湘江1934·向死而生》、纪录片《铁血湘江》等文艺作品，整理创作了《一山一石一丰碑》《红军瑶家一条心》等民谣和歌曲，大力弘扬长征文化和革命精神。

自2019年9月12日对外开放红军长征湘江战役纪念园、红军长征突破湘江纪念馆、新圩阻击战史实陈列馆起，截至2019年11月26日，三处纪念地共接待旅游者101.5万人次。2020年国庆期间，三处纪念地更是迎来大批区内外旅游者，众多旅游者前来追寻红军足迹。参观长征文化景观，视觉刺激和具身体验唤起了旅游者的历史记忆，激发了对红军战士的追思，产生精神世界的启发，从而建构了旅游者的表征空间。

4.贵阳市长征国家文化公园建设工作

贵阳市发挥省会城市优势，突出智慧化文旅融合，着力谋划以长征文化遗产为核心的贵阳红色旅游产品体系，树立贵阳红色旅游品牌新形象。

贵州段是长征国家文化公园重要组成部分。昔日留下长征光辉足迹的地方，现在都是长征文化主题公园建设创造性实践的重要阵地。

（1）实施大数据战略方面。随着红色旅游的持续升温，长征文化越来越受到中外游客及投资商青睐。长征沿线多地的红色旅游正以智慧化文旅发展为引领，以长征文化主题公园建设和红色精品旅游线路建设为契机，推进文旅产业智慧化发展。围绕以遵义会议“一核”，铜仁黔东革命根据地、毕节地区黔西北根据地“两翼”的贵州重点建设区“一核一线两翼多点”的总体布局，贵阳市长征国家文化公园建设主要体现在“一线”和“多点”上。按照中央统一部署，把握定位，按照实施保护传承、研究发掘、环境配套、文旅融合、数字再现、人才提升六个基础工程的要求，深入推进大数据旅游发展，各地根据自身情况制订大数据旅游行动计划，在争取上级支持的同时，发挥自身优势，完善旅游数据中台、旅游大数据中心等建设，打造相关平台，如智游贵阳、爽游贵阳等，并且积极发挥一码游贵州等旅游综合服务平台，全面打造“科技革命+旅游创新”的建设运营新模式，构建创新全域智慧旅游新品牌，加强与长征国家公园相关地区和城市的联动，积极推动长征国家文化公园建设和智慧化文旅融合示范区发展。

（2）全域旅游智能化建设方面。近年来贵阳市大力实施全域旅游发展战略，着力推动“全景式打造、全季节体验、全社会参与、全产业发展、全方位服务、全区域管理”，加快推动全市旅游业由“景区旅游”向“全域旅游”发展模式转变。通过收集、采集人文、饮食、景观、产品、商户等旅游吸引物，并配以图文、语音，通过LBS及微小景观景物定位，结合UGC和PGC扩展内容支撑，建成让游客了解本地旅游吸引物并产生兴趣，进而增强全方位旅游体验的讲解平台，并且可以通过AR、VR以及MR的数字化展示方式给游客沉浸式体验。在智能讲解方面，贵阳市现在已经完成智能讲解项目第二阶段325个点位的解说配音以及二维码蓝牙设备的安放工作，正在开展第三阶段全部500个点位的部署，助力打造公平共享创新型中心城市和以生态为特色的世界旅游名城。

（3）建立文旅资源数据库方面。2020年，贵阳数字博物馆项目纳入市委、市政府为民办十件实事名单，把互联网的创新成果与长征文化传播、中华传统文化的传承、创新和发展深度融合，促进全域文旅发展，调动文博单位利用文物资源开发创意产品的积极性，培育新型文化业态，为文博单位开展文化创意提供平台。

针对长征文化遗产资源，综合运用现代测绘、计算机、互联网、多媒体、大数据、GIS等信息技术手段，建立基于贵阳市文化遗产保护传承利用需求的数据资源库。

通过进一步加强红色旅游大数据基础工作、提升智能化、智慧化服务质量、水平，打造红色旅游精品线路和“重走长征路”研学体验线路，开展红军遗址遗迹保护利用工作，推动红色文创产品开发、加强红色旅游宣传推介。

（4）打造融合发展产业链方面。长征国家文化公园建设根据文物和文化资源的整体布局等情况，结合国土空间规划，重点建设管控保护、主题展示、文旅融合、传统利用4类主体功能区。主要推动5大工程建设，即保护传承工程、研究发掘工程、环境配套工程、文旅整合工程和数字再现工程。贵阳市花溪区、开阳县、息烽县、修文县、清镇市已入选。贵阳市2018年完成精品旅游环线招商项目储备54个，36个项目纳入全省旅游重点招商引资项目库，项目计划总投资862.51亿元。开展旅游招商活动30多次，对接了箱根、华强、中青城投等集团公司。文旅产业掀起的文化、旅游与城市融合发展的新风潮，成为当下城市生活文化与旅游主流展示窗口，将城市的历史底蕴与现代便捷配套相结合，展现出的是一座城市的文化自信与发展实力。

5. 长征国家文化公园（宁夏）建设经验

宁夏作为红军长征途经的重要省份，有着独特的红色记忆。宁夏依据长征路线和功能进行科学规划和分区开发，强化软硬件条件，以达到建设国家长征文化公园、促进区内社会经济和谐发展以及传承红色精神的目的。

（1）宁夏是西征作战的大本营和主要战场

1935年10月，中央红军顺利到达陕甘红区，但其作为新的革命大本营还不够巩固。为了抗日和打破国民党军队的封锁，巩固并且扩大红军和西北革命根据地，中共中央分别发动了东征战役和西征战役。在整个西征作战计划中，宁夏处在一个很关键的位置——宁夏可以北出绥远接通蒙古和苏联的联系，既能接受共产国际和苏联的援助，也可以接近华北抗日前线。此外，宁夏只有马鸿逵、马鸿宾两个师，敌军部队不多，兵力薄弱，而且由于交通不便，蒋介石不易调军队来援助“二马”。在载入军史的西征十一场战斗中，有五次发生在宁夏境内。

六盘山是红军长征翻越的最后一座高山。1935年10月7日凌晨，红军中一小部分与国民党周旋，毛泽东带领大部队向东南方向进军，登上了六盘山。其山脊超2500米，山路曲折险狭，须经六重盘道才能到达顶峰，因此得名。六盘山是红军到达陕北革命根据地的必经之路，也是红军长征途中最后一座高山，翻过这座山，到陕北再无高山险峰阻挡。在主峰顶上，毛泽东俯瞰六盘雄姿，感慨万千，吟出了《长征遥》：“天高云淡，望断南归雁，不到长城非好汉！同志们，屈指行程已二万！六盘山呀山高峰，赤旗漫卷西风。今日得着长缨，同志们，何时缚住苍龙？同志们，何时缚住苍龙？”这便是气壮山河的《清平乐·六盘山》的雏形。几经修改，毛泽东将这篇脍炙人口的著名词作转交给了宁夏人民，这是他留给宁夏人民的瑰宝，也是这位伟人为历史留下的又一代表作。

盐池县是西征解放的宁夏第一县。解放盐池攻城战是红军打得较为艰辛的一场战役。战斗初期，由于红军连续作战，对地形不太熟悉，激战两个多小时后仍未能破城，只好暂时停止战斗。经过重新动员部署，战斗于1936年6月20日夜间再度打响，几小时鏖战后，次日凌晨三点，守城民团被全部消灭，鲜艳的红旗终于插在盐池城头。至此，古城盐池成为红军西征解放的宁夏第一县。西征战役历时两个多月，解放了包括环县、定边、盐池、预旺4座县城在内的10余座城镇，将陕甘根据地扩大为陕甘宁根据地，为策应红二、红四方面军北上，实现三大主力红军会师创造了有利条件。此后，盐池县成为陕甘宁边区的西部门户，作为宁夏唯一一块从土地革命时期坚持到全国解放的红色革命根据地，为抗战胜利和保卫陕甘宁边区做出了历史贡献。

将台堡是红军长征最后的会师地，是红军长征的结束地。将台堡，地处宁夏固原市西吉县，战国秦长城从这里向东转向，其自古就是军事要塞。1936年7月西征战役胜利结束后，为打破蒋介石阻止红军会合的阴谋，9月初中央军委决定，红一方面军配合红二、红四方面军作战；红二、红四方面军兵分两路。10月9日，红一、红四方面军在甘肃会宁胜利会师。10月22日红二方面军总指挥部和红二军团到达将台堡，同红一方面军主力第二师胜利会师。至此，标志着红军三大主力军完成会师，二万五千里长征终于结束，中国共产党胜利实现了北上抗日的战略转移。

在宁夏的民族工作为以后党应对民族问题提供了经验。长征期间，中国共产党在进入宁夏地区前，充分了解了回族群众的风俗习惯和禁忌，在《红色中华报》上设置了《回民工作问答》专栏，印发了《回民工作守则》，以便红军严格遵守回族习俗和避免“触碰”礼俗禁忌。另外，党在宁夏地区内实行回民自决的政策，成立了豫海县回民自治政府，此举开创了国内民族区域自治的先河。此后陆续成立了回民游击队、回民解放会、回民联合会等，将汉民和回民更加紧密地团结起来共同抗日救国，并且将打土豪、分土地的工作交由本地人民群众，收回财产全部为他们所有；红军还尽力帮助较为困难的回族群众。一系列举措下，红军得到了当地回族人民的尊重与爱戴，使红军的群众基础更加牢固、革命力量进一步壮大，为以后应对民族问题提供了开拓型经验。

（2）宁夏长征文化旅游发展现状

按国家旅游资源分类标准，宁夏段内长征资源大体可以分为以下几方面。

地文景观：其中最著名的是六盘山，六盘山有丰富的植被类型和动物种类，古代陆上丝绸之路东段北道必定经过这里，成吉思汗病逝于此；山脚下的泾源县有97%是回民；这里也是毛泽东率领红军长征时翻越的最后一座大山，名作《清平乐·六盘山》和名句“不到长城非好汉”均出于此处。

遗址遗迹：2021年1月，宁夏回族自治区文化和旅游厅发布全区第一批革命文物名录。不可移动革命文物有80处，包括全国重点文物保护单位2处（将台堡革命旧址等）、自治区级文物保护单位13处（单家集革命旧址、小岔沟革命旧址、中共红河地下支部旧址等）、市县级文物保护单位18处，一般文物点47处；可移动革命文物2035件/套（2812件）。

建筑与设施：如西吉县单家集村的一块牌匾“回汉兄弟亲如一家”，是当时红二十五军的吴焕先、程子华送给回族群众的礼物。单家集还保留着毛泽东住过的土坯房，并在1996年由当地群众自发捐款修建了“人民救星、一代天骄”的纪念碑。将台堡红军长征会师纪念碑是为纪念红军长征三大主力军胜利会师、结束了伟大的长征而修建的。

人文活动：红军西征期间，毛泽东、张闻天、王稼祥、博古、周恩来等中央领导人宿营过单家集。早在此前，吴焕先、程子华、徐海东率领的红二十五军来过宁夏，给当地人民留下了良好的印象。毛泽东在单家集这里与宗教人士马德海促膝长谈，谈中国革命，聊民族政策，留下了“单家集夜话”的革命佳话。

（3）长征国家文化公园宁夏段发展策略

第一，保护第一，加大管理力度。建设长征国家文化公园，要保护长征文物主体和其周边的自然环境，使其协调发展，如固原市的旅游主题是“红色六盘，绿色固原”，让游客在天然森林里净化心灵，用红色资源汲取正能量，二者交相辉映。全区进行长征文化资源普查，尽量不遗漏。还应完善长征文化资源保护机制，加大破坏行为的惩治力度。构建长征文化资源管理平台，公开征集散落在民间的资源，并实行动态管理，全民监督。针对一些年代久远、当事人年事已高的关于长征的口碑资料，可通过录制音视频资料、组织当事人撰写回忆录、采访当事人并形成口述资料等，使其千古流传。

第二，科学规划路线，分区开发利用。科学的规划是建设高质量长征国家文化公园的前提。整理宁夏段长征文化资源，可以构建“一轴两线五区多点”的空间形态，“一轴”是以红军长征路线宁夏段为基础，“两线”是红军长征文化旅游线路（将台堡革命旧址、单家集革命旧址、六盘山红军长征纪念馆、乔家渠宿营地）和红军西征文化旅游线路（盐池革命纪念馆、西征红军总指挥部豫旺堡、陕甘宁省豫海县回民自治政府成立旧址、将台堡革命旧址），“五区”是西吉县、隆德县、彭阳县、盐池县、同心县，“多点”是红军长征途中的其他遗址遗迹等，形成全面的“宁夏长征地图”。这张地图还可以分成不同的功能区，严格保护区、传统利用区、文旅融合区。严格保护区不得从事任何可能破坏资源的人文活动，严格管控；传统利用区依旧开展红色教育，作为党史学习教育基地；文旅融合区将长征文化资源与宁夏本土自然资源、民族风情、特色美食结合起来，打造复合型的旅游产品与路线。

第三，强化硬件条件，营造沉浸式氛围。建设长征国家文化公园要有完备的硬件设施作支撑，“软件”也不可或缺，这就要求公园依托长征文化资源，以大众喜闻乐见的形式呈现其内涵。如场景再现，为游客提供角色扮演的装备，再现当年长征情景；开展寓教于乐的红色活动，带游客吃一碗红米饭、唱一首红军歌、读一本红军书、参加一堂红军会、念一次入党誓词、扫一次红军墓；为青少年设计红军主题的惹人喜爱、形态可掬的卡通人偶；鼓励描述宁夏段长征故事的文学作品、音乐作品、影视作品的创作，加深了解，扩大影响；巡回展演，贴近人民日常生活，创造出沉浸式的红色文化氛围，潜移默化地传承红色基因。

第四，加强基础设施建设，提高公共服务水平。建设长征国家文化公园，就要先以六盘山红军长征旅游区创建5A级景区为标准来完善宁夏段内基础设施。注重标识牌、旅游厕所等基础设施建设，修建导游大厅、票务中心、纪念品销售中心、管理用房等服务设施，配套广场、绿地、停车场以及给排水、电气、电信、暖通、消防等附属设施。还应该克服交通带来的制约，构建以高速公路、高速铁路、民航为主的对外交通网络和以普通铁路、国省干线为主的内部路网。

（三）国外“文化线路”遗产保护案例

目前遗产保护领域所说的“文化线路”（cultural route）一词，一般指由2008年国际古迹遗址理事会《文化线路宪章》中明确的一种新的世界文化遗产类型。其定义的核心是要求反映跨越较长历史时期的民族、国家、地区或大陆间的多维、持续、互惠的货物、思想、知识和价值观的交流。世界很多地区和国家都基于自身历史文化背景和现实需求发展出了带有“文化线路”特色的遗产项目。对这一类广义上“文化线路”的研究，对于制定符合中国国情的长征历史遗存保护策略有着更大的借鉴意义。

1.欧洲文化线路

欧洲文化线路项目创立的背景是欧洲一体化，因而线路的选择以“承载着共同记忆的欧洲空间”“克服距离、边界和隔阂”为宗旨，最重要的两个条件是：第一，线路要有三个或三个以上的欧洲议会成员国参与；第二，线路所反映的历史和核心价值不仅对所在国家有重要意义，更要反映欧洲整体的历史。目前已公布了32条“欧洲文化线路”。例如2015年列入的“拿破仑之路”，就以拿破仑一生的征战线路为基础。还有一些并不强调具体线路，如“欧洲犹太遗产”之路、“地热小镇之路”等，是围绕某一历史文化主题的系列遗产形成的网络。甚至还有“唐·吉诃德之路”这样，并不存在于真实历史，只作为文化概念而存在的线路，体现出了很强的灵活性和多样性。

2.美国国家历史步道

美国国家步道是美国国家公园体系的重要组成部分，它以“将美国人民与伟大的户外空间相连接”为出发点，致力于把历史学习、观光、环境保护、文化传承、经济发展和交通需求相结合。已公布的19条步道的核心在于讲述美国历史、强化国家认同、培养公民意识。多数步道都围绕重大历史事件，不乏军事线路，例如“华盛顿—罗尚博革命之路”就以奠定美国独立战争胜局的战役历程为路线；“星条旗之路”则以诞生了美国国歌和国旗的1812年切萨皮克战争的行军路线为主体，有着非常强烈的爱国主义教育色彩。步道沿线经常会举行“历史重演”等纪念活动，让游客亲身体验历史。此外，历史步道主题的选择也勇于直面国家的负面历史，如反映印第安人被压迫历史的“眼泪之路”等。

美国国家历史步道由国会认定、美国国家公园管理局主管，但民间自发的保护力量才是实际上的保护主力，每条步道都有自己的民间保护组织，每年对步道进行定期的勘测，并推动和实施规划、展示、维护、导览、景观保护等工作。

3. 日本遗产

为了借助2020年东京奥运会的机会，充分展示日本传统和文化，日本从2015年开始推出了“日本遗产”项目。该项目旨在将能够说明某一传统，或展示某一历史脉络的各类遗产点进行梳理归并，形成100个完整讲述地区或国家的传统历史文化的“日本故事”。目前已推出的46处“日本遗产”中就包含“四国遍路”和“800年日本茶文化散步道”等带有文化线路色彩的遗产项目。例如“800年日本茶文化散步道”是以茶文化为主题，将京都宇治地区的茶园、茶铺、作坊、交通设施、相关宗教建筑和茶道场所等一系列遗产点组织起来，讲述茶文化在日本的发展演变历程。“日本遗产”的特点是兼顾物质与非物质遗产，并且拥有统一的标识系统。项目受众不仅有本国民众，更有着向世界介绍日本、塑造日本国家形象的清晰目标。

4. 加拿大线性文化遗产保护模式

加拿大有关部门在文化遗产保护方面采用了以下几个方面的措施。

（1）严密完整的行动计划，包括A.分区计划；B.地点计划；C.管理计划；

D. 25年战略计划。

（2）合作管理和伙伴项目。

（3）完善的法律法规体系。

（4）对游客旅游行为的管理和引导。

5. 土耳其线性文化遗产保护模式

土耳其有关部门在可持续保护政策方面采取以下措施。

（1）对于可持续发展的遗产，利用电脑和传媒技术，制订和完善其保护计划以及相应的修缮方案。

（2）明确各执政权力的范围和责任，发布统一的《城市和环境保护法》。

（3）对地方政府增加资金投入，确保一定的技术支持。

（4）遗产保护委员会的组成人员丰富多样，包括城市规划专家、设计师、建筑工程师、考古学家等。

（5）对公民尤其是青少年加强文化遗产保护的相关教育，使其能够热爱文化遗产并积极参加对遗产的保护。

（四）毛泽东同志在红军长征期间创作的部分诗词

1.《十六字令三首》

一九三四年到一九三五年

其一

山，
快马加鞭未下鞍。
惊回首，
离天三尺三。

其二

山，
倒海翻江卷巨澜。

奔腾急，
万马战犹酣。

其三

山，
刺破青天锷未残。
天欲堕，
赖以拄其间。

2.《忆秦娥·娄山关》

一九三五年二月

西风烈，
长空雁叫霜晨月。
霜晨月，
马蹄声碎，
喇叭声咽。

雄关漫道真如铁，
而今迈步从头越。
从头越，
苍山如海，
残阳如血。

3.《七律·长征》

一九三五年十月

红军不怕远征难，
万水千山只等闲。
五岭逶迤腾细浪，
乌蒙磅礴走泥丸。

金沙水拍云崖暖，
大渡桥横铁索寒。
更喜岷山千里雪，
三军过后尽开颜。

4.《念奴娇·昆仑》

一九三五年十月

横空出世，
莽昆仑，
阅尽人间春色。
飞起玉龙三百万，
搅得周天寒彻。
夏日消溶，
江河横溢，
人或为鱼鳖。
千秋功罪，
谁人曾与评说？

而今我谓昆仑：
不要这高，
不要这多雪。
安得倚天抽宝剑，
把汝裁为三截？
一截遗欧，
一截赠美，
一截还东国。
太平世界，
环球同此凉热。

5.《清平乐·六盘山》

一九三五年十月

天高云淡，

望断南飞雁。

不到长城非好汉，

屈指行程二万。

六盘山上高峰，

红旗漫卷西风。

今日长缨在手，

何时缚住苍龙？

6.《六言诗·给彭德怀同志》

一九三五年十月

山高路远坑深，

大军纵横驰奔。

谁敢横刀立马？

唯我彭大将军！

7.《沁园春·雪》

一九三六年二月

北国风光，

千里冰封，

万里雪飘。

望长城内外，

惟余莽莽；

大河上下，

顿失滔滔。

山舞银蛇，

原驰蜡象，
欲与天公试比高。
须晴日，
看红装素裹，
分外妖娆。

江山如此多娇，
引无数英雄竞折腰。
惜秦皇汉武，
略输文采；
唐宗宋祖，
稍逊风骚。
一代天骄，
成吉思汗，
只识弯弓射大雕。
俱往矣，
数风流人物，
还看今朝。

第五章
黄河国家文化公园建设

一、黄河文化及黄河国家文化公园概况

黄河是中华民族的母亲河，孕育了古老伟大、辉煌灿烂的中华文明。党的十八大以来，习近平总书记走遍沿黄流域九省区，就黄河流域的生态保护与高质量发展问题作出多次重要批示。黄河文化作为中华民族的根脉文化，根植于辽阔广袤的黄河流域，是中华文明中最具代表性、典型性和影响力的主体文化之一。保护传承弘扬黄河文化也成为黄河流域生态保护与高质量发展、弘扬中华优秀传统文化、推动新时期文化强国建设的必然举措。在这一背景下，黄河国家文化公园应运而生，并成为新时期黄河文化系统性保护传承弘扬的重大工程。

（一）黄河文化及其价值

1.黄河文化的主要构成

黄河文化是一个具有多维度、多层次特征的文化复合体，并具有完整的体系构成。较为常见的方法是从文化区（文化区是指具有相同或相似文化特质地理区域）的视角出发，根据黄河流域内局部和地区的文化多样性，将黄河文化划分为三秦文化、中州文化、齐鲁文化三个核心文化区和三晋

文化、燕赵文化、河湟文化三个亚文化区（或称次文化区）[①]；2021年中共中央、国务院印发的《黄河流域生态保护与高质量发展规划纲要》中将黄河文化分为“河湟—藏羌文化区、关中文化区、河洛—三晋文化区、儒家文化区、红色文化区”[②]五个区。结合现有划分方法，认为黄河文化是由“河湟—藏羌文化、关中文化、河洛—三晋文化、齐鲁—燕赵文化以及红色文化”等组成的完整体系。

（1）河湟—藏羌文化

河湟—藏羌文化区主要是指上游大通河、湟水河流域和甘南、若尔盖、红原、石渠等地区，位于我国蒙古高原游牧文化圈、青藏高原游牧文化圈以及中原农耕文化圈的交汇地带，是农耕文化与游牧文化交汇相融的过渡地带，也是我国多元文化交流交汇之地，是理解中华民族多元文化共同体的重要窗口。河湟区域地理环境独特，具有游牧与农耕文化长期并存的特征，并具有悠久的文化发源历史，形成包括“马家窑文化、齐家文化、拉乙亥人、宗日文化遗址、喇家遗址”等为代表的史前文化，特别是新石器时代的马家窑文化和齐家文化有着精彩绝伦的彩陶制作工艺，是与仰韶文化、大汶口文化齐名的黄河流域史前文明三大制陶中心；并包含了以“汉族、藏族、回族、土族”等为代表的民族文化、以“清真寺、天主教堂、禅寺、道观”等为代表的多元宗教文化，以及以“西路军精神、‘两弹一星’精神、青藏铁路精神”等为代表的红色文化等多元文化形态。从历史的角度来看，黄河流域河湟—藏羌文化的发展不仅是其自身积累演化的结果，还在于其独特的地理区位和自然环境所赋予的多元交融的特质。历史上，河湟—藏羌文化区分别在汉代、魏晋南北朝、隋唐以及元朝等时期经历了4次与其他民族整合与交汇的过程，从而形成了这一区域多民族文化交

① 徐吉军：《论黄河文化的概念与黄河文化区的划分》，载《浙江学刊》1999年第6期。

② 中国政府网：中共中央 国务院印发《黄河流域生态保护和高质量发展规划纲要》，http://www.gov.cn/zhengce/2021-10/08/content_5641438.htm，发布时间：2021年10月8日。

流融合、多元文化形态共存的文化特征。

（2）关中文化

历史上，对关中地域范围的划分形成了“一关说①”“二关说②”“四关说③”“五关说”④“六关说⑤”等不同的界定方法，并有着“大关中”和“小关中”的区别。其中被大众普遍熟知的是“四关说”和“小关中”的说法，“小关中”的地理范围大抵“自汧、雍以东至河、华”（见《史记·货殖列传》），主要指东潼关、西散关（大震关）、南武关、北金锁关的“四关”之内；主要包括中游渭河流域和陕西、甘肃黄土高原地区。以西安为代表的关中地区传统文化底蕴深厚，历史文化遗产富集，是黄河文化的主干文化区。在黄河流域3000多年全国政治、经济、文化中心的历史中，关中文化长期处于黄河文化的中心位置，并在长达1100余年的历史中担纲全国文化中心的地位。特别是自西周至西汉、隋唐王朝等封建王朝的历史中，关中地区一直是王朝都城之地，从而奠定了关中文化在黄河文化以及中华文化中的历史中心性地位。

关中具有丰富的历史文化遗产遗存。陕西是天然的历史博物馆。黄帝陵、兵马俑、延安宝塔、秦岭、华山等，是中华文明、中国革命、中国地理的精神标识和自然标识。从关中文化构成来看，遍布关中地区的自然景观、历史遗迹、文化文物、村落建筑等形态展现出来，是关中文化中最直观、最鲜活的一面，并以现代文旅产业和文旅事业的方式得以存续和发展。

---

① 唐代学者颜师古提在为《史记·高帝本纪》所作注释中写道：“自函谷关以西，总名关中。”

② 《三辅旧事》也指出关中“西以散关为限，东以函谷为界”。

③ 东晋人徐广为《史记》中“关中阻山河四塞”一句的注释“东函谷，南武关，西散关，北萧关”，为我们明确了关中“四塞”的范围。

④ 见于《资治通鉴》胡三省所做注释：“西有陇关，东有函谷关，南有武关，北有临晋关，西南有散关。”

⑤ “六关说”是在“四关说”的基础上增加了潼关与金锁关。

同时，以“制礼作乐”“儒家伦理”“郡县制”“科举制”“礼乐文教”等为代表的制度文化、以“《周易》等学术经典，《史记》《汉书》等史学经典，《诗经》、唐诗等文学经典，石鼓、小篆、隶书、楷书、行书等书法经典，秦腔、皮影、木偶戏等戏曲经典，青铜器、雕塑、陶器等美术经典，以及宗教传统和风俗习惯”等为代表的关中文化经典，构成了刻画中华文明的深刻文化基因。

（3）河洛—三晋文化

《黄河流域生态保护与高质量发展规划纲要》将河洛—三晋文化界定为黄河中游伊洛河和汾河流域的文化片区，这一区域是中华民族的重要发祥地之一。相较于关中文化的整体性，河洛—三晋文化区由“河洛文化片区”和“三晋文化片区”两部分构成。

河洛文化具有“天下之中”的文化特性，并孕育了仰韶时代的裴李岗文化、彩陶文化，中原龙山文化，九朝古都洛阳的王朝文化，以及“三皇五帝”文化、“河图、洛书”文化、“儒、道、佛、玄学、理学”等学说文化以及史官制度文化等。河洛文化以“河图”“洛书”为标志，以夏、商、周三代文化为主干，以汉魏唐宋为兴盛，以古都洛阳所凝聚的文化精华为核心，以“河洛郎”南迁为途经，是联结海内外华人的重要精神纽带，这里的汉字文化、考古学文化以及国都文化让人印象深刻。河洛地区长期为我国的政治与经济中心，由于政治与地域上的优势，河洛文化被历代官方奉为正统，因而逐渐由主导文化发展成为国家文化。[①]

根植于黄土大地，由黄河水哺育形成的三晋文化也是黄河文化的重要组成内容，并在独特的地理区位和历史发展的孵化下，具有民族融合性、兼容并包性、地域差异性和黜华尚实性等多元特征[②]。从民族融合来看，三

① 杨海中：《河洛文化、华夏文化与国家文化》，载《黄河科技大学学报》2016年第18卷第6期。

② 刘纬毅：《三晋文化的特质》，载《山西师大学报（社会科学版）》1998年第1期。

晋大地一直是华夏族和北方游牧民族的混居之地，契丹人、女真人、蒙古人等民族与汉民族在长期地对抗与征战中融合，形成了三晋大地多元民族文化融合的特点；从思想文化来看，儒释道三教文化兼容并蓄，并有着丰富的民间神祇信仰；从地域文化来看，河东文化、并州文化、上党文化以及雁门文化各具特色。

（4）齐鲁—燕赵文化

齐鲁—燕赵文化主要是指黄河下游的山东曲阜、泰安等地区的文化，包括以儒家文化为代表的齐鲁文化和以“慷慨悲歌、好气任侠”[①]为典型特征的燕赵文化。

齐鲁文化产生并发展于泰沂山系南北两侧，先后有北辛文化、大汶口文化以及龙山文化等考古学文化诞生，随着“太公封齐、周公封鲁”，齐鲁大地先后孕育了子学时代的百家诸子、经学时代的儒家正统文化以及革命时期形成的沂蒙精神等，都是齐鲁文化多样性的充分体现。齐鲁文化浓缩了中国的教育史，儒学、史前文化等都具有鲜明的地域特征。齐鲁文化不仅是一个区域文化概念，更是一个历史文化概念，战国时期齐、鲁文化初步融合，是特殊历史年代的文化，并且齐鲁文化延续到现在，一直具有历史发展性。[②]

燕赵之地背山面海，南临黄河，孕育了灿烂的燕赵文化。数千年来，在燕赵之地的广袤大地上，从泥河湾旧石器文化到磁山文化，从以“慷慨悲歌”为稳定标志的传统燕赵文化到以西柏坡精神为灵魂的革命燕赵文化，从唐山抗震救灾到抗击“非典”斗争中表现的敢于牺牲、敢于胜利的现代燕赵文化相继诞生[③]，赋予燕赵之地以农耕文化为主、农耕文化与游牧文化结合的特征，并使其具有“开放务实、贵和持中、重信守义”的文化

① 董海林、李广：《燕赵文化解析》，载《邯郸学院学报》2013年第23卷第2期。

② 马斗成：《“第一届齐鲁文化国际学术研讨会”综述》，载《管子学刊》2004年第1期。

③ 陈旭霞：《燕赵文化脉理探析》，载《中华文化论坛》2004年第3期。

气质。

（5）红色文化

黄河流域是全国革命遗址规模最大、数量最多的地区之一，丰富的红色文化资源使得红色文化也构成了黄河文化的重要组成部分。丰富的红色文化资源孕育了伟大的革命精神，包括伟大长征精神、延安精神、抗战精神、焦裕禄精神、“两弹一星”精神、西柏坡精神、照金精神、南泥湾精神、太行精神、吕梁精神、张思德精神、红旗渠精神、西迁精神等。

2.黄河文化的价值

举世公认的是，黄河是中华民族的伟大母亲，孕育了辉煌灿烂的中华文明，黄河流域是中华文明的摇篮。诞生于黄河流域的黄河文化也在塑造中华民族精神、延续中华民族血统、推动中华民族辉煌发展的过程中不断发展，并成为中华民族珍贵的财富。

（1）黄河文化在中华文明中的根源性和延续性

在组成中华文明的各类文化中，黄河文化具有典型而深刻的根源性。黄河文化的这种根源性不仅表现为黄河流域是中华民族和中华文明的发祥地，还表现为黄河流域孕育了中华文明完整的文明序列。这一文明序列代代相传也体现了黄河文化的延续性和生命力。在黄河水千万年如一日的滋养下，河湟、关中、河洛等黄河流域诞生了文明的初始形态，并最终发展为华夏文明的前身。考古学领域的研究发现，黄河流域分布着中国近一半的旧石器时代遗址，包括蓝田遗址、大荔遗址、丁村遗址、许家窑遗址等，时间稍晚的有山西朔州市寺峪遗址、河南安阳县小南海洞遗址，到新石器时代的裴李岗遗址、马家窑遗址、齐家遗址，以及仰韶遗址、半坡遗址、庙底沟遗址、陶寺遗址、石峁遗址等，都彰显了黄河文化在华夏文明的根源性。

从文明延续和发展的角度来看，黄河流域诞生了从史前文明到封建王朝再到近现代的完整系列文化体系，特别是自秦汉以降的汉长安城、汉魏洛阳城、隋唐长安城、隋唐洛阳城、北宋东京城等，不仅见证了整个中国历史绵延不断的持续发展，还反映了盛世文明的伟大记忆与历史成就。在这个过程中，黄河文化的内容和体系不断丰富，裴李岗文化、仰韶文化、大汶口文化、龙山文化等一脉相承，夏、商、周三代文明礼仪承袭不曾断绝；儒、道、法、农、兵、商、墨百家争鸣；汉代经学、魏晋玄学、宋明理学代际有承；诗经、楚辞、汉赋、唐诗、宋词、元曲、明清小说尽显风华。可以说中华文明的众多元素，其根源均深植于黄河文化之中。

（2）黄河文化在中华文明中的中心性

在中国历史上，黄河一直享有至高无上的地位。早在汉代就被尊称为“四渎之宗”（当时认为四条最大的河流，即黄河、长江、淮河和济水）。从文化的角度来看，黄河文化具有极其显著的中心性和正统性特征。作为以农耕文明为底色的文明复合体，黄河流域在很长一段时间都担纲着中华文明的中心地位。从中华文明5000多年的历史来看，其中有3000多年里，黄河流域都是全国的政治、经济、文化中心，从而赋予黄河流域“天下之中”的文化特征。在数千年先进生产力的支撑下，黄河流域创造了高度辉煌和繁荣的物质文化水平、精神文化水平。以最能反映黄河流域文化发展的中国古代政治发展历程来说，无论是关于“三皇五帝”的传说故事，还是从战国时期到夏商周、春秋战国、秦汉、隋唐、北宋时期，伴随着国家政治中心的迁移，黄河流域文化中心的位置也在流域内移动，但始终保持着高度的繁荣和发展水平，并在很长一段时间内代表着全国最高水平。中华文化中的儒道法思想，诗词歌赋，抑或是秦始皇陵、万里长城等宏大工程和“二十四节气、河图洛书”等伟大创造，都是黄河文化作为中华文明宝贵财富的重要体现。

（3）黄河文化作为中华民族“根与魂”的深刻性

习近平总书记在黄河流域生态保护和高质量发展座谈会上指出，黄河文化是中华文明的重要组成部分，是中华民族的根和魂。早在6000多年前，在黄河流域适宜的环境下孕育出远古文明，并开始进行农耕活动；而在4000多年前，以炎、黄为首的两大氏族部落在关中及周边地域扎根，形成了最早的“华夏族”雏形。他们不仅创造出物质财富，也在历史的长河中创造出璀璨的精神文化，沉淀出中华民族文化的基因，铸就了中华文明的血脉——黄河文化。从农耕文明伊始，中华文化的种子在此开始萌芽；到夏商周王朝的建立，中华文化开始逐渐形成，并走向成熟；再到秦汉隋唐建都关中，以长安、洛阳、开封为代表的王朝开始将自己的国家文化发扬出去，炎黄传说、儒家思想源头、文学经典、宗教信仰、伦理观念等均诞生于此并影响至今，成为中华文明的精髓，深刻影响着中华民族的民族心理与性格，这种影响直至21世纪的今天，并将延续至未来。

（二）黄河国家文化公园建设的价值与目标

建设黄河国家文化公园是贯彻落实习近平总书记关于黄河流域生态保护与高质量发展重要论述精神的重要举措，也是为实现中华民族伟大复兴中国梦凝聚精神力量、展示中国文化形象的重要战略选择，在国家文化建设领域发挥着文化保护传承、公共服务供给、深化文旅融合、服务经济发展、凝练民族精神，以及展示国家形象的重要作用。

1.黄河国家文化公园概况

依托黄河流域文化遗产资源富集、传统文化根基深厚的优势，从战略高度保护传承弘扬黄河文化，深入挖掘蕴含其中的哲学思想、人文精神、价值理念、道德规范，是黄河国家文化公园建设的价值取向和目标所在。特别是通过对黄河文化的创造性转化和创新性发展，充分展现中华优秀传统文化的独特魅力、革命文化的丰富内涵、社会主义先进文化的时代价值，从而不断增强黄河流域文化软实力和影响力，建设厚植家国情怀、传承道德观念、各民族同根共有的精神家园，使黄河国家文化公园建设成中华文化保护传承弘扬的重要承载区。

（1）黄河国家文化公园的提出过程

黄河国家文化公园建设是保护传承弘扬黄河文化的系统工程，其想法从形成到落地实施经历了一系列完整的过程。自国家文化公园的设想提出以来，以黄河文化为依托、建设黄河国家文化公园便成为学界和相关部门讨论、考察的重要选题。2019年9月18日，习近平总书记在郑州主持召开黄河流域生态保护和高质量发展座谈会并发表了重要讲话。习近平总书记指出："要深入挖掘黄河文化蕴含的时代价值，讲好'黄河故事'，延续历史文脉，坚定文化自信，为实现中华民族伟大复兴的中国梦凝聚精神力量。"习近平总书记关于黄河文化保护传承弘扬的重要指示精神成为推动黄河国家文化公园的标志性事件。

贯彻落实习近平总书记关于黄河文化保护传承弘扬的重要指示和系列讲话精神，黄河国家文化公园建设正式列入国家文化公园体系之中，并在实际工作中逐步推进。2020年10月29日，《中共中央关于制定国民经济和社会发展第十四个五年规划和二〇三五年远景目标的建议》提出建设黄河国家文化公园；2020年12月30日，国家发展改革委社会司组织召开黄河国家文化公园建设启动暨大运河、长城、长征国家文化公园建设推进视频会，黄河国家文化公园建设得以正式启动。

此后，2021年1月15日、22日、29日，国家发展改革委社会司、文化和旅游部资源司等单位相继组织召开了三次黄河国家文化公园建设系列交流研讨会，推动黄河国家文化公园建设落地实施。

（2）黄河国家文化公园建设概况

以习近平总书记在黄河流域生态保护和高质量发展座谈会上的重要讲话精神为指引，按照中共中央办公厅、国务院办公厅印发的《黄河流域生态保护和高质量发展规划纲要》和领导小组印发的《黄河国家文化公园建设实施方案》，沿黄九省均建立工作协调机制，启动分省规划研究编制工作，有效推进各项任务落实落地。目前，在《黄河国家文化公园建设实施方案》这一国家层面政策的引导下，《黄河国家文化公园建设保护规划（陕西段）》《黄河国家文化公园建设保护规划（河南段）》等规划政策已经逐步出台，为各省区推进黄河国家文化公园建设提供政策遵循。

2. 建设黄河国家文化公园的价值

黄河流域是中华文明的发祥地和五千年华夏文明的根源所在。推动黄河国家文化公园建设是新时期推动黄河文化保护传承弘扬的战略抓手，并具有突出的社会经济效益。

（1）有利于系统保护黄河文化遗产

文物和文化遗产遗存保护是国家文化公园建设的首要任务，也是国家文化公园建设的首要价值。作为黄河流域人民在千百年的生活生产实践中创造的物质财富和精神财富，黄河文化遗产具有承载历史久远、分布地域广阔、种类数量众多、地位和作用明显等特点，在实现中华优秀传统文化的创造性转化和创新性发展中具有独特的地位与不可替代的作用。只有保护好传承好弘扬好黄河文化遗产，才能为讲好黄河历史故事提供取之不尽、用之不绝的素材。通过整合黄河流域具有突出意义、重要影响、重大主题的文物文化资源，实施分类保护管理，形成具有特定开放空间的公共文化载体，通过文化和旅游融合发展，集中打造中华文化重要标志，并以此探索新时代文物文化资源保护传承利用新路，建设黄河国家文化公园有利于实现黄河文化遗产的系统保护传承。

（2）有利于黄河流域社会经济发展

建设黄河国家文化公园有利于促进黄河流域社会经济发展，加速沿线地区经济高质量发展。黄河流域的高质量发展是党和国家着眼中华民族伟大复兴做出的重大战略部署，是紧密结合黄河流域比较优势和发展阶段，以生态保护为前提，优化调整区域经济和生产力布局的战略安排。通过黄河国家文化公园建设，加强黄河文化保护传承弘扬，加大与生态保护、全域旅游、乡村振兴和文化旅游融合发展，能够促进培育经济重要增长极，增强流域高质量发展动力，提升流域高质量发展活力，为流域经济发展、欠发达地区新旧动能转换提供路径，有利于改善民生，满足人民的文化需求，推动城乡统筹发展和区域经济转型，为促进全国经济高质量发展提供支撑。

（3）有利于坚定社会主义文化自信

建设黄河国家文化公园有利于坚定文化自信，为实现中华民族伟大复兴的中国梦凝聚精神力量。黄河流域作为中华民族及华夏文明重要发祥地，黄河文化是黄河流域文化遗存、生活方式、价值取向、社会制度、风俗习惯、审美情怀等的总称，蕴含丰富的价值伦理、哲学思想和文化态度，包括“同根同源”的民族心理和“大一统”的主流意识，是增强民族认同感、维系国家统一和民族团结的精神支柱，也是新时代坚定文化自信、建设社会主义文化强国的重要源泉。深入挖掘黄河文化的文化内涵和时代价值，有利于增强中华民族的文化认同感、归宿感，有利于构建中华民族共同体意识，有利于弘扬社会主义核心价值观，为实现中华民族伟大复兴的中国梦凝聚磅礴伟力。

3.黄河国家文化公园建设的目标

2021年5月国家发展改革委等7部门印发的《文化保护传承利用工程实施方案》指出，到2025年，大运河、长城、长征、黄河等国家文化公园建设基本完成，打造形成一批中华文化重要标志，相关重要文化遗产得到有效保护利用，一批重大标志性项目综合效益有效发挥，承载的中华优秀传统文化传承发展水平显著提高。明确了国家文化公园的建设目标，即依托黄河流域富集的文化遗产资源和深厚的文化根基，从战略高度保护传承弘扬黄河文化，深入挖掘蕴含其中的哲学思想、人文精神、价值理念、道德规范。通过对黄河文化的创造性转化和创新性发展，充分展现中华优秀传统文化的独特魅力、革命文化的丰富内涵、社会主义先进文化的时代价值，增强黄河流域文化软实力和影响力，建设厚植家国情怀、传承道德观念、各民族同根共有的精神家园。

（1）保护传承弘扬黄河文化

保护好、传承好黄河文化是弘扬黄河文化、讲好新时代黄河文化故事的前提条件，也是黄河国家文化公园建设的基本目标之一。从黄河文化保护传承的角度来看，黄河国家文化公园建设要在以下几个方面取得进展：一是梳理黄河文化资源的脉络与体系，摸清黄河文物古迹、非物质文化遗产、古籍文献等重要文化遗产的底数；二是改善濒危遗产遗迹遗存的生存和保护状况，实现对陕西石峁遗址、山西陶寺、河南二里头、河南双槐树、山东大汶口等重要遗址的整体性保护和抢救性保护，并加大对黄河流域古建筑、古城古镇古村等文化遗产，黄河渡口、秦直道、古灌区等遗产的保护保存；三是黄河流域非物质文化遗产保护名录体系不断完善，大力保护黄河流域戏曲、武术、民俗、传统技艺等非物质文化遗产，并综合运用现代信息和传媒技术手段，加强黄河文化遗产数字化保护与传承弘扬。

（2）深入传承黄河文化基因

深入实施中华文明探源工程，系统研究梳理黄河文化发展脉络，充分彰显黄河文化的多源性多样性。开展黄河文化传承创新工程，系统阐发黄河文化蕴含的精神内涵，建立沟通历史与现实、拉近传统与现代的黄河文化体系。打造中华文明重要地标，深入研究规划建设黄河国家文化公园。支持黄河文化遗产申报世界文化遗产。推动黄河流域优秀农耕文化遗产活化利用和传承创新，支持其申报全球重要农业文化遗产。综合展示黄河流域在农田水利、天文历法、治河技术、建筑营造、中医中药、藏医藏药、传统工艺等领域的文化成就，推动融入现实生活。大力弘扬延安精神、焦裕禄精神、沂蒙精神等，用以滋养初心、淬炼灵魂。整合黄河文化研究力量，夯实研究基础，建设跨学科、交叉型、多元化创新研究平台，形成一批高水平研究成果。适当改扩建和新建一批黄河文化博物馆，系统展示黄河流域历史文化。

（3）讲好黄河文化故事

讲好黄河文化故事有利于向世界展示中华文化的魅力，增强构建人类命运共同体的共识。例如，围绕陕西省作为中华民族及华夏文明重要发祥地、古丝绸之路起点、黄河中游重镇的重要地位，对标国际文化和旅游中心，进行黄河文化的保护、传承、弘扬工作，有利于向世界展示中华文化、陕西文化的魅力；有利于推动陕西省文化旅游形成全面开放新格局；有利于讲好陕西黄河故事，深化文明交流互鉴，增强构建人类命运共同体的共识；有利于推动黄河文化走向全国乃至走向世界，扩大陕西省黄河文化的传播力和影响力。

（4）黄河流域高质量发展

习近平总书记指出，“黄河文化是中华文明的重要组成部分，是中华民族的根和魂。保护、传承、弘扬黄河文化，让黄河成为造福人民的幸福河，是推动黄河流域生态保护和高质量发展的五大目标任务之一”。黄河国家文化公园不同于其他国家文化公园，其建设保护是黄河流域生态保护和高质量发展战略的组成部分，是国家重大区域战略的重要内容。黄河国家文化公园建设保护与黄河流域生态保护与修复、高质量发展、基础设施建设、深化改革开放等其他事关黄河流域长远发展的战略内容紧密相关，其建设保护进程不能独立于黄河战略之外，必须置于黄河流域生态保护和高质量发展这一重大国家战略整体框架下实施，并与其他领域紧密衔接，提高黄河国家文化公园整体建设保护水平。

（5）凝聚中华民族精神

黄河文化是坚定文化自信的重要基石，是放眼新时代的重要考量。在黄河文化孕育、发展壮大的历史进程中，各地积淀了厚重的遗存文化、奠基性的制度文化、博采众长的精神文化和丰富多彩的民俗文化，充分印证了黄河文化的灿烂辉煌。以黄河文化保护、传承、弘扬规划作为经济文化社会发展的重要抓手，有利于提升文化形象，增强文化自信；有利于推动传统产业转型升级，加快发展枢纽经济、门户经济和流动经济，为整个黄河流域生态保护和高质量发展做出贡献，为实现中华民族伟大复兴的中国梦凝聚磅礴伟力。

二、黄河国家文化公园建设的主要内容与任务

黄河国家文化公园建设，主要通过打造四大主体功能区、实施五大工

程，构筑黄河文化廊道、黄河生态廊道和文化旅游复合廊道，形成黄河文化保护传承弘扬核心区。

（一）黄河国家文化公园建设的功能分区

2019年7月24日，《长城、大运河、长征国家文化公园建设方案》（以下简称《方案》）明确了国家文化公园的建设内容为：管控保护、主题展示、文旅融合、传统利用4类主体功能区。黄河国家文化公园建设，应根据文物和文化资源的整体布局、禀赋差异及周边人居环境、自然条件、配套设施等情况，结合国土空间规划，重点建设4类主体功能区。

1.管控保护区

管控保护区由文物保护单位保护范围、世界文化遗产区及新发现发掘文物遗存临时保护区组成。管控区保护区的建设工作主要从以下三个方面进行。

一是划定保护区域。黄河国家文化公园沿线各省份应贯彻落实《中华人民共和国文物保护法》及世界文化遗产保护管理工作的相关要求，及时划定并公布各类保护对象的保护范围和建设控制地带，对文物本体及历史环境实施严格保护和管控，对濒危文物实施封闭管理。对黄河沿线的历史文化名城名镇名村、传统村落等，划定相应保护范围界线，明确各区域建设管控要求。

二是依法严格保护。文物保护单位、世界文化遗产的保护管理按照《中华人民共和国文物保护法》《世界文化遗产保护管理办法》等法律法规进行。非物质文化遗产按照《中华人民共和国非物质文化遗产法》进行保护。历史文化名城名镇名村和传统村落按照《中华人民共和国城乡规划法》《历史文化名城名镇名村保护条例》进行保护。

三是实行动态管理。动态更新文物保护单位、历史文化名镇名村、传统村落名录及管控保护区。针对新发现、尚未核定为文物保护单位的历史文化遗存，划定临时保护区，按照文物保护单位的保护管理规定执行。

2. 主题展示区

主题展示区包括核心展示园、集中展示带、特色展示点3种形态。核心展示园由开放参观游览、地理位置和交通条件相对便利的国家级文物、文化资源及周边区域组成，是参观游览和文化体验的主体区。集中展示带以核心展示园为基点，串联黄河文化关联紧密、交通联系便捷的各级文物文化资源汇集，形成文化载体密集地带。特色展示点布局相对分散，但具有黄河文化特色和体验价值。

黄河沿线各省份应依托黄河文物文化资源本底，统筹考虑资源价值、密集程度、文明标识体系、展示基础条件，构建一定数量的核心展示园、集中展示带以及特色展示点。一是将主题展示区建设保护作为重要内容纳入经济社会发展、城乡建设、土地利用等相关规划。在实施“多规合一”中充分体现主题展示区建设保护的要求，完善规划体系，加强规划实施管理。根据展示需求合理排布功能空间、组织游线，统筹考虑基础设施、公共服务设施布局，提升交通可达性与游览便捷性，带动当地民生发展。二是加强核心展示园与集中展示带相关资源的整合联动，突出各核心展示园错位联动发展。三是建立示范带动的标杆园区带，发挥典型作用，形成可借鉴可推广的经验和模式。

3. 文旅融合区

文旅融合区依托黄河文化旅游资源空间分布密度、文旅发展现状条件等，充分开发利用历史文化景点、自然生态景点、现代文旅景区等优质文旅资源，建设成为游览价值高、主题鲜明、多类型的文旅融合区。

首先，在文旅融合区中推动建设一批黄河文化旅游融合发展的重点区域、重大项目和精品作品。对接地方相关部门，引导文旅融合产业发展。推动“黄河+”系列融合，如黄河+中华文明旅游、黄河+自然风光旅游、黄河+红色教育旅游、黄河+特色乡村旅游、黄河+工业观光旅游、黄河+民俗风情旅游、黄河+影视文化旅游、黄河+文创体验旅游等。

其次，深入挖掘和展示黄河流域旅游特色，制订精准营销计划，实施品牌战略，塑造品牌形象，进一步提高景点景区、饭店宾馆等旅游宣传推广水平，建立政府、行业、媒体、公众等共同参与的整体营销机制，形成横向联动、多方参与的全域旅游营销格局。

4.传统利用区

依托文旅融合区范围以外区域，与黄河历史、文化、生态有紧密关系的村镇街区等，建设成为薪火相传、生生不息的传统利用区。传统利用区主要由有基础、有条件、有示范性，并具有文化代表性强、交通条件优越、村镇风貌良好、周边文化旅游资源丰富等特点的历史文化名镇、名村组成。

首先，根据黄河文化资源的特点，遴选传统利用区的先行示范点。划为传统利用区的历史文化名镇名村、历史文化街区的建设，要加强与地方原有保护发展目标及要求的衔接，严格遵守所在地区建设规划要求和相关法律法规。建设过程中，要在保护和延续名城名镇名村传统格局的基础上，结合黄河文化和地方特色，注重黄河元素、传统民俗元素的体现。要综合考虑各村镇历史文化、资源禀赋、地形地貌、基础设施，确定适当的发展目标和特色，根据类型不同合理确定建设力度，有重点、分批次打造，避免“千村一面”。

其次，按照保护修复、修旧如旧、建新如旧的原则，保持传统格局和建筑风貌的完整，加强对破坏严重的、存在安全隐患的传统利用区域进行保护，提升基础设施和环境条件。注重自然生态环境保护和历史文化保护相协调，逐步增强传统村落保护发展的综合能力。

最后，立足于传统利用区域的现状与文化、产业、资源优势，加快传统产业转型升级。鼓励沿线乡镇在具备优质条件的前提下，依托黄河文化资源，合理利用沿线的历史文化资源、自然资源和生态条件，因地制宜培育发展乡村民宿、农家乐、田园综合体、乡村康养，促进所在地文化旅游产业发展。以传统利用区域特色产业为基础，增强自我发展能力，提升居民收入水平和生活品质。

（二）黄河国家文化公园建设的主要内容

国家文化公园建设应通过构筑黄河文化廊道、黄河生态廊道和文化旅游复合廊道，形成文化新场景。

1.构筑黄河文化廊道

黄河文化多元纷呈、和谐相容，“河湟—藏羌文化、关中文化、河洛—三晋文化、齐鲁—燕赵文化以及红色文化”等组成了完整的黄河文化体系。充分利用黄河流域文化，把黄河百里风情线建成展示黄河文化的廊道，利用传统村落、文物遗迹、人文场馆、非物质文化遗产等文化场所，通过实施保护传承、研究发掘、数字再现等工程，深度开发创作舞台剧目，强化文化感知体验，形成黄河文化长廊。

2.构筑黄河生态廊道

一是构建黄河流域生态保护“一带”“五区”“多点”空间布局。“一带”，是指以黄河干流和主要河湖为骨架，连通青藏高原、黄土高原、北方防沙带和黄河口海岸带的沿黄河生态带。“五区”，是指以三江源、秦岭、祁连山、六盘山、若尔盖等重点生态功能区为主的水源涵养区，以内蒙古高原南缘、宁夏中部等为主的荒漠化防治区，以青海东部、陇中陇东、陕北、晋西北、宁夏南部黄土高原为主的水土保持区，以渭河、汾河、涑水河、乌梁素海为主的重点河湖水污染防治区，以黄河三角洲湿地为主的河口生态保护区。“多点”，是指藏羚羊、雪豹、野牦牛、土著鱼类、鸟类等重要野生动物栖息地和珍稀植物分布区。

二是重点建设一批开放式沿黄河城市滨水景观带状公园，串联绿地水景，构筑“河畅、岸绿、水清、景美”的滨水景观长廊。

3.构筑文化旅游复合廊道

推动文化和旅游融合发展，分类推进历史文化、红色文化等旅游活化工作，实现文化资源向文化旅游产品转化，打造具有国际影响力的黄河文化旅游复合廊道。

强化区域间资源整合和协作，推进全域旅游发展，建设一批展现黄河文化的标志性旅游目的地。发挥上游自然景观多样、生态风光天然、民族文化多彩、地域特色鲜明优势，加强配套基础设施建设，增加高品质旅游服务供给，支持青海、四川、甘肃毗邻地区共建国家生态旅游示范区；中游依托古都、古城、古迹等丰富人文资源，突出地域文化特点和农耕文化特色，打造世界级历史文化旅游目的地；下游发挥好泰山、孔庙等世界著名文化遗产作用，推动弘扬中华优秀传统文化。加大石窟文化保护力度，打造中国特色历史文化标识和“中国石窟”文化品牌。依托陕甘宁革命老区、红军长征路线、西路军西征路线、吕梁山革命根据地、南梁革命根据地、沂蒙革命老区等打造红色旅游走廊。实施黄河流域影视、艺术振兴行动，形成一批富有时代特色的精品力作。

（三）黄河国家文化公园建设的主要任务

根据已划分的四大主体功能区，实施保护传承工程、研究发掘工程、环境配套工程、文旅融合工程和数字再现工程等五大工程，建设黄河国家文化公园。

1.黄河文化保护传承工程

摸清黄河文物文化资源，坚持抢救性保护与预防性保护并重，持续改善黄河文物文化资源保存状况，注重历史文化名城名镇名村和传统村落整体风貌的管控保护，实施非物质文化遗产保护传承工程，扎实推进黄河文化展示场馆建设，全面保护传承黄河文化资源。

（1）系统全面保护黄河文物文化资源

开展黄河文化资源全面调查和认定，摸清文物古迹、非物质文化遗产、古籍文献等重要文化遗产底数，建设好文化遗产项目库。实施黄河流域“考古中国”重大研究项目，加强文物保护认定，从严打击盗掘、盗窃、非法交易文物等犯罪行为。提高黄河流域革命文物和遗迹保护水平，加强同主题跨区域革命文物系统保护。完善黄河流域非物质文化遗产保护名录体系，大力保护黄河流域戏曲、武术、民俗、传统技艺等非物质文化遗产。

（2）开展文化遗产抢救性调查，对濒危遗产遗迹遗存实施抢救性保护

高水平保护石峁、山西陶寺、河南二里头、河南双槐树、山东大汶口等重要遗址，加大对宫殿、帝王陵等大遗址的整体性保护和修复力度，加强古建筑、古镇古村等农耕文化遗产和古灌区、古渡口等水文化遗产保护，保护古栈道等交通遗迹遗存。

（3）推进黄河文化标志品牌建设

打造黄河历史文化地标城市，通过沿黄古都文化、黄河山水文化和黄河治理文化的品牌塑造，推动“一带一路”重要节点城市如西安、郑州、济南、兰州等形成黄河文化新地标，支持西安、洛阳、开封、大同等城市保护和完善历史风貌特色。

（4）加强黄河文化遗产数字化保护与传承弘扬

综合运用现代信息和传媒技术手段，对文化资源进行文化图像等的转化。黄河国家文化公园的文化资源富含图像要素，从远古壁画到石窟造像，从建筑画像到器物纹饰，从服饰华章到居所装饰，从山水临摹到市井画卷等，呈现出多姿多彩的黄河文化图景。黄河国家文化公园不但要真实展示一系列重要图像，还要从线条、结构、色彩、介质等方面出发创意转化一系列重要图像。转化后的图像可以应用于黄河国家文化公园的形象标识、建筑景观、演艺作品、旅游体验项目、文创商品、服务设施设备等方面，构建起一个有底蕴、有特色、有活力的黄河文化图像体系。在已经到来的“图像时代”，黄河国家文化公园一定要善于“构图”和“读图”。

（5）充分发挥载体作用，采取多种措施和形式，开展黄河文化宣传，普及黄河文化知识，讲好黄河文化故事

启动“中国黄河”国家形象宣传推广行动，增强黄河文化亲和力，突出历史厚重感，向国际社会全面展示真实、立体、发展的黄河流域。加强黄河题材精品纪录片创作。在国家文化年、中国旅游年等活动中融入黄河文化元素，打造黄河文化对外传播符号。支持黄河流域与共建“一带一

路”国家深入开展多种形式人文合作，促进民心相通和文化认同。加强同尼罗河、多瑙河、莱茵河、伏尔加河等流域的交流合作，推动文明交流互鉴。开展面向海内外的寻根祭祖和中华文明探源活动，打造黄河流域中华人文始祖发源地文化品牌。深化文学艺术、新闻出版、影视等领域对外交流合作，实施黄河文化海外推广工程，广泛翻译、传播优秀黄河文化作品，推动中华文化走出去。引导我国驻外使领馆及孔子学院、中国文化中心等宣介黄河文化。开展国外媒体走近黄河、报道黄河等系列交流活动。

2. 黄河文化研究发掘工程

深入发掘黄河精神与黄河文化价值体系，积极开展黄河文化系统研究，深化黄河精神的时代价值，通过黄河文物研究和文艺精品创作提升黄河文化影响力、推动中国文化“走出去”。

（1）全面深入挖掘黄河精神，提炼黄河精神内涵要义

开展黄河沿线重要历史事件和现代国家战略背景与中国自然地理、历史地理背景下的价值研究，深刻认知、自觉传承黄河文化体现的民本精神、创新精神、抗争精神、融合精神、奉献精神、奋斗精神。深刻理解黄河文化所具有的博大精深、磅礴雄伟、忧患悲壮、崇德尚品、融合包容、强大生命力等精神特质，挖掘黄河文化新的精神内容与时代价值。系统研究黄河文化的内涵外延、价值体系和时代价值，凸显黄河文化的根源性和主干性。探索建立黄河文化保护创新体系，提炼黄河文化价值，着力从国家自然地理、中华文明体系、中国革命文化、黄河生态治理等多维度，确立黄河文化在中华精神家园的重要地位，挖掘其滋养中华民族文化基因、激励华夏儿女奋发图强的历史底蕴，以及实现中华民族伟大复兴中国梦的价值引领作用。

（2）开展黄河文化系统研究

加强黄河文化系统研究，多层次、全方位深化对黄河精神内涵的认知，展现承载的文化，弘扬历史凝聚的文化，突出“九曲黄河”整体辨识度。开

展黄河文化学术研究，以价值研究为导向，制订黄河文化保护、管理、利用等方面的研究计划。加强黄河流域中华文明历史研究，重点加强黄河流域中华文明起源与早期发展、都城遗址、帝王陵墓、聚落遗址、产业遗产、长城遗产、革命遗产等研究，形成一批同地理区域、同类型、跨行政区域的重大课题研究成果。开展黄河流域人地关系、自然资源、人文景观等各方面的研究工作，推进黄河干流与支流历史发展脉络及价值内涵研究，重点开展黄河干流和沿线地域文化、历史文化、重要事件、人文景观等各方面的研究梳理工作。加强文物保护科研机构、高等院校、社会研究机构等之间的学术交流合作，探索黄河文物文化资源保护展示传承学术前沿问题。鼓励争取国家社科基金等支持，构建黄河国家文化公园建设保护的理论体系和话语体系。

（3）加强黄河文化专题文艺创作

实施文艺精品创作扶持计划，扶持优秀剧本，实施黄河流域优秀传统文艺振兴计划，推动黄河文艺抢救性保护、预防性保护与创作生产相结合。统筹用好省艺术创作资助项目资金，开辟黄河文化艺术创作专题，对黄河文化创作选题进行深入研究挖掘，借助多种艺术形式进行二度创作，推出一批优秀黄河文化主题艺术作品。积极培育文化出版和影视传媒产业，围绕红色文化、黄河文化、民俗文化、生态文化题材，创作拍摄一批黄河文化题材影视剧目，加快建设中国红色文化数字出版基地。统筹现有文艺创作和展演资源，支持小剧种保护传承，以及特定地方戏的原生态抢救性保护，实施小剧场舞台艺术创作演出交流计划。推进一批小而精的小剧场群建设，鼓励黄河题材舞台艺术节目的小剧场演出。实施文艺院团精品剧目巡展计划，推广黄河文化实景演艺展演。实施黄河流域艺术联盟计划，推动九省区共建共享黄河文化艺术盛世。培育群众文艺活动品牌。举办黄河文化艺术节活动，开展以黄河为主题的画廊、史话、书法、书籍、歌曲、摄影等系列活动。鼓励人民群众创作黄河题材的文艺作品，鼓励围绕黄河非遗进行展演、展示和创造，营造生活在黄河、文明源自黄河、发展依靠黄河的社会共识。实施黄河群众文化大联欢计划，利用黄河流域特色文化资源，策划参与度高、影响面广的品牌文艺活动，力争培育更多优秀获奖作品。

（4）讲好黄河文化的三个故事

首先要讲述好黄河的辉煌史，充分展示河湟文化、河套文化、秦陇文化、关中文化、三晋文化、河洛文化、齐鲁文化等地域文化，充分挖掘古都古城、古文古字、元典思想、经典礼俗、重点器物等文化内容。通过讲述卓越文化人物、光辉思想文化、重大历史事件，集中展现黄河文化的辉煌成就。其次要讲好黄河的苦难史。黄河是一条文化灿烂之河，也曾是一条苦难忧患之河。黄河“善淤、善决、善徙”，黄河水患尤其给中下游百姓生活带来了沉痛灾难，黄河国家文化公园要讲述好黄河的苦难史，把历史上黄河的重大天灾人祸讲清楚、讲具体、讲深入，让广大人民群众从历史中感悟黄河流域生态保护与高质量发展的重要性。最后要讲好黄河的奋斗史。黄河是一部自然河流的变迁历史，也是一部人河共生的奋斗历史。黄河国家文化公园要讲述好中国共产党带领人民群众治理黄河的奋斗史，从毛泽东主席发出“要把黄河的事情办好”伟大号召到习近平总书记提出“让黄河成为造福人民的幸福河”伟大使命，充分展示黄河流域人民治理黄河、治理城市的奋斗历程，彰显中华民族不屈不挠、攻坚克难的奋斗精神。

3.环境配套工程

以提升旅游服务质量为目标，改善交通旅游线路、提升旅游服务设施，推进复合型黄河旅游交通廊道建设，完善黄河文化旅游公共服务设施体系。围绕资源主体，凝练黄河文化元素，构建广为人知的黄河国家文化公园视觉形象识别系统。

（1）推动区域旅游交通廊道建设，打造综合立体的黄河旅游交通网络

制订黄河文化旅游交通发展方案，完善安全高效、智能绿色、互联互通的旅游交通网络。规划建设一批黄河旅游公路，提升沿黄观光公路等级，

贯通重要交通节点，解决“沿黄公路不沿黄”的问题。优化旅游中转设施建设，强化与机场、高铁、高速公路的无缝衔接。推进骑行绿道、游步道等复合型旅游道路建设，打造融交通、文化、体验、游憩为一体的立体交通网络。

（2）完善黄河文化旅游公共服务设施体系，健全黄河国家文化公园系统标识体系

结合主题展示区和文旅融合区建设，构建黄河文化旅游的集散中心、游客服务中心等公共服务体系。持续推进“厕所革命”，完善水、电、路、气，治理污水排放，妥善垃圾处理，实现在旅游公路、旅游景区、旅游集散中心等旅游公共服务窗口全覆盖。鼓励主题酒店、特色民宿、农舍旅馆、自驾车营地等新型住宿业态发展，完善旅游住宿餐饮服务设施体系。围绕资源主体，凝练黄河文化元素，建立黄河国家文化公园视觉形象识别系统，线上线下统一使用，形成整体化、专有化、可识别度高的视觉形象。

4. 文旅融合工程

以文旅融合为导向，整合黄河流域自然生态与历史文化旅游资源，培育文旅融合产品体系，提升文化旅游供给质量，策划文旅融合经典线路，塑造文旅融合知名品牌，打造黄河文旅融合高质量发展先行区。

（1）培育文旅融合产品体系

深度挖掘黄河文化底蕴，统筹历史文化、自然景观资源，以文化主题展示为引领，完善文化旅游产品业态，促进文化资源联动发展，培育特色的黄河文化旅游产品体系。推动“黄河文化旅游+”，促进黄河文化旅游与城镇化、乡村振兴、革命老区振兴、生态保护、运动康养、教育培训等跨界融合发展。

（2）构建“中华母亲河”品牌体系

以河湟文化、河套文化、秦陇文化、关中文化、三晋文化、河洛文化、齐鲁文化等为主题，做精做强华夏历史文化游、丝绸之路休闲体验游等品牌。以“天下黄河九十九道湾”为原型，串联黄土高原、黄河故道等生态

资源，打造生态文化旅游品牌。

（3）推动文旅融合创新发展

优化旅游产品结构和业态，开发黄河文化创意产品。加快发展演艺、影视、传媒、创意设计和节庆会展等产业，探索自驾旅游、考古旅游、亲子旅游以及体育旅游等新业态，积极开发汽车驿站、房车露营、黄河漂流、低空飞行等旅游产品。实施传统工艺振兴工程，开发体现黄河文化特色的纪念品、手工艺品、创意美食等产品，建立创意产品研究、开发和生产基地。激发文化旅游消费新动能。鼓励把文化和旅游消费嵌入各类消费场所，打造一批文旅消费新场景。大力发展假日经济和夜间经济，培育夜间文旅消费市场，支持高A级景区和度假区开展夜间游览服务，重点打造夜间文化旅游经济示范区，培育国家级夜间文旅消费集聚区。

（4）加强文旅融合宣传推广

聚焦转型升级，整合黄河流域文化、自然资源，加快创造性转化和创新性发展，完善产业链条，加快形成一批竞争力强的文旅龙头企业。鼓励文旅企业整合上下游资源、要素和技术，打造国内一流、国际知名的文旅企业集团，策划包装一批高质量、高水平的文化旅游项目。加快培育多元化经营主体，鼓励社会资本投资文化旅游产业，吸引返乡创业人员投资小微文化产业，培育一批小而精的特色文旅企业。搭建黄河文化旅游营销平台，打造和推出一批能代表黄河文化的优势品牌，充分运用移动互联网，通过微博、微信、短视频等开展整体品牌营销推广，形成黄河国家文化公园品牌效应。积极拓展中外及港澳台人文交流合作，开展黄河文化对外交流互鉴，提升黄河文化旅游的国内外知名度。设立黄河文化日，举办大型活动，定期宣传推介。

5.数字再现工程

加快5G技术、人工智能、大数据、云计算等新技术在黄河文化公园建设保护中的应用，实现资源保护数字化、经营管理智能化、产业整合网络化，全面提升黄河国家文化公园的数字化水平。

（1）加强数字基础设施建设

推进通信网、广电网、互联网“三网融合”，做好现有网络优化和升级工作，逐步实现主题展示区、文旅融合区无线网络和5G网络全覆盖。加快地理信息、物联网、智能设备等现代信息技术与黄河文化旅游全面深度融合，提升信息技术在黄河国家文化公园的应用水平。推进黄河数字资源高效采集、三维数字化测绘、数据档案建设等基础工作。推进数字文化资源的体系化，建设黄河专题数据库，包括基础数据库、监测数据库和地理信息数据库，利用大数据、云计算等技术将各类资源转化为量化的数字信息存储。整合各地市、各部门数据资源，对接国家数据共享交换平台体系，维护提升黄河文物文化资源数字化管理平台，推动黄河遗产信息资源数据共享、合理利用。

（2）提升数字化保护展示水平

支持对黄河文化进行数字化整理、存储，鼓励与数字技术和内容运营商合作，基于各自资源和技术优势，利用现有设施和数字资源，打造具有社会效益和经济效益的黄河文化云平台，对黄河文物文化资源进行数字化展示，对相关历史名人、诗词歌赋、典籍文献等关联信息进行线上展示。充分运用5G、全息影像、VR、AR等技术手段，创新云平台展示方式，提高数字技术在重点博物馆、非遗展览馆、剧院、图书馆、文化馆、旅游景区的应用率，打造线上展馆。鼓励社会各界围绕黄河文化资源进行数字再现，培育一批以黄河为主题的数字文化产品，开发可视化呈现、互动化传播、沉浸化体验等数字黄河系列产品。

（3）搭建“智游黄河”旅游体系

围绕旅游管理、旅游服务、旅游营销、旅游信息传播、旅游体验，建设黄河流域智慧旅游综合平台，推动旅游景区数字化、智慧化转型。以“智游黄河”旅游体系建设为抓手，推动旅游景区向数字化、智慧化转型，推动基础设施、公共服务、环境卫生、咨询服务、导游服务等设施智慧化建设，全面提升黄河文化公园的智慧化管理服务水平。支持黄河干流区域以沿黄观光公路为主轴，创建智慧旅游示范样板。

三、黄河国家文化公园建设的主要举措

千百年来，黄河作为中华民族的母亲河，孕育了璀璨的中华文明，哺育了历代中华儿女。2019年9月18日，习近平总书记在黄河流域生态保护和高质量发展座谈会上提出，“让黄河成为造福人民的幸福河”。2020年10月29日，党的十九届五中全会通过《中共中央关于制定国民经济和社会发展第十四个五年规划和二〇三五年远景目标的建议》，明确提出建设黄河国家文化公园。2021年10月22日，习近平总书记在推动黄河流域生态保护和高质量发展座谈会上再次指出，黄河流域在我国经济社会发展和生态安全等方面发挥着重要作用。

（一）政策支持

一是编制黄河国家文化公园建设与保护规划，着力推进建设议程

2017年，中共中央办公厅、国务院办公厅在《关于实施中华优秀传统文化传承发展工程的意见》中首次提出我国将建设一批国家文化公园，打造中华文化的重要标识。黄河国家文化公园是社会公众了解黄河文化及其内核的重要载体。当前，黄河国家文化公园的建设仍处于发展初期，加快黄河国家文化公园的建设与保护进程是现阶段发展的重要议题。黄河流域沿线省份全力编著黄河国家文化公园建设与保护的相关规划，高度重视黄河国家文化公园的建设发展。以山东省、河南省为例，山东省立足齐鲁大地的历史文化特征、结合黄河文化遗产的分布特点，已于2021年报国家审核《黄河国家文化公园（山东段）建设保护规划》，并积极推进《山东省黄河文化旅游带规划》《山东省黄河文化保护传承弘扬规划》等相关规划。河南省立足河南现实，在“文明的冲积扇”的指导理念下，综合考虑整体布局、功能区分布等情况，已审议评估《黄河国家文化公园（河南段）建设

保护规划》。此外，河南省已同意通过审批《河南省黄河文化保护传承弘扬规划》，就黄河（河南段）文化的发展基础、目标定位、重点任务、保护措施等进行了较为全面、清晰的总结，对未来河南省黄河文化的保护和弘扬具有重要的指导作用。

二是出台黄河国家文化公园建设与管理办法，实现区域间统筹发展

黄河国家文化公园的建设是国家重大文化工程。黄河国家文化公园以黄河为轴线，途经豫、鲁、晋、陕、青、川、甘、宁、蒙九省区，以沿黄古都和山水文化等为依托，以实现黄河非遗保护、文化资源整合、游览观光、公园化运营等为目标。黄河国家文化公园的建设对黄河流域生态保护、历史文化遗产地保护、黄河沿线地区协同高质量发展具有重要意义。因而，黄河国家文化公园沿线省市间的区域联动尤为重要。为推动黄河国家文化公园建设的一体化及协同化进程，起草“黄河国家文化公园协同发展规划”是开展各项工作的基本保证。规划中应对各省份职责划分与建设目标进行阐明，同时明确在规划建设中各职能部门的角色扮演。综合陕西省、山东省、河南省等省份现有规划，在中央的统一领导与部署下，黄河国家文化公园沿线省份应建立有效的沟通协调机制和互动平台，形成横向联动的沟通体系。此外，应发挥第三方评估或利用媒体舆论的监督，对黄河国家文化公园的建设进程进行评估，及时查缺补漏，实现高质量的建设与管理。

（二）理论支撑

一是构建黄河国家文化公园研究体系，为建设规划提供理论支撑

国家文化公园为我国首创，国家文化公园的建设是“十四五”时期的重点文化工程，国际上尚无先例作为参考。国际现有研究多是关于国家公园，国内多见于国家风景名胜区、国家森林公园的相关研究。截至2020年，我国已建设三江源、祁连山、东北虎豹、武夷山、海南热带雨林等10个国家公园试点。我国从国家公园到国家文化公园的进程，既体现对自然生态的保护，也是对我国文化遗产和黄河文明的弘扬。加快黄河国家文化公园研究体系构建，对黄河国家文化公园的规划和建设具有理论与实践的重要指导作用。在研究体系的构建过程中，应以中央为核心统筹，充分发挥黄河流域沿线省份政府的主体作用，形成中央相关部门和地方政府的统一联动与有机资源整合。黄河国家文化公园研究体系的构建，需综合考虑中央与地方政府对黄河国家文化公园的规划编制，重点对发展理论、发展定位、管理体制机制、法律体系等方面做出思考。以黄河国家文化公园的法律体系构建为例，其相关研究是黄河国家文化公园发展的法律保障，其制定方向应与国家基本法相一致、与现有法规政策相协调。考虑由全国人大制定“中华人民共和国国家文化公园基本法”，以扩大法律效力与影响范围，各黄河流域沿线省份在此基础上结合自身省份发展现状、自然文化资源分布特征与现有文化遗产分布等情况，因地制宜制定“黄河国家文化公园建设条例”，以此推动黄河国家文化公园的修建进程，并提供较为完善的法律保障。

二是推动黄河国家文化公园研究院发展，依托构建黄河文化研究图谱

2021年7月12日，由甘肃省与兰州大学共同建设的黄河国家文化公园研究院正式揭牌。黄河国家文化公园研究院的成立，为促进黄河流域高质量发展、黄河文化保护弘扬传承的重要学术支撑，同时也为黄河自然与文化资源的整合利用提供了路径参考。黄河国家文化公园研究院将对我国黄河文化资源进行研究、整合，为黄河流域高质量发展提供重要的智库支持和学术支撑。在未来关于黄河国家文化公园的研究中，可以黄河国家文化研究院为中心，以点带面，带动黄河流域沿线各省份建设具有其地方特色的黄河研究所，从而编织黄河文化图谱，为增强民族文化自信、带动中华文化走出去起到引领作用。黄河文化研究图谱既为中华优秀传统文化的传播提供了背景框架，又可助力国家文化成果的转化，以此推动中华文明标识的打造。黄河文化图谱在大数据数字化背景的依托下，将对黄河国家文化公园的建设提供可视化建设方向及具有针对性的修建建议，并为黄河文

化的国际影响力提升提供重要的数据支撑。

三是组建黄河国家文化公园专家咨询委员会，形成包含多领域专家在内的专家智库

黄河国家文化公园的发展，是我国多领域多年积累丰厚经验的智慧结晶，是我国在自然资源与文化遗产保护方面的重要创举。为推动黄河国家文化公园规划与建设的科学性、系统性及创新性，黄河国家文化公园专家咨询委员会的建设尤为必要。2021年2月，国家文化公园专家咨询委员会秘书处在北京挂牌成立，这是贯彻落实“国家文化公园建设方案”的重要举措，也是国家文化公园规划建设的智慧支持。国家文化公园专家咨询委员会为国家文化公园的建设提供政策咨询、决策建议、规划指导，旨在研究构建国家文化公园的学科、政策体系，对各省市国家文化公园规划的评估材料进行审议鉴定，积极推动国家文化公园的宣传推广。可根据黄河国家文化公园的规划修建进程，在国家文化公园专家咨询委员会的指导下，设立黄河国家文化公园专家咨询委员会及黄河国家文化公园专家组，推动黄河国家文化公园规划与建设的细化分析、高质量发展。专家可在相应的标准下进行遴选，涵盖文化、地理、旅游、文物、生态等多个领域的专家及专业管理人员。专家咨询委员会与专家智库的搭建，为国家文化公园的规划与修建搭建了桥梁，是专家智慧与相关领域发展的智慧结晶，为国家文化公园的加速发展贡献重要力量。

（三）实践推进

一是将黄河国家文化公园的建设融入公共文化服务供给，着力提升公共文化服务水平

公共文化是促进和谐发展、满足人民文化需要的重要前提。黄河国家文化公园的建设赋予黄河文化新的时代内涵、展现了中华文明发展的历史脉络，更是中华民族凝聚力和文化自信的重要体现。将黄河国家文化公园的规划与建设融入公共文化服务体系，为社会公共文化体系完善提供发展的契

合点。黄河国家文化公园在文化传承、爱国主义教育、旅游休闲等方面具有重要价值，在未来的发展中融合黄河国家文化公园的核心内核与价值彰显，考虑建设“黄河国家文化公园博物馆”“黄河国家文化公园文化馆”“黄河国家文化公园爱国主义教育基地”“黄河国家文化公园休闲公园”“黄河国家文化公园美术馆”“黄河国家文化公园美育基地”“黄河国家文化公园民俗体验基地”等。黄河国家文化公园的规划与建设是我国公共文化服务和文化事业发展的理论创举，应充分发挥其在公共文化服务方面的推动作用。黄河国家文化公园作为一个开放的公共空间，沿线黄河流域的各省份涵盖了大量的旅游景区、自然遗产地、历史遗产地，发展过程中对现有自然、文化、历史、经济资源的利用，将为我国公共文化服务的优质发展提供丰富资源，更是公共文化服务推进文化强国建设的重要动力。

二是重点推动“四大主体功能区”建设，打造黄河国家文化公园立体空间

国家文化公园的“四大主体”是指管控保护区、主题展示区、文旅融合区、传统利用区。首先，第一层级“管控保护区”，是指包括黄河流域世界文化遗产区、黄河文物保护单位、历史文物遗存等在内的核心自然与历史文化资源保护区，是黄河国家文化公园修建的重中之重。相关保护区域应在资源保护的基础上，重点考虑黄河国家文化公园沿线文物保护的安全性与文化景观的完整性。此区域作为黄河国家文化公园的核心区域，应实现全封闭式科学管理，利用先进的科学技术手段和监测设备，对濒危文物及资源进行保护与管理，同步实现黄河文化资源的保护与传承，打造保护为先、弘扬与传承为主的样板区域。其次，第二层级“主题展示区”，主要包括核心展览空间、集中展览空间与特色展览空间三个部分。核心展览空间，可作为公众参观与体验的主要区域，主要依托世界文化遗产地、国家文物保护单位，在综合考虑交通通达程度、地理位置优越性、当地配套设施完善性等情况的基础上，展现黄河国家文化公园的核心精神内核与文化遗产。集中展览空间，位于核心展览空间的外围，以各县、市、区的

文化资源为延展，形成黄河国家文化公园文化带。同时，结合自身经济、资源与人才优势，发展黄河文化遗产廊道，以实现对黄河文化的保护、传承与弘扬。特色展览空间，是指位置相对分散，距离核心展览空间相对较远但仍具有重要保护价值的区域，得以满足公众一般的游览需求。再次，文旅融合区，可作为黄河国家文化公园的主题展示区，重点利用黄河文化资源和文物的外溢效应，实现文化与旅游产业的深度融合，带动周围区域的经济与文化发展。应注意，文旅融合区虽位于核心保护区的周边区域，但对其在开发利用的同时，不能忽视保护的基本前提。通过空间边际自然分割，构建满足产业发展的融合发展示范区。最后，传统利用区是指在黄河流域的相关城市中，根据黄河文化的特征与特色，构建一批展现悠久厚重的中华文明的历史文化街区、历史文化名城、民俗村落等区域。黄河文化资源在保护、传承的同时，应合理开发利用，在维护历史区域原貌的同时，适当进行经济活动，以促进黄河传统文化的弘扬。

三是建设黄河国家文化公园非物质文化遗产保护中心，构建黄河非物质文化遗产地图

黄河流域沿线省份拥有多项国家级、省市级非物质文化遗产，是中华璀璨文明的结晶。河南省的国家级非物质文化遗产包括登封窑陶瓷烧制技艺（郑州市）、麦秆剪贴（濮阳市）、方城石猴石雕（南阳市）、汴绣（开封市）、皮影戏（信阳市）、卢氏剪纸（三门峡市）等。山东省的国家级非物质文化遗产包括鲁派内画（淄博市）、古琴艺术（潍坊市）、柳编编织技艺（菏泽市）、徐家拳（泰安市）、潍坊风筝（潍坊市）、曲阜楷木雕刻（济宁市）等。宁夏回族自治区的国家级非物质文化遗产有回族民间器乐、宁夏民间说唱、贺兰砚制作技艺等。从上述几个黄河流域省份的非物质文化遗产可以看出，我国黄河流域非物质文化遗产种类繁多，包括曲艺、传统音乐、传统美术、传统技艺、民俗等多种类别。着力建设黄河国家文化公园非物质文化遗产保护中心，首先对黄河国家文化公园沿线非物质文化遗产

进行清点入档，通过电子化进行精细化管理，以完善调查记录体系。而后，在中共中央办公厅、国务院办公厅印发的《关于进一步加强非物质文化遗产保护工作的意见》指导下，逐步完善黄河国家文化公园非物质文化遗产保护传承体系。通过完善代表性项目制度、代表性传承人制度、区域性整体保护制度、传承体验设施体系等措施，逐步建立黄河国家文化公园的动态调整机制、扩宽人才培养渠道、加强新型城镇化建设中的非物质文化遗产保护、带动“非遗在社区”工作的推进。

四是推动黄河国家文化公园文旅融合工程建设，促进文旅融合进程提质增效

“十四五”规划明确指出要促进文化旅游产业深度融合，实现以文塑旅，以旅彰文。作为中华文明重要标识的黄河，是中华优秀传统文化的体现，也是中华儿女勤劳朴素等优秀品质的传承。为推动黄河国家文化公园关联旅游业的发展，可打造一批黄河文化标识参观游览区，配套建设体现黄河精神内核的世界文化遗产地和国家重点历史文物保护区。在具体建设中，大到建筑格局与建筑风格、小至物品陈列摆放均应呼应黄河国家文化公园主题内涵。要结合各地实际特点及需求，做好游客需求评估、游客期望评估、游客感知评估等工作，在发挥黄河国家文化公园旅游休闲价值的同时，实现历史文化与文物的保护，提供较高水平的公共旅游服务。此外，规划建设文旅深度融合发展示范区，推动建设黄河历史文化文旅融合区、黄河自然生态文旅融合区、黄河现代文旅融合区等。以文旅融合示范区为载体，带动“黄河经济”和“黄河国家文化公园沿线经济”进一步发展。通过旅游与文化产业的融合，实现旅游与文化的双向互动。在此期间，以黄河国家文化公园为主题和内容的文创产品不仅是经济创收的重要来源，也是向公众推广黄河精神与内核的重要途经。重点开发黄河国家文化公园特色手工艺品、纪念品、文创视频等文创产品。考虑建设一批具有特色的文旅企业，聚集文旅产业融合，整合相关资源，完善沿线产业链，以实现文旅融合的长效发展。

五是加快黄河国家文化公园沿线配套生态与环境工程建设，实现规范化运营与管理

“十四五”时期，国家对黄河流域沿线的生态与环境保护高度重视，多个国家部委已发布相关规划与指导方案。由住建部印发的《“十四五”黄河流域生态保护和高质量发展城乡建设行动方案》，国家发展改革委、住房城乡建设部共同印发的《“十四五”黄河流域城镇污水垃圾处理实施方案》等方案，均对黄河流域沿线的生态工程建设与环境保护方案做了详细的说明。黄河国家文化公园沿线的自然生态资源保护需要沿线各省、区、市的协作配合。可在实践过程中具体制定生态与环境工程建设的配套指标，并将黄河国家文化公园的运营与管理进行标准化。可从以下方面进行考虑：第一，着力改善黄河国家文化公园沿线人、水源与城市的关系，在充分保护的基础上，适度开发，合理利用；第二，加强沿线地区对自然灾害的风险防控机制建设，提高沿线省市的安全韧性；第三，推动黄河国家文化公园沿线城市节水工程建设，提高黄河水源的有效利用率；第四，积极开展黄河国家文化公园生态保护活动，提高沿线城市、企业与居民的黄河水域保护意识，带动企业绿色发展、群众绿色生活；第五，在自然资源保护的同时，完善黄河国家文化公园沿线的历史文化保护体系建设，从自然与文化的双重层面改善黄河国家文化公园沿线城市的特色风貌。

六是推动黄河国家文化公园数字工程，促进资源线上化展示

当前，我国已经进入“5G+”的时代，随着5G基站建设规模持续扩大、“5G+”业态数量不断增长，社会生产生活方式正发生深刻变革。“5G+”的大时代背景，也为黄河国家文化公园的数字工程推进、资源的线上化展示提供了全新的机遇与发展视角。大数据的优势，为黄河国家文化公园大数据平台搭建提供了可能，赋能黄河流域生态保护和高质量发展，推动黄河文化产业、黄河旅游产业、黄河制造业、黄河现代农业的多方融合互动，实现“数字化+黄河产业”的高速发展。“5G+VR”为公众提供了线上了解黄河国家文化公园的机会，也为黄河国家文化公园的不断完善提供了反馈途

经。自新冠肺炎疫情发生以来，“云端游”等方式已为公众了解、参与黄河国家文化公园规划建设进展提供了相应的渠道。推动黄河国家文化公园的数字工程建设，是对黄河流域及沿线城市自然、地理、历史、文化等资源的一体化整合机制，也是着力建设的集成平台。重点加强黄河国家文化公园沿线的数字基础设施建设，实现无线网络和5G网络全覆盖。考虑搭建官方网站和数字云平台，对黄河文物和文化资源进行数字化展示，对文化资源与文化遗产进行精准的线上化展示，把文物生动地呈现给公众。黄河资源数字化管理平台的搭建也尤为重要，可与国家数据共享交换平台体系对接，黄河流域沿线城市对黄河沿线的自然、文化、历史资源进行摸底，共同参与到平台系统的搭建中，实现黄河资源数据共享、黄河数字化合理利用、参数参考下的决策支持。

七是讲好新时代黄河故事，传承黄河文化精神内核

2021年10月，中共中央、国务院发布《黄河流域生态保护和高质量发展规划纲要》，提出要重点保护传承弘扬黄河文化，着力保护沿黄河文化遗产资源，延续历史文脉和民族根脉，深入挖掘黄河文化的时代价值，加强公共文化产品和服务供给，更好满足人民群众精神文化生活需要。习近平总书记在全国宣传思想工作会议上强调，“推进国际传播能力建设，讲好中国故事、传播好中国声音，向世界展现真实、立体、全面的中国”，明确了“不断提升中华文化影响力”的重要价值与作用。黄河作为中华文化的重要载体，要提高其传播内容质量，探索符合实际建设与发展的传播路径，以最生动的方式传播黄河文化、传播中国声音。具体来看，可通过下列方式讲好新时代下的黄河故事：第一，启动“中国黄河”国家形象宣传推广行动，凸显黄河作为中华母亲河的意义，彰显黄河文化的历史厚重感与凝聚力，使黄河的形象更加真实而立体；第二，将黄河元素融入国家宣传战略，构建凸显中华优秀传统文化与精神的黄河对外传播符号；第三，在“一带一路”建设中，开展以黄河为主题的多种形式交流活动，促进黄河文化与其他文化间的认可与交融；第四，在新闻出版、影视、文学、艺术等众多文

化产业领域，加强黄河为主要内容的流域内交流合作，共同促进人类文明的进步；第五，在黄河文化调查研究中，加强对黄河文化相关政策、公共文化服务、非遗传承、文物保护等内容的重点梳理与编排工作；第六，鼓励文艺工作者对黄河文化进行创新，将黄河元素融入舞台剧、音乐剧、交响乐等形式，创作出既符合公众审美需求又符合黄河精神内核的文艺作品。

八是构建黄河国家文化公园传播体系，提升中华文化影响力

2019年9月19日，习近平总书记在郑州主持召开了黄河流域生态保护和高质量发展座谈会，指出“黄河文化是中华文明的重要组成部分，是中华民族的根和魂”。黄河国家文化公园的建设是传播中华文化、提升中华文化影响力与传播力的重要契机，对坚定我国文化自信和彰显我国文化软实力具有突出意义。在黄河国家文化公园传播体系的构建过程中，首先，应对黄河话语体系进行建构，明确黄河话语体系构建的重要性和必要性，使黄河国家文化公园成为中国实践的体现，尤其是对外话语体系，在面对世界百年未有之大变局时，为中国赢得良好的国际话语环境，更有助于构建中国的理论与知识体系。其次，融合中华历史与文明，彰显黄河国家文化公园的“国家名片”建设。国家文化公园的建设作为“十四五”时期的重要任务，在肩负民族使命的同时，也是中国国际形象的重要代表。最后，在当前新媒体与科技赋能的智慧化时代，讲好黄河故事、传播黄河声音，可依赖多元平台协同进行。

第六章
长江国家文化公园建设

长江是中华民族的母亲河，长江文化是中华民族的代表性符号和中华文明的标志性象征，是涵养社会主义核心价值观的重要源泉。党的十八大以来，习近平总书记在考察长江沿线省市时，多次提出，要把保护传承弘扬长江文化作为推动长江经济带发展的重要内容和重点任务。2020年11月14日，习近平总书记在南京召开全面推动长江经济带发展座谈会上更是明确强调："要把长江文化保护好、传承好、弘扬好，延续历史文脉，坚定文化自信"。2022年1月，为贯彻落实习近平总书记重要讲话精神，保护好长江文物和文化遗产，大力传承弘扬长江文化，国家文化和旅游部启动长江国家文化公园建设。当前，深刻把握长江国家文化公园建设的重要战略意义，深入研究、全面推进长江国家文化公园建设，是贯彻落实习近平总书记重要讲话精神，保护从巴山蜀水到江南水乡的千年文脉，彰显中华民族的代表性符号和中华文明的标志性象征，推动长江经济带高质量发展，实现中华民族伟大复兴中国梦的必由之路。

一、长江国家文化公园的内涵及建设价值

长江国家文化公园是以保护传承弘扬长江流域各民族、各区域多元一体的文化为使命的新型文化空间，是长江流域及中华民族的精神象征，是

长江文化、中华文化和世界文化交流互鉴的有效载体，是全人类共同的精神文化财富。长江国家文化公园建设具有重要的理论与现实价值。

（一）长江国家文化公园的内涵

首先，长江国家文化公园以保护传承弘扬长江文化为基本使命，把握长江国家文化公园的内涵根本是要理解长江文化的内涵。长江文化是长江流域各族人民在长期的生产、生活中创造的物质文化和精神文化的总称。长江文化因长江黄金水道的链接，长江流域各地域、各民族交往交流较为频繁，总体上呈现出较强的一元同质性，如长江文化总体上开放包容、注重民族融合，强调合和等。与此同时，长江流域覆盖面积广，从巴山蜀水到江南水乡的千里水路、千年文脉造就了长江文化的丰富、多样性。从大的范围上讲，长江文化大体上可划分为羌藏、巴蜀、滇黔、荆楚、湖湘、赣皖、吴越七个文化片区。

长江文化中的羌藏文化片区以四川省阿坝藏族羌族自治州为核心地带，辐射西藏、青海、贵州的部分区域，其文化具有高度的开放性和包容性，民间文化艺术独特而神秘。滇黔文化片区主要覆盖云贵两省，又称云贵文化片区，是西部高原文化、西南森林文化以及民族文化的聚集区域。巴蜀文化片区以四川、重庆为核心地带，辐射鄂西、云南、贵州等地区，凸显了民族融合、交流的文化特质。荆楚文化片区以湖北为核心地带，辐射湖南、安徽北部、江西部分地区，是炎帝神农文化、古楚国历史文化、秦汉三国文化、名山名士文化、长江三峡文化的发源地。湖湘文化片区以湖南为核心地带，辐射湖北、江西部分地区，孕育了湖湘哲学、教育、民俗民风等地域特色文化。赣皖文化片区主要包括安徽和江西两省，水文化、近代革命文化较为发达。吴越文化片区以江苏、浙江、上海为核心，辐射江西东北部、安徽南部等地区，其江南文化、海派文化等远近闻名。七个文化片区之间既相互区别，凸显个性，又相互融合，呈现出诸多共性特征。各具特色的文化片区在交融中不断发展，使长江流域呈现出多元共生、和而不同的文化特征。[1]

其次，长江国家文化公园以长江流域丰富的历史文化资源为内容，是承载和集中呈现长江文化的重要载体。丰富厚重的历史文化资源是长江国家文化公园建设的必要条件和基本保证。特别是近年来，伴随着长江文化保护利用力度的不断提升，长江国家文化公园建设的必要性和可行性也日益凸显。大体而言，当前长江国家文化公园所依托的历史文化资源主要集中在以下几个方面。

一是，长江考古与学术研究所取得的丰硕成果。近年来，长江流域的考古发掘工作取得了诸多突出进展。长江下游以良渚遗址、河姆渡遗址为代表的古遗址中丝绸实物或纺轮的进一步发掘，长江中游以湖北京山屈家岭、湖南安乡汤家岗等为代表的古遗址中陶质或石质纺轮的发掘，长江上游以三星堆遗址为代表的古遗址中丝织品残留物的发掘等，进一步印证了长江流域在4000年前的中国早期丝绸文明中具有重要地位。特别是，2019年至2022年，三星堆遗址一系列丰富的考古发掘，不仅为长江流域，乃至为中华民族的文化史、文明史进一步追溯提供了可能，而且为早期长江流域上中下的文化交流，乃至长江流域与黄河流域早期文化交流提供了实物支撑。长江文明考古研究院等专门学术机构的建立，以及一大批以长江文化为主题的学术研究的推出，则对进一步阐释长江文化的历史渊源、丰富内涵、时代价值等具有重要作用。

二是，长江流域文化遗产保护所取得的显著成效。长江流域有着丰富的文化遗产资源。长江经济带11省市共有世界文化遗产14处，世界自然与文化双重遗产3处，全国重点文物保护单位1600多处；拥有国家级非物质文化遗产代表性项目近1300项，省级以上非物质文化遗产6000多项。近年来，长江流域各省市进一步加大了文化遗产保护力度。在文化遗产保护过程中遵循规划先行、保护与开发并重的原则，注重对文化遗产的立法保护。

① 冯天瑜、马志亮、丁援：《长江文明》，中信出版社2021年版。

贯彻依法、提前、科学保护的理念，重视对文化遗产保护的法制建设，不断健全文物保护体制机制，落实文物保护监管责任。统筹推动城乡建设中的文物保护工作，划定文物保护范围，加强文物保护与管理。注重对文化遗产的科学保护，以及对非物质文化遗产传承人的培养，完善遗产保护的制度建设，积极探索数字化保护手段，加强文化遗产的展示传播，加强文化遗产与旅游业的融合发展。

三是，长江流域公共文化服务体系建设所取得的成果。近年来，长江流域各省市在建好图书馆、博物馆等基本公共文化场馆的基础上，先后建设完善了城市文化驿站、城市书房、数字文化体验厅、有声图书馆等一批特色文化阵地，满足了基层群众多元化的公共文化需求。完善提升村（社区）综合文化服务中心，建设农村文化大户、小区文化室（文化中心），进一步夯实了四级公共文化服务网络阵地。在建好阵地的同时，长江流域各省市统筹各类公共文化资源，全面推进城乡基本公共文化服务标准化、均等化，大力推行文艺演出、文化讲座培训等文娱活动下基层。此外，沿江旅游景区也相继进行智慧旅游系统建设，实现景区公共文化设施的提档升级，利用沿线设施，做好传统文化挖掘与公共空间打造。

四是，长江流域文旅融合项目与文化产业新业态所取得的新发展。长江流域的重要节点城市，特别是成都、重庆、武汉、南京、上海等地，统筹城市、山水与人文等要素，推动产城景、农文旅深度融合，集文化的保护、展示与旅游于一体，努力打造长江流域黄金旅游目的地。第一，围绕长江沿线文化遗产、文化景观等开展重要遗址公园、生态公园的建设以及原有景区的提档升级，如重庆皇华岛考古遗址公园项目、武汉盘龙城遗址公园项目和南京九大“城市客厅”的建设等；第二，积极引入社会资本注入活力，打造长江文化旅游项目，不断提升城市文化影响力，如烽烟三国文旅项目、武汉“知音号”游轮项目、夜游黄鹤楼项目、南京文旅产业园区等项目的打造；第三，大力发展文化产业新业态，推动文化产业与科技融合发展，推动影视、动漫、电竞、创意设计等产业发展，积极把握夜间经济发展机遇，激发创新活力，打造新的经济增长点；第四，大力发展乡村旅游，充分利用长江沿线的自然本底，保护好山水林田湖草，深入挖掘乡村振兴新业态，培育壮大乡村旅游节活动品牌，全面发展观光农业、文化体验等旅游经济模式，持续激发乡村发展动能。

最后，长江国家文化公园是保护传承弘扬长江文化的新型文化空间。长江国家文化公园首先是一种专门集中保护和呈现长江文化的整合性或分散性的地理场域与物理空间。但它又超越了单纯的物理空间，是物理空间、精神空间和制度空间的统一。这三大空间的统一，通过建构更有利于维护和促进长江文化保护传承弘扬的现实机制，更容易为人民大众接触、感知和理解的场景，从而为民众的文化体验获得提供了一个客观实在、情景交融的完整连续的空间，建构了连续性的情景画卷。如此一来，长江国家文化公园能够持续激发民众的兴趣，提升民众的代入感与参与感，拓展长江文化叙事的空间维度。

（二）长江国家文化公园建设的价值

首先，长江国家文化公园建设有利于保护弘扬长江流域文化遗产，维护文化权利的代际公平。习近平总书记强调："历史文化遗产不仅生动述说着过去，也深刻影响着当下和未来；不仅属于我们，也属于子孙后代。"[1]长江和黄河是中华民族的母亲河，是中华传统文化的重要组成部分。长江造就了从巴山蜀水到江南水乡的千年文脉，是中华民族的代表性符号和中华文明的标志性象征。文化遗产承载着中华民族辉煌而灿烂的文明，传承着延续千年的历史文化，保护文化遗产功在当代、利在千秋。文化遗产的保护不仅关系到代内责任，更关系到代际责任。维护文化遗产的代际公平，即确保当代人对于文化遗产的利用不妨碍子孙后代的利用，每一世代的人都

① 习近平：《建设中国特色中国风格中国气派的考古学　更好认识源远流长博大精深的中华文明》，载《求是》杂志2020年第23期。

有公平、平等地享有和利用文化遗产的权利，当代人有义务为后代保存好文化遗产资源。[1]公众对于文化遗产的享用、收益、传承与发展的权利既具有文化权利属性，也具有环境权利属性；既体现着生态正义，也体现着代际公平。[2]文化遗产的保护关系到历史、现在与未来，对于维护公众公平地享有和利用文化遗产资源的文化权利具有重要意义。

长江流域文化遗产延续千年，是人类活动与自然生态环境相互作用的产物，是世世代代生于斯、长于斯的中华民族子孙所共有的文化财富。长江造就出中华文明的基本形态，塑造着中华民族的文化特质与精神禀赋。如今无论是巴蜀文化、荆楚文化、吴越文化等地域文化，还是刺绣漆器等器物文化，都是我们应该珍惜的物质财富与精神财富。保护和传承中华文化遗产，就是保护和传承中华民族共同的“家园”，保护我们子孙后代所共有的文化遗产就是维护世世代代的文化权利。

其次，长江国家文化公园建设有利于提升中华文化认同。长江流域的上、中、下游形成了各具特点的文化，如勇于创新、吃苦耐劳的巴蜀文化，具有浪漫主义色彩的荆楚文化，聪明智慧、秀外慧中的吴越文化，共同组成了具有强大包容性的长江文化。同时，长江流域是一个由汉族和多个少数民族共同组成的“大家庭”。长江流域居住的人口中，除了占总人口95%以上的汉族外，流域内还有50多个少数民族，并且形成了各少数民族独有的风俗习惯和和民族文化。汉族文化和少数民族文化、少数民族文化和少数民族文化之间相互尊重，形成融洽的关系，共同创造了长江文明、中华文明。建设长江国家文化公园不仅是展示以汉族为主体的优秀传统文化，也是展示长江流域内少数民族的优秀传统文化，从各个民族的“个性”中所

① 蔡武进、彭士琢：《我国文物生态代偿及其制度建构的必要性》，载《中国文化产业评论》2020年第28卷第1期。

② 胡姗辰：《文化权利视野下的文化遗产权初探》，载《沈阳工业大学学报(社会科学版)》2014年第7卷第1期。

坚守的中华民族的“共性”，强化中华民族共同体意识、构建稳定和谐的中华民族大家庭。

与此同时，长江是中华民族的母亲河，长江流域的文化所承载的不仅是长期栖居于此的长江流域的人们形成的特定的历史记忆与情感依赖，同时也蕴含着中华民族共同的历史情感、文明记忆，乃至文化信仰。一方面，长江文化是中华农耕文明的重要见证。长江流域鱼米之乡富集，农业、农耕文化遗产极为丰富。作为社会记忆的农业、农耕文化遗产不仅为遗产地居民提供了集体性叙事、地方性认同，而且还为中华儿女提供了对传承农耕社会的日常互动秩序、文化生活方式的深度追忆，构建了农耕社会的价值与意义系统。[①]毕竟，中华文明是以农耕文明为根基的文明形态，长江、黄河正是成就农耕文明，形塑以血缘关系为基础的宗法制，滋养儒家文化的天然环境。在某种程度上，离开长江流域文化遗产，就不足以诠释中华农耕文明。另一方面，长江文化构成中华儿女的情感链接。爱德华·霍尔指出，文化认同、自我认同的过程不能脱离具体的语境与场所[②]。在一定意义上，长江是链接中华民族认同的重要语境和场景，中华文明未曾断流，在某种程度上离不开长江几千年来奔流不息的滋养，是长江文化遗产印证着几千年来中华民族的兴衰、见证着中国的发展变迁、维系着中华民族的共同情感。

最后，长江国家文化公园建设能够有效促进长江经济带高质量发展。长江经济带承东启西、由沿海向内地延伸，横跨我国东中西部地区。它不仅是我国国土空间开发中重要的东西轴线，同时也是一条自然生态带、经济带和文化带，在支持沿线经济社会发展中发挥着重要作用。长江经济带的高质量发展就是要辩证处理好经济发展与环境保护的关系，处理好绿水青

---

① 徐业鑫：《文化失忆与重建：基于社会记忆视角的农业文化遗产价值挖掘与保护传承》，载《中国农史》2021年第40卷第2期。

② 爱德华·霍尔：《超越文化》，何道宽译，北京大学出版社2010年版。

山与金山银山的关系。[①]长江经济带发展，关乎国家发展全局，以长江文化保护为主旨的长江国家文化公园能够从生态与经济发展层面推动长江经济带高质量发展，助推长江经济带成为我国生态优先绿色发展的主战场、畅通国内国际双循环的主动脉、引领经济高质量发展的主力军。

其一，长江流域文化遗产的保护从生态保护的层面筑牢了长江经济带发展的根基。近年来，国际文化遗产保护逐步突破了“就保护论保护”的狭隘的文化遗产保护观，更加强调从遗产本体保护向本体周边环境延伸的整体保护观[②]，人们对文化遗产与自然生态的紧密联系日益重视。生态环境与文化遗产之间存在某种相互依存的关系，完好的生态环境是文化遗产存在与维系的重要前提，同一时空条件下对于文化遗产的保护能够惠及自然生态，起到保护生态文明的作用。长江流域作为我国生态环境治理的重要区域，其自身是一个极为特殊的生态功能区，生态价值是其本质属性的体现。其生态价值主要体现在维持长江流域生态系统平衡和修复流域生态受损两方面，进而为构筑长江生态环境天然保护屏障发挥重要作用，对推动长江流域生态文明建设具有重要的实践价值。在文化遗产整体保护观的视野下，维护流域内遗产地及其周边环境客观上能够起到保护自然生态的作用，能够抓住长江生态修复与环境治理“窗口期”的机遇，从生态文明的层面助力长江经济带高质量发展。

其二，长江文化保护能够推动文化赋能经济社会发展。长江经济带人口和经济总量均占全国的40%以上，进出口总额约占全国的40%，是我国经济发展水平最高、综合实力最强的经济带和经济发展全局中的战略支撑带。长江流域文化资源众多，包括上游的三星堆遗址、中游的盘龙城遗址、

---

① 向姣姣：《长江经济带高质量发展的历程、挑战和实践路向》，载《决策与信息》2021年第10期。

② 梅耀林、姚秀利、刘小钊：《文化价值视角下的国家文化公园认知探析——基于大运河国家文化公园实践的思考》，载《现代城市研究》2021年第7期。

下游的良渚遗址等都体现了长江流域文化遗产的深厚底蕴，同时也为长江经济带的建设提供了充足的动力，成为长江沿线文化产业发展的重要支撑。当前，文化与经济相互渗透、相互交融，更促使我们要从长江文化的精神内核中汲取营养和智慧，为长江经济带发展汇聚“文化力量”。例如，文化遗产旅游产业是长江经济带经济建设的重要组成部分，能够创造出巨大的经济效益，并为修复流域生态环境、保护流域文化遗产提供源源不断的经济动力，为推动长江经济带和长江国际黄金旅游带的发展提供了重要支持，在服务长江经济带建设中产生了良好的经济效益。

二、长江国家文化公园建设的主要内容和任务

（一）长江国家文化公园建设的主要内容

建设长江国家文化公园应按照“点线面相结合”的思路，落实“一轴三高地多片区”的空间布局，重点打造管控保护、主题展示、创新引领、传统利用四类主体功能区。

1.空间布局

长江全长6300多千米，是亚洲第一长河和世界第三长河，流域东西长约3219千米，南北宽约966千米，总面积达180多万平方千米，约占中国国土面积的18.8%，其干流流经青海、西藏、四川、云南、重庆、湖北、湖南、江西、安徽、江苏和上海11个省市，支流流经贵州、甘肃、陕西、河南、广西、广东、浙江、福建8个省市部分地区，共计覆盖19个省级行政区。长江国家文化公园的建设范围以上述自然流域范围为基础，综合考虑长江干流区域和长江经济带区域，涉及上海、江苏、浙江、安徽、江西、湖北、湖南、重庆、四川、贵州、云南、西藏、青海13个省、区、市。

在总体空间布局方面，长江国家文化公园根据长江沿岸自然资源与文化资源的空间分布状况、参观游览价值、保护开发程度等，按照“核心轴线引领、重要段落支撑、区域文化整合、多元点段展示”原则，构建“一

轴三高地多片区”的长江文化建设格局。

“一轴”即长江文化主轴，依托长江干流的自然、生态、文化资源，以沿江观光公路为主轴，串联沿线古城文化、商贸文化、工业文化、红色文化、码头文化、桥梁文化等，打造西起三江源、东至长三角的长江文化保护利用轴线。

“三高地”即长江国家文化公园南京段、武汉段、重庆段。南京、武汉与重庆三座城市因长江而生、因长江而兴、因长江而盛，区域内长江文物与文化资源丰富、文化保护利用价值高、文化保护利用模式相对成熟，是目前长江国家文化公园建设的重点段落。其中，长江南京段全长97千米，总岸线长280多千米。2020年，南京市发布《南京魅力滨江2035》（南京滨江核心段详细规划和城市设计），着力于将南京大胜关长江大桥至南京八卦洲长江大桥区段，全长35千米，打造成为南京滨江核心区段，并结合滨江历史文化和自然山水资源利用挖掘，建设河西鱼嘴、欢乐滨江、绿博园、宝船遗址公园、下关滨江商务区、上元门、幕燕风貌区、江北新区定山、绿水湾九大城市客厅，彰显山水交融、古今辉映、和谐共生的南京文化魅力。①

长江武汉段全长150.5千米。2017年，武汉市委、市政府通过《长江主轴远景概念规划》，表示长江主轴武汉段将顺江方向串联起历史之城、当代之城、未来之城，在历史之城重点打造“长江文明之心”，以长江、汉江交汇的南岸嘴为原点，以长江武汉段为蓝轴、龟蛇绵延山系为绿轴，以3.5千米为半径，覆盖两江四岸三镇历史文化核心区域，建设世界级历史人文集聚展示区，努力将武汉塑造成为世界大河历史文化名城。②而长江重庆段长

① 《南京打造滨江九大“城市客厅” 书写长江大保护“生态答卷”》，https://www.yangtse.com/content/1057814.html，发布时间：2020年11月22日。

② 武汉市自然资源和规划局：《世界级城市中轴文明景观带宏图初显，武汉长江主轴远景概念规划征集市民意见》，http://zrzyhgh.wuhan.gov.cn/zwdt/gzdt/202001/t20200107_610039.shtml，发布时间：2017年12月19日。

达691千米，占长江总里程的10.8%。近年来，重庆市政府持续推进长江三峡流域（重庆）文化生态保护区建设，以“一园多点”的模式，建设巫山龙骨坡、涪陵小田溪、奉节白帝城等为代表的长江三峡国家考古遗址公园，并持续推进三峡库区沿江古镇文化旅游带建设，提档升级“两江游”“三峡游”，着力打造长江“三峡”文化旅游品牌。

“多片区”则是指长江流域羌藏、巴蜀、滇黔、荆楚、湖湘、赣皖、吴越等各文化片区均全面推动各自特色的长江国家文化公园建设。与此同时，长江国家文化公园规划范围内的多个核心展示园、特色展示区、多元展示点，包括长江沿岸就近可览的历史文化、自然生态、优质文旅资源以及传统村落等全面推进。“一轴高地多片区”的空间布局，以长江干流为主轴，书写着“江河互济”的长江历史文化画卷。

2.功能分区

根据长江流域文物和文化资源的整体布局、禀赋差异及周边人居环境、自然条件、配套设施等情况，结合国土空间规划，重点建设管控保护、主题展示、创新引领、传统利用四类主体功能区。

（1）管控保护区

管控保护区是长江国家文化公园内“严格控制不能动”的文物保护红线区域，由长江流域文物保护单位保护范围、世界文化遗产区及新发现新发掘文物遗存临时保护区组成。它的设立应充分考虑文物本体安全性和文化景观完整性，遵照“保护第一、传承优先”的原则，对文物本体及环境实施严格保护和管控，对濒危文物实施封闭管理，确保文物资源安全。

建设长江国家文化公园管控保护区，首先，应对长江流域的文物及文化资源进行集中调查和挖掘，全面掌握长江流域文化资源的分布、保存、利用情况，分类编制长江文化资源名录，建立长江文化资源基础数据库。其次，应根据《中华人民共和国长江保护法》《中华人民共和国文物保护法》及《世界文化遗产保护管理办法》等法律法规，明确文物保护单位等保护对象的保护范围和建设控制地带，及时划定并公布管控保护区的界限。具体而言，长江文物保护单位的保护范围依照《中华人民共和国长江保护法》规定的保护范围和建设控制地带执行，文物保护单位属世界文化遗产范围的点段，其保护范围、建设控制地带的划定应与世界文化遗产的遗产区、缓冲区相衔接。最后，应实行动态管理模式，根据文物保护单位、世界文化遗产名录的变化，动态更新管控保护区的范围，针对新发现、尚未核定为文物保护单位的历史文化遗存，划定临时保护区，按照文物保护单位的保护管理规定执行。

（2）主题展示区

主题展示区是长江国家文化公园的精髓之所在。浩瀚长江作为中华文明的重要发源地之一，蕴藏着数不清的文化艺术珍宝。根据第三次文物普查资料，长江沿线省（直辖市）共有全国不可移动文物30.6万余处，约占全国不可移动文物总量的39.8%。截至目前，长江沿线省（直辖市）共有全国重点文物保护单位1872处，省（直辖市）级文物保护单位7320处，市县级文物保护单位45252处，涉及古宫、道观、寺庙、古桥梁、古祠堂、民居、牌坊、古石刻、古塔、古代名人墓穴、古文化遗址、古窑址、革命旧址、古城墙关隘等，数量多、内涵丰富。[①] 主题展示区即依托上述文化资源本底，统筹考虑长江流域文化资源的价值、密集程度、展示基础条件等，按照“核心资源支撑、区域文化整合、多元点段展示”的原则，规划建设核心展示园、特色展示区、多元展示点，串联长江沿岸各类自然生态与历史文化资源点，全面展示“万里长江”的文化景观和文化生态。

其中，核心展示园由长江流域内参观游览条件较好、地理位置相对优越、交通条件比较便利的国家级文物和文化资源及其周边区域组成，是参观游览和文化体验的主体区。长江流域内文物与文化遗产众多，青城山—都江堰、峨眉山—乐山大佛、大足石刻、土司遗址、武当山古建筑群、庐

① 紫金智库：《保护长江文物 弘扬长江文化 让“长江”列入国家文化公园》，http://www.zjthink.com/?jianyan/1068.html，发布时间：2021年11月12日。

山、西递—宏村古村落群、杭州西湖文化景观、苏州古典园林、中国大运河等世界级文化遗产，自西向东分布在长江沿岸。这些享誉海内外的文化遗产呈现出各具特色的文化主题，包括山水景观、古典建筑、水利开发、世俗生活、雕塑艺术、宗教信仰等，具有极高的文化价值、历史价值、艺术价值、社会价值和科学价值，是长江国家文化公园“天然”的核心展示园。以核心展示园为基点，联系周边省、市、县级文物资源，汇集而成的文化载体密集区域即为长江国家文化公园的特色展示区。长江横跨中国西、中、东三大地带，划分为上、中、下游三段，上游的古巴人、古蜀人，中游的古楚人和下游的古越人分别创造了闲适悠长的巴蜀文化、浪漫迤逦的荆楚文化、精致典雅的吴越文化。巴蜀、荆楚、吴越三大长江区域文化的上限都可追溯至新石器时代晚期。到春秋战国时期，各文化区范围相对固定，形成了各自稳定鲜明的文化特征。[①]后各文化区彼此交融，共同构成多元一体的长江文化，而长江文化也因此表现出显著的版块文明特征。[②]所以建设特色展示区，要求对巴蜀、荆楚、吴越三大长江文化子系统的文化资源进行整体保护利用和系统开发提升，构建集遗产保护、文化传承、生态绿化、产业发展于一体的超大规模文化空间。但秦汉以降，随着长江流域的文化分区趋于细密，长江上游的羌藏文化、滇黔文化得以凸显，长江中游的荆楚文化分出湖湘文化一支，长江中下游之交、自然条件与人文环境相近的安徽和江西两省，则构成了相对分散的赣皖文化。故在巴蜀、荆楚、吴越三大长江文化子系统范围之外，光辉灿烂的长江文明还囊括着滇黔、湖湘、赣皖、羌藏等区域文化。在这些文化片区内，长江文物与文化资源的区位较为独立、布局较为分散，应设置兼具长江文化意义和体验价值的文物与文化资源展示点（多元展示点），加以保护利用传承，满足分众化游览需求。

① 冯天瑜、马志亮、丁援：《长江文明》，中信出版社2021年版。

② 李学勤、徐吉军：《长江文化史》，江西教育出版社2011年版。

（3）创新引领区

创新引领区主要利用长江文物和文化资源的外溢效应，促进文化业态创新。通过建设长江文化+现代农业、长江文化+信息科技、长江文化+旅游观光、长江文化+体育健身、长江文化+休闲疗养等多元融合产业，延长长江文化产业链，扩展长江文化产业面，打造一批主题鲜明、类型多样的文化创新发展示范区，推动长江文化的创新性转化、创造性发展。

近年来，围绕长江文化资源的创新性开发不胜枚举。广汉三星堆国家考古遗址公园、武汉盘龙城遗址公园、杭州良渚古城遗址公园等重要遗址公园的建设提档升级，武当山太极湖、南京汤山温泉等国家级旅游度假区服务质量不断提升，上海田子坊、陶溪川文创街区、武汉楚河汉街等街区式文旅项目成功落地，“知音号”游轮、夜上黄鹤楼、超级文和友、灵山小镇·拈花湾等沉浸式文旅项目广受欢迎，为创新引领区的建设奠定了较为良好的基础。然而，上述关于长江文化资源的创新利用，还存在文化资源开发同质化、文化内涵挖掘不足等问题[①]，远远达不到充分释放长江文化资源的价值、塑造长江文化品牌的要求。因此，长江国家文化公园创新引领区的建设，一方面要完善长江文化资源开发的产业链，促进历史文化与自然生态、科学技术、现代文旅的深度融合；另一方面要深入挖掘长江文化资源的内涵，制订精准的营销计划，打造知名的长江文化IP。

（4）传统利用区

传统利用区依托与长江历史文化生态有紧密关系、文化旅游资源丰富、交通条件相对优越的长江沿岸古村落、古城镇、历史文化街区等传统生产生活区域而建。在传统利用区内，社区居民纷纷参与到长江文化的保护过程中，合理保存长江传统文化生态，适当开展文化生产经营活动，发展文化旅游、特色生态产业，为长江文化的保护利用传承注入新的活力。

---

① 蔡武进、刘媛：《长江流域文化遗产保护的现状、价值及路径》，载《决策与信息》2022年第1期。

截至2022年年初，长江国家文化公园涉及的13个省市范围内共有国家历史文化名城67座，国家历史文化名镇近200个，国家历史文化名村200余个，国家传统村落3000多个。这些具有代表性的历史文化名城、名镇、名村，普遍本着“保护修复、修旧如旧、建新如旧”的原则，还原村镇传统格局和建筑风貌，改善村镇的基础设施及环境条件，并在优质自然、文化、生态资源的基础上，发展乡村民宿、乡村康养、农家乐等休闲旅游产业。不可否认，上述举措在一定程度上增强了村镇的自我发展能力，提升了村镇居民的收入水平和生活品质，但仍与传统利用区的建设目标相差甚远。传统利用区保护和延续的不仅仅是村镇的物质面貌，更重要的是精神风貌。正因如此，建设长江国家文化公园传统利用区，必须注重自然生态环境保护和历史文化保护相协调，注重发掘区域内的传统民俗元素特别是长江文化元素，注重拓展长江文化元素融入居民生产生活的路径，以实现长江文化的社区传承。

（二）长江国家文化公园建设的主要任务

推进长江国家文化公园四大主体功能区的建设，关键在于发挥中央和地方各级党委及政府的领导作用，聚焦重点领域，集中实施保护传承、研究发掘、环境配套、文旅融合、数字再现五大标志性工程。

1.保护传承工程

保护传承工程一方面要求加强对长江流域文物实体的系统性保护，提高长江流域文化与文物资源保护水平；另一方面要求完善长江流域非物质文化遗产保护体系，加强对手工技艺、民俗文化等非物质文化遗产的整体性保护。

（1）加强对长江流域文物与文化资源的系统性保护

在文物与文化资源保护方面，其一，应实施长江考古重大研究项目，深化长江重要文化遗址的考古研究，强化长江考古工作的科学技术支撑，优化长江考古成果的公布展示机制，有序推进长江文物与文化资源考古工作。其二，应多部门联合开展长江流域文物与文化资源调查工作，明确文物与文化资源的类型、文化内涵、保护级别、保护现状等，摸清长江流域文物与文化资源家底，并依托调查资料，分类编制长江文化资源名录，建立长江文化资源基础数据库，确定长江文物与文化资源保护等级。其三，应根据文物与文化资源的保护等级和展示利用潜力，开展长江文物与文化资源分级分类保护工作，对濒危损毁的文物资源实施抢救性保护，对重点文物资源实施预防性主动性保护，加大管控力度，完善集中连片保护措施，严防长江文物实体不恰当开发和过度商业化。其四，应落实各级政府主体的责任，健全流域内文物资源巡查、监测和预警制度，规范长江文化与文物资源日常管理。在文物与文化资源传承方面，依托现有的文化馆、博物馆、纪念馆、陈列馆、展览馆，打造不同层级和不同类别的爱国主义教育基地、红色教育基地、研学旅行基地，构建长江文化展示体系；借助国家重大纪念日和流域内各民族传统节庆日的契机，举办大规模长江文化主题活动；利用长江流域的自然、生态、文化景观，创作长江特色实景演出，推动长江文物活化利用，提高长江文化传承活力。

譬如，2021年12月23日，由中国国家博物馆和中国长江三峡集团有限公司联合主办的“江天万里——长江文化展”在中国国家博物馆正式对外开展。这是继甲骨文文化展、《红楼梦》文化展、孔子文化展、大运河文化展之后，中国国家博物馆提炼和展示中华优秀传统文化精神标识的又一重要尝试。此次展览以国家博物馆馆藏为主，展出《长江图》《长江万里图》《乾隆十六年南巡各地详图》《滇南盐井图》等约300余件/套展品，通过“横穿万古岁月流”“文明传承绵延长”“千年文脉润古今”“黄金水道通九州”“大江安澜丰碑立”五大部分，向参观者全面展示长江的历史之久、人文之盛、生态之美、工程之巨[1]，用文物表达长江精神，用文物传承长江文化。

---

① 《国博推出长江文化大展！300余展品展现长江的历史之久、人文之盛、生态之美、工程之巨》，https://wenhui.whb.cn/third/baidu/202112/23/440658.html，发布时间：2021年12月23日。

（2）加强长江流域非物质文化遗产的整体性保护

长江流域的非遗文化资源数不胜数，宜兴紫砂陶制作技艺、景德镇手工制瓷技艺在此诞生，古琴、丝竹等传统曲艺在此起源，昆曲、藏戏、徽剧、汉剧等传统戏剧在此生成，苏绣、蜀绣、湘绣等中国名绣在此成熟。近年来，长江流域非物质文化遗产保护浪潮逐渐兴起。2015年9月，长江非遗博物馆在武汉市园博园汉口里小镇落成，馆内共有8个展厅、1个体验区，展品超过2000多件。它以荆楚非物质文化遗产项目为主体，同时涵盖了长江流域15个省（市）共计200项非遗项目。同年11月，第一届长江非物质文化遗产大展在武汉国际会展中心开幕，对长江传统服饰技艺、饮食技艺、中医药技艺、手工技艺以及最新长江非遗研培成果等进行集中展示，凸显了长江流域雕刻、编织、漆器、金属等工艺所呈现的文化多样性。

2018年，武汉黄陂长江非遗小镇规划出炉，计划围绕“一心三镇”的总体布局开发“长江非遗文化中心”“非遗欢乐小镇”“非遗度假小镇”“非遗旅游小镇”等板块，打造国内最具特色的非遗文化小镇……创办长江非遗博物馆、举办长江非遗文化展、筹备长江非遗小镇，这些举措虽然为长江非物质文化遗产的保护奠定了坚实的基础，但还达不到整体性保护的效果。保护好、传承好、利用好长江非物质文化遗产，首先要在人才培养上下功夫，制订长江非遗人才专项培育计划，鼓励非遗传承人开展常态化的传承人培训，建设传承人培训基地，鼓励非遗机构与高校合作，引进高层次、创新型、复合型非遗人才，完善长江非遗传承人队伍建设；其次要改善长江非遗传承体验设施，建设集传承、体验、教育、培训、研究、交流、旅游功能于一身的非遗纪念馆、传承体验中心、传习所等；最后还要积极探索长江非遗文化资源创意开发路径，研发长江非遗文创产品、培育长江非遗文化品牌、创办长江非遗文化节、打造长江非遗主题文化空间，促进长江非物质文化遗产的创造性转化。

2. 研究发掘工程

研究发掘工程通过发掘长江精神文化特质，阐释长江文化的时代价值，开展长江文化专题创作研究，鼓励长江文艺精品创作，深化长江文化系统研究等，构建长江文化价值体系，提升长江文化的传播力和影响力。

（1）加强长江文化系统研究，构建长江理论体系和话语体系

长江流域内文化类型多样，巴蜀、荆楚、吴越、滇黔文化虽然在渊源、内涵、风格上存在显著差异，但由于它们都发源于长江沿岸、地处北纬30°附近，因此在许多文化要素上又相互依存，呈现出共性特征。[①]然而，目前学界关于长江文化共性的研究尚且匮乏，导致社会各界对长江文化缺乏统一的认识和理解。[②]研究发掘工程致力于改变长江文化共识缺失的现状，鼓励和支持长江流域各省市、各高校设立专门的长江文化研究机构，全方位加强长江文化研究，从中华民族文化基因以及中华文化重要标识的高度，阐释长江文化的共性特征，突出长江文化的整体辨识度，从范围界定、内涵定义、功能定位、空间布局、资源保护、管理体制、运营机制、法律保障等方面开展长江国家文化公园基础性研究，构建与长江国家文化公园建设相适应的理论体系与话语体系。

（2）深入挖掘长江精神内涵，提炼长江精神文化特质

长江流域曾发掘出东亚地区最古老的化石，最早的石器、陶器、瓷器、木构建筑及最完善的玉器系统，曾孕育出屈原、李白、苏轼等文人骚客及范仲淹、文天祥、龚自珍等爱国名士。各种学派、书派、画派、文派、教派在这里涌现，移民文化、工业文化、商业文化、竞争文化在这里融合交织，焕发出强大的生命力。[③]千年来，滚滚长江持续传递着求真求实、敢为人先的精神，以民为本、为民服务的精神，推陈出新、与时俱进的精神。这些精神是实现中华民族伟大复兴中国梦的动力源泉，激励着一代代华夏儿女

① 秦尊文：《长江经济带文化发展研究》，武汉大学出版社2020年版。

② 蔡武进、刘媛：《长江流域文化遗产保护的现状、价值及路径》，载《决策与信息》2022年第1期。

③《不尽“长江”，如何滚滚而来？紫金文化产业论坛聚焦长江经济带与长江文化》，http://news.xhby.net/index/202012/t20201209_6906685.shtml，发布时间：2020年12月9日。

奋勇拼搏、自强不息。研究发掘工程旨在从长江文化本底中挖掘长江精神文化基因，厘清长江精神的内涵外延，提炼长江文化的精神特质，阐释长江文化的时代价值，以赋予长江更多的文化内涵。

（3）实施长江文艺精品创作扶植计划，鼓励长江专题文艺创作

长江题材的文艺作品是长江历史文化的物质载体，是传承长江文化的重要媒介。以《大江大河》这部影片为例，表面上看，它采用个人、家国双线并行的叙事手法，从小人物的奋斗故事切入，折射我国改革开放的壮阔历程；深层来看，小人物跌宕起伏的奋斗历程折射的不仅是时代历程，更是支撑时代发展的文化和价值观。无论是剧中人物的命运，还是时代的变化，都使观众在观影过程中自然地联想到奔涌的长江及其一往无前、势不可当的磅礴之气。《大江大河》播出后能够收获各方好评的重要原因之一，是它紧扣长江的精神内涵，引发了观众的情感共鸣。然而，目前这类兼具文化创造性和社会影响力的长江专题文艺创作并不多见。因此，研究发掘工程应重视对长江专题文艺创作研究，鼓励和支持广大文艺工作者创作长江专题文艺精品，借助长江传统艺术创作形式，如戏剧、乐器、杂技等，振兴长江传统文艺；鼓励和支持影视传媒产业，拍摄一批高水平的长江题材影视作品，再现长江沿岸文物和文化资源所荷载的重大事件、重要人物、重头故事，传递长江精神文化内核；鼓励和支持广大人民群众积极参与以长江为主题的书法、绘画、歌曲、摄影活动，围绕长江流域丰厚的历史文化资源进行文艺创作和展示，打造长江群众文艺活动品牌，凝聚长江文化保护传承的社会共识。

3.环境配套工程

环境配套工程以优化长江文化旅游体验为目标，建设长江复合交通旅游网络，打造“线上+线下”的长江国家文化公园标识系统，完善长江文化旅游服务设施体系。

（1）改善旅游交通环境，推进长江复合交通旅游网络建设

按照“主题化、网络状、快旅与慢游结合”原则，制定长江文化旅游

交通发展规划，打造安全高效、智能绿色、互联互通的长江旅游交通网络。其一，建设一批长江文旅专线，贯通重要交通节点，以优化长江国家文化公园与周边机场、车站、码头等主要交通枢纽的快捷联系，实现公园与机场、高铁、高速公路的无缝衔接。其二，改造升级现有的沿江观光公路，根据长江国家文化公园的展示主题和地域文化特色，推进长江沿岸骑行绿道、游步道、风景道等复合型旅游道路的建设，打造融文化、体验、游憩为一体的园区立体交通网络，系统展示长江文化形象。比如，武汉《长江主轴远景概念规划》中重点指出，在空间上依照“长江水体——桥梁、码头与滩涂——江滩公园、城市阳台和长江绿道——堤防及道路——天际线与沿岸建筑立面”五个层次优化复合立体城市滨水空间，形成滨江文化生态廊道。

（2）凝练长江文化元素，打造长江国家文化公园标识系统

在标识设计方面，应组织专业的研究设计团队，凝练长江文化元素，从主体众多、涉猎领域甚广的长江文化资源中提取独特的长江文化符号，形成整体化、专有化、可识别度高的长江文化旅游视觉形象。在标识运用方面，应要求长江沿岸各市县按照5A级景区标准，布设长江国家文化公园标识牌、导览图、交通引导标识和介绍牌等；要求在公园物理空间和虚拟空间中积极运用、推广长江文化标识，建立线上线下联动的长江文化旅游标识体系。

（3）提升旅游服务设施，健全长江国家文化公园服务标准体系

结合主题展示区和创新引领区建设，完善长江国家文化公园内游客集散、导览导游、休憩健身、旅游厕所、垃圾桶等公共设施，安全、消防、医疗、救援等应急设施，科研、会展等公益设施，以及住宿、餐饮、文化消费等必要商业设施①，健全长江国家文化公园服务标准体系，促进长江国家文化公园统一化、规范化、系统化的规划建设和管理运营。

① 中共中央办公厅、国务院办公厅：《长城、大运河、长征国家文化公园建设方案》，http://www.gov.cn/，2019年12月印发。

4.文旅融合工程

文化和旅游具有天然的耦合性，文化是旅游的灵魂，旅游是文化的重要载体。文旅融合工程以长江文旅融合标准化、品牌化为导向，开发长江优质文旅资源，培育长江特色文化消费场景，优化长江文旅融合结构，促进长江文化旅游新业态的发展。

（1）优化长江文旅业态，推动长江文旅融合创新发展

首先，培育一批具有强大竞争力的文旅企业集团，整合长江上、中、下游资源、要素和技术，对优质文化资源进行一体化开发，策划长江文化旅游优质项目，规划长江文化旅游经典线路，研发长江文化旅游创新产品，完善长江文旅产业链。例如，在2019长江文化旅游博览会举办之际，湖北省文化和旅游厅同时推出长江旅游线路产品大赛，对长江流域各省市旅行社及其他文化旅游企事业单位策划和设计出的400余个长江流域精品旅游线路和创新创意旅游线路进行评选，并为评选出的金奖线路产品和优秀线路产品提供沟通推广渠道及现场采购平台，在客观上激励了整个长江流域文旅产业的协同发展。

其次，规划长江文旅融合发展示范区，推动“长江+历史”“长江+生态”“长江+工业”“长江+城市”等文旅融合区的建设，筹划长江田园山水、文旅康养等文化旅游示范带，促进长江文化旅游与城镇化、乡村振兴、生态环境保护等国家战略相结合，与休闲娱乐、运动健康、教育培训等其他相关产业融合发展。例如，2016年开始正式运营的景德镇陶溪川文创街区本是集赏、学、游于一身，融合传统、时尚、艺术、高科技元素的开放式文旅空间。但2020年新冠疫情发生后，网络直播迅速崛起，陶溪川随之迎来它的网络直播时代。为全面提升景德镇陶瓷产品的知名度、拓宽陶瓷销售渠道，景德镇人民政府与字节跳动达成战略合作，在陶溪川文创街区成立陶溪川LIVE直播基地，由抖音官方授牌，通过“网红+电商+直播+集群”的销售模式，在推动景德镇陶瓷产业创新升级的同时促进景德镇陶瓷文化的传承。

（2）开发优质文旅资源，塑造更具标识度的长江文旅融合品牌

其一，支持重庆、武汉、南京等沿江城市，建设成为长江历史文化地标城市，在保护城市历史文化风貌的同时开发优质文旅资源，打造长江文化“打卡地”。在重庆，以弘扬山城文化、讲好山城故事为目标，建设长江三峡国家考古遗址公园、建设长江三峡考古遗址博物馆，优化长江三峡文化旅游线路，打造长江国际黄金旅游带高地。在武汉，通过“知音号”等文化演艺项目，7—16渡江公园等主题文化景观、江滩系列文化艺术雕塑、码头文化节庆等活动，串联现代文化元素与沿线老汉口、汉正街、武昌古城、汉阳旧城等文化片区以及长江文明馆等公共文化设施。[①]在南京，突出长江大桥、燕子矶、幕府山等节点，开发名著游、古诗游等线路，做优鱼嘴、下关滨江、栖霞山等片区，加快培育滨江游轮项目“长江传奇”等具有长江文化特征的体验项目和消费新场景。

其二，鼓励通过微博、微信、短视频等新媒体平台，开展“中华民族母亲河”“长江国际黄金旅游带”等长江文化旅游品牌塑造和营销推介，扩大长江文化旅游的影响力，形成长江国家文化公园品牌效应。

其三，定期举办世界大河文明对话论坛、长江文化国际雕塑展等国际文化交流活动，一方面提升长江文化旅游的国内外知名度，打造有代表性的长江文化活动品牌；另一方面促进长江文化与世界大河文明、海洋文明乃至人类文明的交流互鉴，为人类命运共同体的构建提供持久不息、永续不竭的价值动力。

（3）加快培育具有长江文化特征的体验项目和消费场景，激发文旅消费动能

结合演艺、影视、会展、创意设计等行业，发展长江文旅演艺产业及主题文娱产业，建立长江文化创意产品研究、开发和生产基地，研发体现

① 《武汉长江主轴规划方案初步确定！重点建设这些地方》，https://www.sohu.com/a/138261326_355684，发布时间：2017年5月4日。

长江文化特色的文化创意产品，提升长江文旅产品和服务的供给质量。培育一批具有长江文化特征的文旅项目，例如，借助长江自然、生态、文化资源，发展自驾旅游、考古旅游、亲子旅游以及体育旅游等文化旅游模式，增加点亮长江、滨江游轮、长江漂流等新型文旅消费体验，激发游客的文旅消费热情。鼓励长江国家文化公园大力发展假日经济和夜间经济，培育夜间文旅消费市场，支持长江流域内的优质景区和度假区开展夜间游览服务，建设夜间文化旅游经济示范区，培育国家级夜间文旅消费集聚区。鼓励长江沿岸城市申报国家文化和旅游消费试点城市，把长江文旅消费嵌入各类大众消费场所，探索城市文化和旅游消费新模式。

5.数字再现工程

数字再现工程即以数字化手段，推动长江文化保护与管理科学化、制度化、现代化，主要包括长江国家文化公园数字基础设施建设、长江文物与文化资源数字展示平台建设、长江文化资源数字化管理平台建设等内容。

（1）加强长江国家文化公园数字基础设施建设

推进通信网、广电网、互联网“三网融合”，逐步实现公园主题展示区、创新引领区无线网络和5G通信网络全覆盖。加快推进人工智能、大数据、云计算等现代信息技术与公园环境卫生、咨询服务、导游服务等公共服务深度融合，全面提升长江国家文化公园的智慧化管理服务水平。

（2）搭建长江文化资源数字化展示平台

整合长江沿岸的文物与文化资源，建设长江国家文化公园官方网站和“畅游长江”等文化云平台，对流域内可移动文物与不可移动文物进行数字化展示，对区域历史名人、诗词歌赋、典籍文献等关联信息进行实时展示。鼓励长江流域的各类文博单位与数字技术和内容运营商合作，基于各自资源和技术优势，建设线上文博馆，为访客提供资讯、导览、时空漫游、资料搜寻等多方位信息服务。鼓励社会各界积极参与数字再现工程，围绕长江文化资源进行数字化创作，开发可视化呈现、互动化传播、沉浸化体验的长江数字文化产品，打造长江文化资源虚拟呈现系统，创新长江文化展示手段。

（3）完善长江文物与文化资源数字化管理平台

依托武汉大学长江文明考古研究院等科研机构，推进长江文物与文化资源高效采集、三维数字化测绘、数据档案建设等基础工作，推进长江文化资源基础数据库、监测数据库、地理信息数据库的建设，促进长江数字文化资源体系化。整合各地市、各部门长江文物与文化资源数据，对接国家数据共享交换平台体系，完善长江文物与文化资源数字化管理平台，实现长江文化资源信息数据互联互通、共建共享。

三、长江国家文化公园建设的主要举措和路径

（一）健全政策法规，做好顶层设计

《关于实施中华优秀传统文化传承发展工程的意见》明确提出，要“规划建设一批国家文化公园，成为中华文化的重要标识”。此后几年里，长城、大运河、长征、黄河国家文化公园建设方案陆续审议通过。然而，长江国家文化公园建设目前还存在着政策法规缺位的问题，政策环境与实践工作存在不适应、不匹配的现象。做好顶层设计，能够从整体上实现对长江文化公园的谋篇布局与统筹规划，为长江文化公园建设提供明确引领和保障服务。

首先，要加强立法工作，完善国家文化公园整体法治建设。当前，我国国家文化公园建设工作已经在有序开展之中，形成了包含长城、大运河、长征、黄河、长江五大国家文化公园的建设体系。该体系涉及全国大部分省份和地区，在全国范围内打造了多条“文化经济带”，尤其需要法治保障。尽管部分地方部门已经针对自身的地段建设出台国家文化公园建设的相关法规条例，如贵州省在第十三届人大常委会第二十六次会议上表决通过了《贵州省长征国家文化公园条例》，于2021年7月1日起正式施行，这是我国首部涉及长征国家文化公园的地方性法规。该《条例》共七章五十二条，

针对贵州省内长征国家文化公园的保护、建设、利用和管理活动做出相应的规定，充分发挥立法对长征国家文化公园贵州重点建设区相关工作的引领和推动作用。[①]另外，河北省在第十三届人大常委会第二十二次会议上表决通过了《河北省长城保护条例》，其中第三章“长城利用”部分第33条、第34条、第35条、第36条分别对长城国家文化公园建设主体、协调机构、建设布局、建设和运行经费投入作出规定。该条例虽然没有专章规定国家文化公园建设，但是显然意识到国家文化公园建设在立法中具有相对独立性。[②]但目前来看，我国仍旧缺乏国家文化公园建设领域的整体性立法。从横向上看，每个国家文化公园在建设过程中都会存在各自的问题，但同样也存在一些共通的局限。因此，要以长城、大运河、长征、黄河、长江五大国家文化公园建设为蓝本，对其建设现状进行综合分析，将建设过程中遇到的问题进行整合与归纳，深化对其中法律问题的研究和立法建议论证，形成对国家文化公园建设的整体性认识，为立法工作推进奠定基础。从纵向上看，国家文化公园的立法工作并非简单的“文化遗产保护立法”，而是与公共文化服务事业、文化产业发展及乡村振兴、区域经济发展等多个领域都紧密关联。因此，在立法过程中，需要采纳多方意见，征集我国不同领域、不同部门的领导、专家、学者等多方主体对国家文化公园立法问题的看法，通过紧密合作形成合力，加强对国家文化公园建设的理论研究与立法研究。在国家层面的立法工作完成后，各地要以本地国家文化公园建设的现状和特色为基础，制定和完善地方性法规和政府规章，形成自上而下、协同推进的法治格局。

其次，要完善现有政策规划，并编制长江国家文化公园建设保护规划。2016年9月，《长江经济带发展规划纲要》正式印发，从多方面描绘了长江经济带发展的宏伟蓝图。2020年底，《中华人民共和国长江保护法》出台，

① 《文化艺术报》，2021年6月30日第A03版。

② 钱宁峰，徐奕斐：《积极推动江苏国家文化公园立法》，载《唯实》2022年第4期。

开创了我国依法开展流域治理的先河，为长江流域的保护和发展提供了明确的依据和指导。由此可见，我国对长江流域保护与开发的重视由来已久。从整体上来看，这种重视多集中于经济和生态领域，在长江领域文化发展及国家文化公园建设方面则稍显不足。目前来看，长江文化价值进一步凸显，文化赋能经济的作用进一步增强，这都要求国家站在新的更高的时代高度，重新审视长江经济带的发展规划，进一步修订和完善现有的政策规划，使其与长江国家文化公园建设的新实践相适应。另一方面，长江流域文化建设与发展方案尚有欠缺。与此形成对比的是，长城、大运河、长征、黄河国家文化公园均已出台建设保护规划方案，明确了建设目标、基本任务等具体信息，为沿线省份提供了一定的路径指导，将各大国家文化公园建设落实到实践层面。2021年10月，北京市于2021北京（国际）运河文化节开幕式上发布了《北京市大运河国家文化公园建设保护规划》，从2021年、2023年、2025年三个时间节点对大运河国家文化公园建设目标进行了安排，进一步完善了长期有规划、中期有行动计划、年度有折子工程的推进实施体系，为本区域内大运河国家文化公园的建设工作提供了明确指导。[①]

因此，要在新的政策规划的指导下，借鉴长城、大运河、长征、黄河国家文化公园的建设经验，根据长江沿线的实际情况，探索和编制长江国家文化公园的建设规划方案。从战略定位来看，要建设和展示一批重大标志性长江文化工程，构建长江文化标识体系，打造中华文化重要标志；从建设目标来看，要整合和展现长江流域影响突出、主题明确、内涵清晰、内容丰富的文化文物资源，规划建设集文化教育、公共服务、社会交往、旅游观光、休闲娱乐、科学研究等功能于一体的公共文化空间。在编制长江国家文化公园建设规划时，应将其与长江经济带建设、生态文明建设相互协调作为重点内容纳入规划，并由中央有关部门对其进行严格审核和有机整

① 国家文物局：《北京市大运河国家文化公园建设保护规划》发布，https://mp.weixin.qq.com/s/0CwpIOKDP5EXGGjzQ8-qTw，发布时间：2021年10月12日。

合，作为各地统筹协调推进长江国家文化公园建设的方向和目标指引。[①]长江国家文化公园沿线省份要在整体规划方案的引领下，结合各地实际情况，形成适合各地实施的规划方案，把各项任务落到实处。

（二）创新管理体制机制，实现协调发展

长江国家文化公园建设涉及范围广，包括我国南方的大部分地区，呈现出分散性、开放性、散点化的布局特点，跨省、市的行政管理主体多层多级、权属复杂。并且，不同省份、地区在资源和人口方面的特点不尽相同，对长江国家文化公园建设所承担的任务和能贡献的力量存在差异。因此，必须创新管理体制，建立高效统一的管理协调机制，统筹协调、凝聚合力，共同推进长江国家文化公园建设。

其一，要建立稳定高效的管理机构。目前，中央层面成立了国家文化公园建设工作领导小组，并在文化和旅游部设置小组办公室，同时设置国家文化公园工作专班，形成“领导小组—办公室—专班”的管理模式，统一负责统筹协调国家文化公园的建设工作。地方一级基本沿用了“领导小组+办公室”的管理架构，并在此基础上形成了临时性协调机构、临时性专门机构、政府组成部门和事业单位四种管理体制。[②]从应用范围来看，政府组成部门和事业单位负责形式应用较少，而作为临时性协调机构的办公室和临时性专门机构的专班才是大部分省市推进国家文化公园建设的负责机构。但从机构性质和人员组成来看，临时机构并不是具有相应权责的常态化机构，相对常设机构，临时机构在推进工作、协调各方上的权威性与话语权相对较弱；而工作人员大多是抽调组成，机构和人员的兼职性和流动

① 陈思静：《促进长江国家文化公园、长江经济带与长江生态文明建设相互协调——访全国政协委员、南京大学文化与自然遗产研究所所长贺云翱》，载《中国艺术报》2022年3月9日第5版。

② 吴丽云、邹统钎、王欣等：《国家文化公园管理体制机制建设成效分析》，载《开发研究》2022年第1期。

性强。这就在机构设置和人员组成方面将国家文化公园建设工作定义为临时性项目，无法满足国家文化公园建设和运转的常态化要求。因此，要从现有相关编制中调整划转建立长江国家文化公园的组织机构，在中央成立常设工作机构，并设置专门负责各个国家文化公园建设的处室，有针对性地推进建设工作。分省设立管理区并成立相应的固定管理机构，将临时性的协调机构转变为常态化的固定管理机构，并赋予其相应的编制和专门的工作任务，建立从中央到地方的、稳定的分级管理运转体系，从而减少人员流失、增强机构威信和执行力，确保建设任务的高效实施。江苏省淮安市新组建了正处级事业单位淮安市大运河文化带规划建设管理办公室，其作为市级管理协调机构，负责统筹规划、督导推动大运河文化带和国家文化公园建设。①河北省迁安市组建成立了迁安市长城国家文化公园管理中心，成为河北省首家县级长城国家文化公园建设保护机构。同时，明确了该管理中心的相应权责——主要承担迁安市境内长城国家文化公园和国家地质公园建设保护规划编制、资源保护利用、重点项目工程、市场开发营销和智慧化建设等工作。②相应机构的成立在推动各区域长城国家文化公园建设、实现全域旅游发展、促进文化与旅游深度融合方面发挥着重要作用。

其二，要建立健全长江全流域范围内的长江国家文化公园建设工作协同机制，打造长江国家文化公园建设制度体系。长江流域涉及省份、地区和部门繁多，彼此之间的交流合作程度会直接影响长江国家文化公园的建设进度。从地区协同方面来看，要突破地域限制和行政壁垒，在长江全流域范围内建立沟通协商和信息共享制度，厘清沿线各地的建设任务和职责范围，推动各地在政策制定、工程建设、实施监管等方面形成强大的工作合

① 《江苏首家市级大运河文化带实体管理协调机构在淮成立》，http://tour.jschina.com.cn/wl/202003/t20200331_2518824.shtml，发布时间：2020年3月31日。

② 《河北迁安市长城国家文化公园管理中心成立》，http://www.ctnews.com.cn/fyly/content/2021-02/09/content_97687.html，发布时间：2021年2月9日。

力，以区域整体规划统筹长江国家文化公园跨区域建设，实现长江上、中、下游的共建共享、协同发展。例如长江沿线各省市应统筹发展，在遗产保护的资金投入与税收政策扶持、专业人才培养以及文化遗产资源协同保护的专门性法律建设方面加大力度；长江沿线各省市内也需在市场、信息与资源等方面进行重新整合，实现互利合作、资源共享。[①]从部门协同方面来看，长江国家文化公园建设涉及文旅、自然资源、水利、宣传等多个部门，因此各地区内部要建立部门联合工作机制，明确各部门的职能和责任，充分发挥各部门的职能优势。可以通过定期召开各部门联席会议等方式，消除部门之间的信息差距和距离，实现部门间的有序衔接与合作，从而做到地区资源的整合与规划，形成地区内部建设合力。

（三）优化资源配置，完善配套措施

长江国家文化公园建设涉及整个长江流域，是国家推进实施的重大文化工程，其目的在于打造实现保护传承利用、文化教育、公共服务、旅游观光、休闲娱乐、科学研究等功能的公共文化空间。如此庞大的项目体量和注重公益性的建设目标是建筑在完备的配套措施基础之上的，需要人员、土地、资金等相应方面的支持。目前，长江国家文化公园建设的相关配套措施尚不完善，缺乏资源投入的长效机制，因此有必要建立资源调度的常态化机制，完善长江文化公园建设的配套措施，实现资源的合理调度和优化配置。

首先，加强人才队伍建设，配备一批专职管理人员，培养相关研究团队。缺乏高质量的、稳定的管理人才队伍是国家文化公园建设面临的问题之一。[②]在现有的国家文化公园管理机构中，管理队伍通过抽调形成，工作

① 蔡武进、刘媛：《长江流域文化遗产保护的现状、价值及路径》，载《决策与信息》2022年第1期。

② 吴丽云、邹统钎、王欣等：《国家文化公园管理体制机制建设成效分析》，载《开发研究》2022年第1期。

人员的兼职性和流动性强。工作人员在本职工作以外难有闲暇负责国家文化公园的建设工作，对国家文化公园建设工作了解不深，难以高效、高质量地推动相关工作的进行；并且，不固定的人员配备尽管在一定程度上增强了管理的灵活性，但是却增加了工作交接的复杂性。另外，相较于其他四个国家文化公园，长江国家文化公园启动时间短，研究团队相对缺乏，研究成果较少，无法提供更加科学、系统的建议指导。因此，要加强长江国家文化公园的管理和研究队伍建设。在管理队伍方面，转变工作人员性质，将兼职人员转变为专职负责人员，赋予其相应的编制和工作任务，建立稳定的管理队伍。并且，要注重加强对管理队伍的培训和教育，培养一批高素质的、深入了解长江文化及国家文化公园建设问题的人才，保证建设工作推进的效率和质量。同时，面向全球知名高校研究机构，通过举办学术论坛、设立专项项目和课题等方式，召集一批优秀科研人才，推动长江国家文化公园智库建设。针对长江国家文化公园建设过程中出现的问题，探索出更加科学合理的建设模式。2022年3月，长江国家文化公园建设（湖北段）研讨会在武汉举行。湖北省内众多知名专家学者分别立足各自研究领域，针对长江国家文化公园重点建设区建设提出了相应的见解，为长江国家文化公园的建设提供了实践方向。①

同月，一场以“长江国家文化公园——重庆将有何为”为主题的长江文化会客厅圆桌会在重庆传统风貌旅游区十八梯举办。本次圆桌会上，与会专家和学者们认真讨论了将重庆纳入“长江国家文化公园建设示范区”的建议，并就“重庆将有何为”提出了各自不同的看法。②

其次，建立多元化的资金保障机制，进一步完善财税激励政策，积极

---

① 湖北省文化和旅游厅：《专家学者为争创长江国家文化公园贡献“金点子”》，https://wlt.hubei.gov.cn/bmdt/dtyw/202203/t20220325_4056814.shtml，发布时间：2022年3月25日。

② 新华网：《聚焦长江国家文化公园建设 来听听这些专家学者怎么说》，http://www.cq.xinhuanet.com/2022-03/22/c_1128491988.htm，发布时间：2021年3月22日。

拓展投融资渠道，激发资金投入积极性。目前，国家尚未出台针对国家文化公园建设项目的相关财政政策。由于缺乏明确的政策指引，地方各级政府及各类市场主体对长江国家文化公园建设的认知仍处于模糊状态，导致资金投入的积极性没有调动起来，项目投资与建设的推进力量反应迟缓。同时，由于各地在经济实力和资源含量方面存在差异，对建设项目的财政支持力度也不尽相同。因此，为了保证工程建设的持久性和稳定性，必须进一步完善财税激励政策，在明确中央与地方财政支出边界的同时，增强地方政府在国家文化公园建设中的自主权，激发地方政府在国家文化公园建设中的积极性。一方面，在中央财政设置国家文化公园的专项资金，加大对沿线经济欠发达地区的转移支付力度，优化资金配置，保证沿线各地在建设工程上的均等化支出，推动长江国家文化公园有序建设。数据显示，2020年以来，贵州争取中央并安排省级财政直接用于长征国家文化公园贵州段项目建设资金约14.7亿元①，有力推动了长征国家文化公园的建设工作。另一方面，要建立长效的投融资机制，激发市场主体活力。2020年5月，江苏省政府在上海证券交易所发行江苏省大运河文化带建设专项债券，期限10年，利率2.88%，规模23.34亿元，涉及江苏省大运河沿线11个市县的13个大运河文化带建设项目，有效拓宽了大运河文化带建设募资来源。②长江流域范围内的各地政府同样可以发挥政府投资的引导带动作用，借助基金、债券等形式搭建多元化的资金渠道，推动形成地方政府资金引导、银企金融机构联动、各类民间市场主体广泛参与的投资模式，以政府资金撬动社会资本参与长江国家文化公园建设。此外，要进一步完善社会主体捐赠机制，接收来自企业、个人等多方社会主体的捐

① 《〈贵州省长征国家文化公园条例〉执法检查启动》，http://news.gog.cn/system/2022/04/13/018117392.shtml，发布时间：2022年4月13日。

② 《江苏发行全国首只大运河文化带建设专项债券》，http://www.gov.cn/xinwen/2020-05/13/content_5511162.htm，发布时间：2020年5月13日。

赠资金，并进行合理分配和使用，不断壮大长江国家文化公园建设的资金规模。

最后，做好用地规划，妥善处理土地产权问题。国家文化公园建设规模宏大，需要以一定的占地规模为依托。当前，已有国家文化公园建设的部分相关地区对用地规模进行了规划，河南洛阳对隋唐大运河国家文化公园项目总占地面积确定为750亩①，黔东南州确定长征国家文化公园项目在本地区的用地规模约为3850亩②，为后续建设和规划奠定了基调。

长江国家文化公园建设以管控保护、主题展示、创新引领、传统利用四类主体功能区作为打造重点，涉及长江流域范围内的众多文物保护单位、历史文化名城、文旅项目街区等，对用地规划和基础设施建设提出了更高的要求，但在实际建设过程中仍然存在着一些矛盾和问题。我国实行土地公有制度，土地所有权归国家所有，但实际的产权有一部分分散在各级行政区，行政区内又有性质不同的系统、部门、单位，都获得一定的权限。土地之上的建筑及房屋产权则更加复杂。③因此，沿线各地省市首先要根据实际情况，结合本地区的文物文化资源整体布局以及周边的人居环境、自然条件、配套设施等情况，对长江文化公园建设用地做好规划，出台土地征收的补偿安置方案，妥善处理土地问题，避免产权纠纷。

同时，要基于区域整体规划和自身资源开发的需要，完善好区域内的旅游基础设施建设和公共文化设施建设。尽管长江流域文旅资源极其丰富，但呈现出分散化的特点，开发和利用整体还处于较低水平，文化内涵挖掘

---

① 《洛阳晚报》2020年3月3日第A07版。

② 黔东南州人民政府：国家长征文化公园建设项目，http://www.qdn.gov.cn/ztzl_5872570/qdnzqylyzsxm_5882991/gjzzwhgyjsxm_5882999/202110/t20211025_71190955.html，发布时间：2021年9月25日。

③ 王健、王明德、孙煜：《大运河国家文化公园建设的理论与实践》，载《江南大学学报（人文社会科学版）》2019年第18卷第5期。

尚有欠缺，整体配套设施建设水平与长江国家文化公园的规模层级还存在不相匹配的情况。一方面，要加快推进长江流域范围内的文旅资源整合工作，打造长江文化IP。坚持点线面结合，在整合沿线各地具有突出意义、重要影响、重大主题的长江文化文物资源的基础上，将长江国家文化公园建设与长江文化经济带、民族文化生态保护实验区、城市文化产业集聚区、大遗址保护区、历史文化名城古镇名村等重点工程建设，与长江文化艺术湾区、长江文明之心、长江主轴、长江新区、长江文明馆建设项目等重点建设项目相结合，形成长江文化多元展示带，打造区域长江文化品牌。另一方面，要在整合文旅资源的基础上，围绕长江文化IP丰富公共文化设施建设，积极推进长江流域范围内文化场馆建设，实现文旅资源的“活化”利用。在场馆建设方面，要广泛利用科学技术手段，创新文化场馆提供公共文化服务的方式。在深入挖掘长江文化内涵的基础上，加大数字化工程的建设程度，充分借助5G、VR、AR、全息投影、4K/8K超高清等高科技手段、表现手法，推动“云观展”“云旅游”“云直播”等线上旅游新业态发展，数字化展现长江国家文化公园的整体风貌，实现现有实景内容向沉浸式内容的移植转化，建设融文化价值、科技价值、艺术价值为一体的长江文明现代体验场所。例如，中国大运河博物馆借助科技手段，打造了“河之恋”“运河上的舟楫”“大明都水监之运河迷踪”等数字化沉浸式体验展，对大运河文化进行了生动的阐释。[①]

同时，探索长江文化资源融入服饰、美食、民宿等业态的新模式，创新产品和服务的提供形式，以文化赋能其他产业发展，打造集视觉、听觉、嗅觉、味觉、触觉体验于一身的触及性、互动性、沉浸化项目，实现长江文化资源的高附加值转化。以“文和友”为例，它通过对市井街头美食以及文化的深度挖掘，围绕当地城市文化、美食形成了以餐饮为核心的“博

① 《16日开馆！中国大运河博物馆参观指南来啦！》，https://mp.weixin.qq.com/s/MrZ_AWjmhAjHb5d03UjX_Q，发布时间：2021年6月7日。

物馆+主题乐园”形式，将整座城市的印象与记忆还原到文和友的美食空间中，构筑了一个“复古沉浸式美食城”。[①]“文和友”文旅项目的巨大成功为长江流域文旅项目的开发提供了有益借鉴。

（四）鼓励协同参与，实现共建共享

近年来，社会力量参与已经覆盖了公共文化机构运营管理、服务与产品提供、专业人员队伍建设等多个方面，主要实现方式已包括政府购买、政府和社会力量合作、社会力量独立建设、文化事业和文化产业融合、文化志愿者服务、众筹和基金会等。[②]长江国家文化公园是国家层面的重大建设项目，具有多样的社会功能，辐射范围面向全国，受众群体庞大。单纯凭借政府的力量，难以实现长江文化公园的全面建设。为了实现长江国家文化公园的高质量建设，使其成果惠及全体国民，需要建立健全社会参与机制，鼓励社会多方主体协同参与建设过程，增强社会参与度，形成政府主导、市区共建、社会参与的建设模式，实现全民共建共享。

其一，要处理好政府与社会的关系，明确二者的权责边界。长江国家文化公园的建设是长期且复杂的过程，建成后日常运营也会涉及诸多问题。在建设过程中，政府与社会对长江国家文化公园所能贡献的方向和力量也存在着差异。在鼓励多方主体参与的过程中，需要明确政府与社会参与的边界，防止出现权责不明、管控漏洞的情况。政府要在长江国家文化公园的建设过程中起主导作用，通过完善相关法规政策，引导社会资源进入建设过程。基于“选、用、管、培”的闭环思路，建立社会化运营机构征集机制、合作机制、督查机制、考核机制、保障机制、联动机制、反馈机制、

---

① 《2021“文旅好品牌”优质案例——文和友》，https://i.ifeng.com/c/8BrWoKb3kC5，发布时间：2021年12月11日。

② 关思思、刘晓东：《我国公共文化机构社会化发展的主要形式及特点》，载《图书馆建设》2020年第4期。

培养机制等长效管理机制，使社会化运营工作更加科学化、规范化和制度化。[①]比如，贵州省在长征国家文化公园建设过程中注重督促检查工作的进行，曾组建执法检查组赴遵义市开展《贵州省长征国家文化公园条例》执法检查，对责任主体的普法宣传、机构组织建立及运行、规划编制、标志性项目建设、文旅融合发展等贯彻实施情况进行检查，督促各责任主体履行法定职责、依法推进工作，充分发挥法规的引领和规范作用，推动各项工作落地落实。[②]

其二，要创新社会参与路径，采取多样化的参与形式。公共文化服务社会化发展的核心目的是丰富内容供给、提升服务效能。[③]不同社会主体在建设过程中擅长的方面不同，通过多样化的参与形式，能够推动长江国家文化公园的体系化发展，提升长江国家文化公园的服务效能。在建设过程中，相关企业可以结合自身在文化旅游项目策划、旅游线路开发、文化旅游演艺等方面的经验，整合长江沿线文旅项目，打造长江流域旅游“一卡通”体系；发挥其在旅游产品设计、营销等方面的优势，将长江文化内涵融入多种业态形式。江苏省文投集团承担了大运河国家文化公园数字云平台（一期）的建设工作，提出了“一云四端”的云平台整体框架，着力打造云上政府服务端、公众服务端、企业服务端和国际传播端，从辅助治理、传承文化、协力企业等多个角度，在数字化领域为大运河国家文化公园建设进行了积极探索（图6.1）。[④]

---

① 范周、侯雪彤：《“十四五”时期公共文化服务高质量发展的内涵与路径》，载《图书馆论坛》2021年第41卷第10期。

② 贵州人大：《慕德贵率执法检查组赴遵义市开展〈贵州省长征国家文化公园条例〉执法检查》，http://www.gzrd.gov.cn/xwzx/rdyw/54787.shtml，发布时间：2022年4月15日。

③ 范周、王硕祎：《创新与突破：我国公共文化服务社会化发展的思考与建议》，载《图书馆研究与工作》2020年第8期。

④ 江苏文投集团：《大运河国家文化公园数字云平台（一期）上线公测试运营》，https://mp.weixin.qq.com/s/hSlXilc7OZfDithrHNSsew，发布时间：2021年12月31日。

图6.1　大运河国家文化公园数字云平台[①]

另外，社会公众可以通过参与志愿服务、监督运维体系、捐献文物资源等方式参与到长江国家文化公园的保护、开发、管理和运营过程中，在参与中实现获得感和体验感。

（五）广泛宣传引导，扩大传播影响

《方案》中明确指出，国家文化公园建设目的在于“进一步坚定文化自信，充分彰显中华优秀传统文化持久影响力、社会主义先进文化强大生命力”。可以说，国家文化公园是中华优秀传统文化的重要载体和外在表现。长江是中华民族的母亲河，长江国家文化公园所承载的不仅是长江文化丰富的精神和内涵，还有长江沿线人民的情感寄托和精神依赖，同时也蕴含着中华民族共同的历史情感、文明记忆，乃至文化信仰。目前，社会公众对长江国家文化公园的认知和了解程度不够，长江国家文化公园的社会功

---

① 江苏文投集团：《大运河国家文化公园数字云平台（一期）上线公测试运营》，https://mp.weixin.qq.com/s/hSlXilc7OZfDithrHNSsew，发布时间：2021年12月31日。

能无法得到充分发挥。

第一，深挖长江国家文化公园建设内涵，传播建设价值与理念。长江国家文化公园的建设理念、建设意义以及面向公众所能发挥的功能需要被更多地知晓，从而保障长江国家文化公园的有效运行，避免“空转”现象。因此，要深入解读中国特色国家文化公园理念，大力宣传长江国家文化公园建设的重要意义、丰富内涵和进展成效，营造浓厚的舆论氛围。各地政府可以通过电视、网络等多种新闻媒体开展多样化宣传推广和解读，使民众能够对长江文化公园建设具备基本的了解。另外，可以联合长江沿线景区、文旅机构等共同举办征文、设计等可以推行长江文化内涵的特色性活动和比赛，鼓励广大群众积极参赛，以便群众在作品的完成过程中逐步加深对长江国家文化公园的认识和理解。江苏省张家港市已经连续举办长江文化节将近20年，每年创新举办“写长江”“画长江”“唱长江”“摄长江”“看长江”“赞长江”“说长江”“咏长江”等“长江颂”系列活动，定期举办长江流域戏剧艺术节、长江流域民族民间文化艺术节和长江文化高层论坛，交替举办长江流域戏剧家协会座谈会、群众文化学会专题研讨会，承办“中国戏剧奖·理论评论奖”、扬子江诗学奖、“诗歌里的城”朗诵会等，以各种特色性的文化活动唱响新时代的“长江之歌”。另外，面向社区举办科普讲座，推动长江文化“进课堂”。依托长江沿线各地的文化资源，将长江文化的历史发展和精神内涵融入日常教学活动中，引导社会公众及青少年增强长江文物文化资源的保护传承意识。

第二，充分利用各类信息技术，搭建完善的媒介传播平台。媒介技术的发展极大地拓宽了长江国家文化公园的传播途经，多元的媒体平台也增强了受众接收和传播信息的能力。2020年，第二届大运河文化旅游博览会举办期间，注重通过全媒体平台助力展览活动。据不完全统计，各大媒体发布运博会相关重点稿件600余篇，全网累计传播量突破2亿，央视一套晚间新闻报道第二届大运河文化旅游博览会盛况。新浪微博相关话题阅读量超过2300万，抖音话题#抖说运河家乡美#累计播放量突破1.2亿次。[①]长江国家文化公园在建设过程中，除了报纸、电视等传统媒体外，也要注重开发微博、微信、短视频等新媒体平台，搭建全平台宣传矩阵。通过新颖的宣传方式，向受众传播长江文化的同时，鼓励和引导受众参与互动，实现受众从信息接收者到信息传播者的转变，共同助力传播推广。

① 江苏省文化和旅游厅：《第二届大运河文化旅游博览会成果发布会召开》，http://wlt.jiangsu.gov.cn/art/2020/9/6/art_694_9486782.html，发布时间：2020年9月6日。

后　记

建设国家文化公园，是以习近平同志为核心的党中央做出的重大决策部署，是推动新时代中华文化自信自强、支撑社会主义文化强国建设的重大工程。

2017年1月，中共中央办公厅、国务院办公厅印发《关于实施中华优秀传统文化传承发展工程的意见》，提出要规划建设一批国家文化公园，使之成为中华文化的重要标识，标志着我国正式开启国家文化公园规划建设的帷幕。2021年8月，《长城国家文化公园建设保护规划》《大运河国家文化公园建设保护规划》《长征国家文化公园建设保护规划》《黄河国家文化公园建设实施方案》，由国家文化公园建设工作领导小组印发。2022年1月，国家文化公园建设工作领导小组宣布正式启动长江国家文化公园建设。这一系列的战略部署和政策规划，标志着以长城、大运河、长征、黄河和长江五大国家文化公园为主体的国家文化公园体系建设全面展开。

党的二十大报告强调，“建好用好国家文化公园”。研究、规划和宣传国家文化公园，让广大人民群众尤其是党员干部了解和认知国家文化公园建设的价值、规划内容和建设方式等，从而更好地支持和参与国家文化公园建设，是助推文化强国建设的必要之举措。武汉大学国家文化发展研究院以承担国家社科基金艺术学重大项目“文化和旅游融合视野下长江文化保护传承弘扬研究”（21ZD04）为契机，组织在国家文化公园研究上深具造诣的国内知名学者和研有所成、学有所长的青年新锐，围绕国家文化公园的理念与实践价值、规划和建设原则等问题，展开讨论和阐述，一起“读懂”国家文化公园。

《读懂国家文化公园》一书各章的撰稿人分工如下：

第一章《国家文化公园：概念、表征与自我理解》，由武汉大学国家文化发展研究院院长傅才武教授和博士生魏冀执笔；第二章《长城国家文化公园建设》，由武汉大学国家文化发展研究院博士生李越执笔；第三章《大运河国家文化公园建设》，由南京艺术学院副院长李向民教授和博士后周宇副教授担纲；第四章《长征国家文化公园建设》，由武汉大学驻院研究员韩永进、中国艺术研究院副研究员肖庆执笔完成；第五章《黄河国家文化公园建设》，由对外经济贸易大学文化与休闲产业研究中心主任吴承忠教授以及博士生徐竹嫣、彭建峰、王粉粉共同完成；第六章《长江国家文化公园建设》，由武汉大学国家文化研究院蔡武进副教授，以及硕士生张津期、任真共同承担。

感谢本书各位撰稿人的辛苦付出，感谢人民日报出版社的大力支持。因时间和水平有限，本书难免会有疏漏和不当之处，求教于各位方家，并请各位读者批评指正。

傅才武

2022年12月3日